Geschichten aus
Hohenlohe und Tauberfranken

❧

*Wolfgang Alber, Carlheinz Gräter
und Andreas Vogt*

Geschichten aus Hohenlohe und Tauberfranken

mit Hinterem Odenwald und Madonnenländle

Herausgegeben von
Wolfgang Alber, Carlheinz Gräter
und Andreas Vogt

Klöpfer & Meyer

Die in dieser Anthologie versammelten Texte und Textpassagen entsprechen im Allgemeinen den Originalvorlagen, einige wurden aber der besseren Lesbarkeit wegen auch gekürzt und sind also nur auszugsweise wiedergegeben.

Die Schreibweise und auch die Interpunktion folgen einer moderaten neuen deutschen Rechtschreibung. Bei wenigen Texten wurde die originale Schreibung beibehalten.

Herausgeber und Verlag danken allen Rechte-Inhabern für die erteilten Abdruckgenehmigungen. Sollten Rechte Dritter irrtümlich übersehen worden sein, so ist der Verlag selbstverständlich bereit, rechtmäßige Ansprüche nach Anforderung abzugelten.

ISBN 978-3-940086-84-6

Umschlaggestaltung: Christiane Hemmerich Konzeption
und Gestaltung, Tübingen.
Umschlagfoto: Manfred Grohe, Kirchentellinsfurt.
Herstellung: Horst Schmid, Mössingen.
Satz: Alexander Frank, Ammerbuch.
Druck und Einband: Pustet, Regensburg.

Mehr über das Verlagsprogramm von Klöpfer & Meyer finden Sie unter:
www.kloepfer-meyer.de

Inhalt

7

8

9

Carlheinz Gräter

Hohenlohe und Tauberfranken

»Das schöne Franken – warum verewigt kein besonderer Bundesstaat diesen schönen Namen«, klagte Carl Julius Weber, als Langenburger selbst gebürtiger Franke, 1826/28 in seinem Reisewerk über Deutschland. In seinem zuvor erschienenen Buch übers Ritterwesen hatte er angemerkt: »Die Franken, das heißt Bewohner des ehemaligen fränkischen Kreises, wollen durchaus nicht Schwaben sein, selbst nicht an der Grenze Schwabens, wie die Hohenloher ...«

Webers Rückgriff auf den anno 1500 etablierten Fränkischen Reichskreis kam nicht von ungefähr. Dieser locker gefügte Verbund ist die einzige Institution geblieben, die fast alle ostfränkischen Landschaften zusammenfasste. Moselfranken und Rheinfranken waren längst in größeren Territorien aufgegangen. Nur die Reichsstadt Hall, heute als urfränkisch angesehen, hatte sich wegen des anmaßenden fürstbischöflich würzburgischen Landgerichts und der bedrohlichen Ansbacher Markgrafen dem Schwäbischen Reichskreis angeschlossen und bekam so im braunen Gau Schwaben den amtlichen Titel Schwäbisch Hall verpasst.

In der Spätantike bezeichnete Francia die Heimat des Stammesverbandes der Franken, der Freien, am Ostufer des Niederrheins. Aus den Wirren der Völkerwanderungszeit gingen sie als imperiale Erben Roms im Abendland hervor. Nach den Erbteilungen der Karolingerzeit emanzipierte sich das westliche Frankenreich als heutiges Frankreich vom universalen Kaisertum Karls des Großen. Um 1000 galt als Francia orientalis, Ostfranken, nur noch das Land zwischen dem Mittelrhein im Westen, Sachsen im Norden, Schwaben und Baiern im Süden. Später verengte sich der Begriff Franconia, Klein-Franken, auf das Gebiet vom Unterlauf des Maines und des Neckars bis hin zur Rhön, zum Kamm des Thüringer Waldes, zum Frankenwald und zur Frankenalb im Osten.

Heckenlandschaft des alten Reiches

Dieses damals nur schwach besiedelte Gebiet war ab dem sechsten Jahrhundert von der fränkischen Staatskolonisation erschlossen worden. Das 741 gegründete Bistum Würzburg mit dem legendären ersten rechtsrheinischen Märtyrer St. Kilian sollte dieses neue Ostfranken geistig-politisch der karolingischen Herrschaft einbinden. Die Heilbronner Kilianskirche erinnert daran. In dieser mittelalterlichen Königsprovinz konnte sich auf Dauer kein eigenständiges Stammesherzogtum entwickeln. Nach dem Sturz der Staufer griff vom Main her das Hochstift Würzburg, vom Rhein und Untermain her das Erzstift Mainz in das Vakuum aus. Neckarabwärts drängten die Grafen und späteren Herzöge von Wirtemberg. Von Osten schoben die Ansbacher Markgrafen ihre Vorposten bis Crailsheim und Creglingen vor.

Daneben behaupteten sich kleine und mittlere Territorien wie die Reichsstädte Hall und Rothenburg ob der Tauber, die Grafen und späteren Fürsten von Hohenlohe und Wertheim oder der Deutsche Orden. Und dazwischen saß in dieser buntgewirkt verkammerten Heckenlandschaft des alten Reiches, Zaunkönigen gleich, die reichsunmittelbare Ritterschaft, wie etwa die Herren von Adelsheim, Berlichingen oder Stetten. Das Ganerbiat, die gemeinsame Hoheit von mindestens vier, zeitweise gar sechs Herrschaften über den Marktflecken Künzelsau spricht für sich.

Diese Gemengelage, dieses ehrgeizige Nebeneinander und Gegeneinander geistlicher und weltlicher, und damit auch konfessionell gespaltener, Reichsstände hat der Kunstlandschaft Franken zu ihrer bewundernswert farbigen Fülle verholfen, aber gleichzeitig jede sammelnde politische Kraft blockiert. Nutzen und Nachteil der Historie für das Leben haben da ihr Exempel statuiert. Nur einmal hat diese Landschaft politisch einmütig gehandelt – im Bauernkrieg anno 1525, der hier zugleich auch eine Revolution der Bürger war.

Erstaunlich zäh hat sich über anderthalb Jahrtausende die geheime Grenze gehalten, die das Siedlungsgebiet der Franken und Alamannen trennte. Die Hornisgrinde im Schwarzwald, Hohenasperg und der Hesselberg an der Wörnitz pflocken grob diesen Stammes-Breitengrad ab; er zog lange auch die Grenzen der Mundart, Rechtsprechung und kirchlichen Verwaltung. In den südöstlichen Waldbergen, wo sich die Mundart anders als im offenen Land stärker behauptet, überlappten sich die schwäbisch-katholische Fürstpropstei Ellwangen und die fränkisch-protestantische Grafschaft Limpurg. In Geifertshofen bei Bühlerzell zackt so die Mundartgrenze, je nach früherer herrschaftlicher Bindung, noch immer mitten durchs Dorf.

Späte Ehrenrettung des Namens Franken

Den Franken blieb ein einigendes Staatsgehäuse versagt, dafür stellten sie im Gefüge des Reiches so etwas wie das schmuckreich tragende Fachwerk dar. Wenn es einen Reichspatriotismus gab, dann hier. Mit der napoleonischen Flurbereinigung der Staatenkarte verschwand der Name Franken scheinbar endgültig von der Landkarte. Erst 1838 hat der historisch beflissene König Ludwig I., der als Hellas-Schwärmer seinem Bayern das »y« im Staatsschild verpasste, die drei fränkischen Regierungsbezirke mit Ansbach, Bayreuth und Würzburg unter weißblauem Himmel geschaffen. Wenig später zog der Historische Verein für Württembergisch Franken nach. Das deutsche Weinrecht kreierte den Weinbaubereich Badisches Frankenland, seit 1991 Tauberfranken, und die nördlichste Planungsregion Baden-Württembergs erhielt 1973 erst den Namen Franken, dann die überflüssige Bindestrich-Bezeichnung Heilbronn-Franken. Spät ist so der stolze Name Franken wenigstens bruchstückhaft zu amtlichen Ehren gelangt.

Unser Buchtitel vereint mit Hohenlohe und Tauberfranken zwei fränkische Kernlande. Hohenlohe hat sich vom ursprünglich dynastischen zum kulturlandschaftlichen Begriff gewandelt und schließt die Altkreise Mergentheim, Künzelsau, Öhringen, Crailsheim und Hall mit ein. Tauberfranken, weinrechtlich bis jetzt nur auf den Altkreis Tauberbischofsheim bezogen, spielt in das westlich anrainende Bauland oder Madonnenländle hinüber, dem sich der Hintere Odenwald anschließt. So greift die Auswahl der Texte über den Main-Tauber-Kreis hinaus in den Landkreis Neckar-Odenwald, vereint unser Band ein buntes Bukett sehr eigen geprägter Landstriche, deren gemeinsamer Nenner die vielfältig schattierte fränkische Mundart wie das Bekenntnis zu fränkischer Herkunft und Lebensart bildet.

Das trotz oder gerade wegen fortschreitender Angleichung an Normen der Europäischen Union aufbegehrende regionale Bewusstsein setzt sich dabei aber auch über die willkürlich diktierten staatlichen Grenzziehungen aus napoleonischer Zeit hinweg. So streben beispielsweise die in bayerische, württembergische und badische Bereiche zerspaltenen und konkurrierenden Weinbauorte längs der Tauber nach einer Vereinigung, könnte auch da zusammenwachsen, was zusammengehört.

Odenwald und Madonnenländle

Zwischen Hinterem Odenwald, Tauber und Jagst erstreckt sich das Bauland, kein technisch erschlossenes Spekulationsgelände, sondern ein Muschelkalkrelief, das sich im Gegensatz zu den sandsteinrot kargen Saharaböden des Hinteren Odenwaldes für den Kornanbau eignete. Die Bundesstraße 27, die von Mosbach über Buchen, Walldürn, Hardheim nach Tauberbischofsheim zielt, markiert die Grenze zwischen Bauland und Waldgebirge. Der Name Grünkernland spielt auf die Sonderkultur des Dinkels, die seit den dreißiger Jahren gängige Bezeichnung Madonnenländle auf die Fülle der Bildstöcke, Mariensäulen, Hausmadonnen in diesem lange von Kurmainz regierten Landstrich an.

Vor der Gebietsreform gehörte der Großteil des Baulandes zum Kreis Buchen mit dem Kennzeichen BCH. Spötter schlüsselten das als »Besonders Christliches Hinterland« auf. Lange nach dem Zweiten Weltkrieg noch blieb das Madonnenländle abseits der großen Verkehrsstränge, abseits der industriellen Zentren und damit ackerbürgerlicher, kleinbäuerlicher Struktur verhaftet. So war es weitgehend auf poetische Fremdbestäubung durchreisender Literaten angewiesen.

Das gilt doppelt für den Sandstein-Odenwald mit Burg Wildenberg, auf der Wolfram von Eschenbach am wuchtigen Palas-Kamin aus seinem »Parzival« vortrug. Ein Lyriker unserer Tage merkte für das Waldgebirge lakonisch an: »Volksliedvarianten und/ Arbeitslosigkeit/ überproportional«. Heute hat zumindest das Bauland wirtschaftlich aufgeholt, eine Pastorale mit Schatten, auf der literarisch-topographischen Landkarte von flächig weißen Flecken grundiert.

Das Taubertal

Poetisch ergiebiger, wenn auch längst nicht so schreibselig wie das Neckartal, erscheint das Tauberland. Mit seinem Aufsatz »Ein Gang durchs Taubertal« hat der Wanderprofessor Wilhelm Heinrich Riehl, der Klassiker der deutschen Volkskunde, dem Landstrich die bis heute untergründig wirksame Magna Charta gegeben, indem er das Tal als eine Landschaft »von lauter gefallenen Reichsgrößen«, als Mikrokosmos des alten Reiches, charakterisierte.

Epigrammatisch keck interpretierte er die Gegenwart im Dialog mit der Historie, sah er das Tal der Tauber als Ganzes, unabhängig von der Zerstückelung in bayrischen Oberlauf, württembergischen Mittellauf und badischen Unterlauf im Buntsandstein. Das Melusinengewässer, tiefgrün, verschwiegen, sehr weiblich, hat seit der Romantik immer wieder seine Troubadoure gefunden, allein schon, weil der Weinbau hier mit seiner territorialen Teppichwelt und Städtedichte Geschichte gemacht hat.

Ein Glücksfall hat es gefügt, dass sich seit der Kreisreform, vom Oberlauf um Rothenburg abgesehen, mit dem Main-Tauber-Kreis Verwaltungsareal und Kulturlandschaft weithin decken. Das hat das Selbstbewusstsein über den Kirchturmhorizont hinaus gefördert. Für die bodenständige literarische Szene stehen, von jüngeren Autoren abgesehen, Namen wie Wilhelm Staudacher, Gottlob Haag, Hans Heinrich Ehrler, Wilhelm Weigand, Hans Dieter Schmidt. Wie die Hohenloher sehen sich die Tauberfranken gegenüber der schwäbischen Staatsnation als etwas Eigenes, wohl auch Feineres.

Jagst und Kocher

Die beiden Zwillingsflüsse, schwäbischen Ursprungs und fränkischen Geblüts, bilden die geschmeidigen Achsen des Hohenloher Landes. Die Grafen und späteren Fürsten von Hohenlohe haben, in zahlreiche Herrschaftslinien aufgesplittert, dem residenzenreichen hellen Tableau landesväterlich den Namen hinterlassen. Apart behauptet sich daneben Hall mit seinem früheren reichsstädtischen Territorium. Hohenlohe lebt hier vom dialektischen Widerspiel der großbäuerlich gemusterten Hochebene und der tief eingekerbten Talgründe mit ihren kleinparzellierten Hängen.

Von Stuttgart als landwirtschaftlicher Zulieferer eingestuft, blieb Hohenlohe auch nach 1945 lange noch Fördergebiet. Mit dem Autobahnbau und verbesserter Infrastruktur haben sich vor allem innovative mittelständische Betriebe mit hohem Exportanteil entwickelt. Der Hohenlohekreis, der kleinste und am dünnsten besiedelte Sprengel Baden-Württembergs, weist zugleich eine überdurchschnittliche Industriedichte auf. Der Mittellauf des Kochers war schon immer gewerberührig grauer als das Tal der Jagst, das mit seinem vielfältigen Grün von Wald, Wiese und Wasser an Landschaftsbilder eines Hans Thoma oder Moritz von Schwind erinnert.

Für die Leute in den Ballungsgebieten an Rhein und Neckar stellt Hohenlohe so etwas wie eine, zuhaus längst verlorene, Seelenlandschaft dar. Dank der Dichte streng ökologisch wirtschaftender Höfe ist es auch zum Dorado kulinarischer Feinschmecker geworden, wirbt die Gastronomie mit frischen Produkten, vom Bœuf de Hohenlohe übers Mohrenköpfle, das saftig-hällische Landschwein, bis hin zum Landgockel und Schafskäse samt Wein vom Muschelkalk und Keuper, Mouscht, Edelbrand und Holunderzauber.

Öhringer Börde und Keuperwaldberge

Im Süden Hohenlohes schwingt die grüne Lineatur der Waldenburger Berge und des Mainhardter Waldes am Horizont. Wie die davor gelegene heiter kolorierte Keuperlandschaft der Öhringer Börde mit ihren Rebbuckeln und Obsthängen wird das Waldland vom römischen Limes durchschnitten, von der Ohrn durchflossen. Hier liegen mit Öhringen, Pfedelbach und Neuenstein gleich drei fürstliche Duodezresidenzen beieinander.

Autoren wie Gerd Gaiser, Albrecht Goes, Ricarda Huch, Hermann Lenz, Gerhard Nebel sind dem ländlichen Charme Hohenlohes erlegen. Dazu kommen heimische Namen wie Agnes Günther, Wilhelm Schrader, Carl Julius Weber, Konrad Weiß und Dieter Wieland. Geheimer Statthalter der Poesie im Hohenlohischen bleibt jedoch Eduard Mörike, der als Frühpensionär ein halbes Jahr in Hall und dann sieben Jahre in Mergentheim gelebt hat.

Apropos Mörike – seit Jahrzehnten geistert in der Literatur wie in der touristischen Werbung sein angebliches Bekenntnis zu dieser Landschaft, »idyllisch, voll Poesie, eine besonders zärtlich ausgeformte Handvoll Deutschland«. Ein Literat hat mal dem einen Taler versprochen, der ihm dieses Zitat im Werk Mörikes nachweist. Der Taler ist noch zu gewinnen.

Fränkisches

Es ist im ganzen Teutschland keine Provinz / oder
Landsart / denn allein das Land zu Francken /
welches edel und frey genannt wird.
*Martin Zeiller in Matthäus Merians »Topographia
Franconiae«, 1648*

Aber wo du hintrittst und hinblickst, an der Jagst
und am Kocher, hügelauf und hügelab, es kommt
dir überall vor, als sei hier das rechte Feld für
diesen letzten Ritter aus dem Stegreif, als könne
er noch jetzt dort die aussterbende Birnbaumallee
heraufreiten, dort unter den Haselbüschen aus-
ruhen und aufpassen auf Nürnberger Kaufleute.
Willibald Alexis in »Der Freimütige«, 1833

Die Franken konnten sich, obwohl sie doch das
Reich gestiftet hatten, innerhalb des deutschen
Staatensystems nicht durchsetzen, aber ihre
Reichstreue, ihre Wachheit kamen den Ländern,
zu denen sie geschlagen wurden, zugute.
Gerhard Nebel, »Orte und Feste«, 1962

Walter Hampele

Der Hohenloher liebt's nicht direkt

Gibt es etwas Verbindendes bei diesem neuen Gebilde, das tiefer geht als die Fremdenverkehrswerbung und das Sprengelinteresse von Landräten? Es ist die gemeinsame Mundart. Den alteingesessenen Südostfranken, den auch wir jetzt Hohenloher nennen, erkennt man an seinem Dialekt, meist auch noch dann, wenn er das Honoratiorenschwäbisch benutzt, weil er dies für gebildeter hält oder weil er sich damit dem Ortsfremden leichter verständlich machen will. Das verrät schon zweierlei über die mehrsprachigen Hohenloher: Sie verfügen über die Fähigkeit, sich sprachlich anzupassen, und sie haben oft auch das Bedürfnis dazu. Sie stellen sich also auf die Erwartungen des Gegenüber ein. Fast zweihundertjähriger Anpassungsdruck der schwäbischen Herrschaftssprache hat seine Spuren hinterlassen und das sprachliche Selbstvertrauen der Hohenloher erschüttert. (…)

Wenn das Bewusstsein die Sprache prägt und diese wiederum das Bewusstsein, dann kann man aus der Mundart auch Besonderheiten der Sprecher ablesen. Mit der Untersuchung von Sprichwörtern und Redewendungen versuchen wir eine erste Annäherung an die Hohenloher. Der Sammelbegriff darf nicht darüber täuschen, dass es sich immer um Individuen handelt, auch dann, wenn historische Schlüsselerlebnisse nachwirken. Es kann daher nur um Tendenzen gehen, also um Sprachbilder und Sprechverhalten, die deutlich anders sind als z. B. beim Altwürttemberger.

Fremde bemerken eher Typisches als die Einheimischen. Ihnen fiel und fällt besonders die Vorsicht auf, mit welcher der eigentlich gesprächige Hohenloher seine Meinung zurückhalten kann. »I will nix gsochd hoo« (Ich will nichts gesagt haben), fügt er als Absicherung einer vielleicht schon zu offenen Aussage an, wenn er nicht bereits sein Schweigen vorweg ankündigt: »I sooch ned sou un sooch ned sou. Noa kou kaaner soocha, i heb sou gsochd oder sou« (Ich sage nicht so und sage nicht so. Dann kann keiner sagen, ich hätte ...). Ein gereimtes Sprichwort liefert die Begründung für diese Zurückhaltung:

> Wechem Denka
> kou mer aan ned henka,
> awwer wechem Soocha
> s Maul reechd verschloocha.

(Wegen des Denkens kann man einen nicht henken, aber wegen des Sagens das Maul recht verschlagen). Absichern kann man sich auch mit Höflichkeit. Natürlich kennt der Hohenloher Grobheiten wie andere Menschen, aber auch viele Formeln der Höflichkeit. »Nix fer uuguad«, beginnt er, wenn etwas Unangenehmes gesagt werden muss. Und mit »s wär ned nädich« spielt er auch den verdienten Dank herunter.

Typisch hohenlohisch ist das uneigentliche Sprechen, das »verbliamelde« (verblümelte), also das durch die Blume. Die Wahrheit wird indirekt gesagt oder in einem Bild versteckt. Statt »verprügeln« heißt es »da Buggel ooschdaawa« (den Rücken abstauben). Als eine Bäuerin, die zwei Buben für ihre Ferienarbeit auf dem Hof abendlich Eier zu geben pflegt, dies eines Tages vergisst, sagt der Schwabe direkt: »Ihr hend mir meine Oier ned gäba.« Der Hohenloher dagegen fragt: »Leicha aier Hiher nimme?« (Legen eure Hühner nicht mehr?). Er verlagert die Schuld für das Versäumte scheinbar von der Bäuerin auf die Hühner, und statt einer Forderung stellt er bloß eine Frage.

Die Hohenloher lieben es also nicht, mit der Tür ins Haus zu fallen. Sie trauen aber dem Angeredeten so viel Intelligenz zu, dass dieser trotzdem begreift, was gemeint ist. Die indirekte Redeweise verkauft also den Mitmenschen nicht für dumm, sondern setzt dessen Klugheit voraus. Das erfordert freilich ein differenziertes Sprachgefühl sowie intellektuelle Wachheit bei Sprecher und Hörer. Obendrein verletzt man das Gegenüber nicht, weil die Freude an der Pointe auch einem Affront die Spitze nimmt. So klingt selbst ein Hohenloher Rausschmiss noch lustig: »Fraa, i mach d Fenschder uff un lass frische Luufd rei, i glaab, unser Gäschd wella haamgeahna.« (… ich glaube, unsere Gäste wollen heimgehen).

Heinz Sausele

Sou sammer!

G'sprächi und vichalant,
Alleweil waale ba der Hand,
Liawer höifli wie groub,
– 's gait e schönneres G'loub. –
Awer falsch nit, nor fei,
Gäre lusti ban Wei
Und – frei die Gedanke,
Sou sammer, mir Franke.

Willi Habermann

Lyriker

Der Lyriker in der Kleinstadt
funktioniert als Lorbeerbaum
bei Veranstaltungen
links
(und)
(oder)
rechts
vom Rednerpult.

Die Lorbeerbäume haben
einen frostsicheren Abstellraum,
wo sie
– an veranstaltungsfreien Tagen –
nicht stören.

Theodor Heuss

Wanderungen im Fränkischen

Die Gegend zwischen dem unteren Neckar und dem ehemals hohenzollerischen Ansbacher Land ist voll zerrissener Geschichte, die nur einmal, im großen Bauernkrieg, zu einem einheitlichen Atem zusammenkam. Damals schien das Eigenleben der Reichsstädte und Grafschaften, der Rittersitze und Abteien, der Ordenskomtureien und gefürsteten Propsteien ausgelöscht, und eine gewalttätige politische Einheit wollte sich gerade aus dieser vielregierten Landschaft herausquälen, bis aus dem schwäbischen Raum und vom Rhein her der Schlag kam, unter dem der raue und ungeformte Wille gänzlich zusammenbrach.

Heute, da der Schritt unvermerkt immerzu über alte Hoheitsgrenzen weggeht, steckt dieses Land voll von köstlichen Dingen der Kleinstaatgeschichte, die je und je ihr eigentümliches Bild im lebhaften Kontrast heraus schuf. In manchen Strichen des Hessischen mag es ähnlich sein, nur sind die Formen hier im Frankenland überall reicher und entwickelter. Was umschreibt den Begriff Reichsstadt eindringlicher als Rothenburg oder Hall, was gibt heute noch einen ähnlichen Nachklang von geistlicher Selbstherrschaft (die nun gänzlich säkularisiert und entwichen ist) wie Mergentheim (…), wo herrscht mit ähnlich großem Zug in evangelisches Land hinein der stolze und herrische Prunk eines reichen Klosters und Stiftes wie auf der Comburg oder in dem Schöntal des Balthasar Neumann. Und weithin gestreut über den ganzen

Bezirk die Unzahl der kleinen Residenzen, die alle irgendwie mit der zahllos gespaltenen Familie der Hohenlohe zusammenhängen: Waldenburg, Öhringen, Neuenstein, Ingelfingen, Langenburg, Bartenstein, Weikersheim, Kirchberg – verwahrloste Wehrhaftigkeit hier, verträumte oder verwilderte Rokokoidylle dort, breitspurig geschmückte Renaissance, umwuchert von köstlich frischen Barockstücken, umstelzt von pedantischem Serenissimus-Empire – die seltsamsten fürstlichen Hinterweltgeschichten stehen am Wege, und in den Nestern, wo heute kein Serenissimus vorhanden, kann man in den Schlössern anmutige und fabelhafte Anekdoten herausstöbern.

Die ganze Gegend liegt noch so ein bisschen nebendraußen, und das macht sie einstweilen noch so erholsam, nahrhaft und behaglich; ihr landschaftlicher Charakter, ohne sehr starke Akzente, wird durch ein paar in die wellige Ebene scharf eingeschnittene Flussläufe bestimmt, Waldstücke stehen in gut bebautem, fruchtbarem Ackerland, an den Rändern im Westen und Nordosten, der Tauber zu, hat der Weinbau sich noch angeklammert. Der Menschenschlag ist gescheit, lebhaft, aufgeweckt, etwas rechthaberisch und selbstbewusst.

Hermann Eris Busse

Landschafts-Sonaten

Es will mir fast scheinen, als vermittle das wendige und nicht zu rasch fahrende Auto besonders das Musikalische der Landschaft.

Und so erlebte ich – das mag nun ganz und gar nur als persönliche Auffassung gebilligt werden – das badische Frankenland nicht als geschlossene Symphonie heroischen Schwunges wie den Schwarzwald, oder als gewaltige Fuge wie das Rheintal, sondern seiner Gliederung nach als drei eigentümliche Sonaten, wobei das Wesen der drei Landschafts- und auch Volkstumsräume, die das badische Frankenland bilden, zum Klingen kommt in klaren, einfachen Sätzen.

Es steht dem Odenwald die schwermütige, an Bässen reiche, heroisch-elegische Sonate mit volksliedhafter Führung zu.

Das Bauland hat die pastorale Weite, Glockenklang und Schäfereinsamkeit auf den hochebenen Weiden, getragene, gregorianische Choralweise, kirchweihselige Tanztakte dazwischen, und dies alles ein wenig barock verbrämt.

Und schließlich tönt der Taubergrund mit seinen Mühlen und straff abfallenden Talwänden, seinen Burgen und Schlössern, seinen wehrhaften Städten mit den gotischen Giebeln, die alle Romantiker entzückten, in der lyrisch-romantischen Tondichtung sein Wesen hinaus, bunt wie Jubel und leise wie die Sagen, mit hellem Geigenklang und dem weichen Alt der *Viola d'amore*.

Bruno Stern

Nachher: Oktober 1972

Inzwischen liegt alles hinter mir, und ich will versuchen, meine Empfindungen über das Wiedersehen mit Deutschland im Rückblick zu beschreiben. Das ist überaus kompliziert. Hier, in Amerika, können viele meiner Freunde und Bekannten einfach nicht begreifen, dass ich die alte Heimat noch einmal besucht habe, geschweige denn, dass es mir dort sogar gefallen hat.

Ich habe nichts vergessen, ich kann auch das Geschehene nicht vergeben – aber trotzdem zog es mich zurück in das Land, das uns so viele Leiden und Demütigungen zugefügt hat. Ich war noch einmal an sämtlichen Plätzen, wo meine Vorfahren gelebt haben, wo jede Straße und Ecke mir eine Geschichte erzählen konnte und wo ich noch heute Freunde habe. Zurückgekehrt, bin ich gefragt worden: Haben sie dir auch alle versichert, dass sie niemals Nazis gewesen sind? Darauf gab es nur eine Antwort: Mir brauchte niemand irgend etwas zu versichern. In einer Kleinstadt wie derjenigen meiner Heimat wusste man ganz genau, wer dazu gehörte und wer nicht. Ich war 1937 ausgewandert, meine Eltern im Dezember 1938, und bis dahin hatte jeder sein wahres Gesicht gezeigt. So überraschend es klingen mag, aber selbst zu dieser Zeit hatten wir noch zahlreiche Freunde. (…)

Das bewegendste Erlebnis meines Deutschlandaufenthaltes war ein Sonntagnachmittag in einem Gasthof, als mir der ehemalige Spediteur von Niederstetten, ein Mann, den ich seit meiner Kindheit kannte und der mittlerweile in den achtziger Jahren war, von früher erzählte. Die Nazis hatten ihn damit beauftragt, sich um die ordnungsgemäße Beförderung der Koffer zu kümmern, die den auf der Deportationsliste vermerkten Bürgern gehörten. Das Gepäck sollte zum Bahnhof und von dort bis zur »Endstation« gebracht werden. Die Erinnerung daran und das Wiedererwecken jener Zeit durch die eigene Erzählung brachten den Mann zum Weinen. Er brauchte sich nicht vor mir zu entschuldigen, denn ich wusste, dass in diesem Moment dasselbe in ihm vorging wie an jenem schicksalhaften Tag vor so vielen Jahren. Damals war es schon zu spät gewesen, um Widerstand zu leisten, und wer es dennoch versuchte, hat nicht überlebt. Der Krieg und seine Folgen brachten Leid und Schmerz über alle, ganz gleich auf welcher Seite sie standen. Und wie gewöhnlich traf es die einfachen Bürger und die Schuldlosen am härtesten. Heimgekehrt an den Ort meiner Geburt, wo ich das erste Vierteljahrhundert meines Lebens verbrachte, wurde mir klar, dass ich noch viele Wurzeln dort hatte.

Eugen Roth

Überfälle

Wie liegt so friedsam treuer Sitten
Ein liebes Nest in Deutschlands Mitten:
Schon rücken von der Autobahn
Kunst-Überfallkommandos an:
Die Wagen halten, Hornruf gellt.
Schlagartig wird der Ort umstellt.
Der Kirche gilt der erste Stoß:
Ein Trupp stürmt lärmend auf sie los,
Und drängt durch die romanische Pforte.
Ein Tonband schnarrt Erklärungsworte,
Ein Bild, von Grünewald gemalt,
Wird scharf elektrisch angestrahlt
Und Kunstbegeistrung, ohne Zügel,
Schwenkt des Altares schwere Flügel.
Schon ist der ganze Ort beschlagnahmt:
Beim Zuckerbäcker wird geschlagrahmt
Und alles schreit – wie eine Waffe
Das Schlagwort schwingend – »Káffe, Káffe!«
Gefüllt sind alle Mördergruben:
Die Imbißhütten, Trachtenstuben,
Die Ansichtskartenausstoß-Stellen,
Die Bier- und Coca-Colaquellen.
Dann endet's jäh, wie Zauberschlag:
Posaunen, wie am Jüngsten Tag,
Wie wilden Jägers Horridoh,

Zerreißen alle Freuden roh:
Signale schmettern, Rufe tönen,
Laut hört man die Motoren dröhnen.
Der Spuk zerstiebt, der Ort ist leer –
Papiere liegen weit umher …
Doch siehe da, am Horizont
Entwickelt sich die neue Front:
Mit frischen Rundreisregimentern,
Bereit, das Kirchenschiff zu entern,
Kommt – nicht beglückend, doch beglückt –
Die nächste Truppe angerückt,
Den Ort im Sturm zu überlaufen. –
Papier türmt sich bereits zu Haufen …

Susanne Stephan

Hohenlohe

Hier locken die Zimmer noch mit
fließend Wasser kalt/warm,
sind die Kissen mit Federn gestopft.

Vorsichtig lehne ich mich an
und verschreibe dreimal die Madonna
wie meine Oma in den Sechzigern,
eine Karte extra fürs Kind.

Suche draußen die sonnigste Stelle
bei einem großen Stein,
er ist kühl unter der Hand
und ich eigentlich evangelisch.

Carlheinz Gräter

Gäuherbst

Ackerschwünge,
Tücher, verblichen,
vor den Wäldern, herb
bis zum Horizont gespannt;
einfältig, vielfältig, tief
in sich gekehrt.

Wind rührt die
Distelschöpfe, greisengrau;
verstummt
der Erdenkräfte
flüsterndes Gedränge.

Sommer, so alt schon wie
die spröde
Graphik des Petrefakts,
Muschelschwung, eingeschmiegt
der Hand.

Die kalkgraue Muschel –
ich heb sie ans Ohr
und sie rauscht.

Otto Rombach

Fahrt und Rast in Hohenlohe

Obwohl die Geologen die einfach klingende, anschauliche Erklärung haben, das Land Hohenlohe sei eine einzige, sanft aufgewölbte Platte aus Muschelkalk, erlebt der Fremde jeweils überrascht das Auf und Ab der Täler und der Höhen und der tief eingeschnittenen Flusslandschaften. Denn ihre Flüsse haben sich, als locke auch sie das geruhsame Land zum Verweilen, in weit ausholenden Bögen in die hohe Ebene gegraben, und oft sind Kocher und Jagst, die unfern voneinander in den Neckar münden, auf ihrem immer nachbarlichen Lauf nur durch wenige Hügelrücken getrennt. Sie schenken, wie nordwärts die Tauber und andere Wasserläufe, dem gewellten Land mit seinen Wäldern und korngelben Ackerfluren ihre schönsten, idyllischen Ufer.

Aber freilich liegen im Muschelkalk, wo der Petrefaktensammler versteinerte Schnecken, Urzeitfische und gepresste Beete von Seelilien findet, auch andere Gesteine, Letten und Gips. Es sind bei Neuenstein, im weit der Sonne geöffneten Tal, gewaltige Sandsteinbänke, ein willkommener Bildhauerstein. Man schaffte von dort aus die gut zu behauenden Quadern weit herum auf die Höhen, wo überall Burgen und Schlösser mit ihrem Schmuck entstanden, aber auch hinter den Wassergraben der eigenen Stadt, wo nun der Gast im Schloss, das als Museum des ganzen Landes bedeutend wurde, die wichtigsten Kunstwerke, Bücher und Erinnerungsstücke betrachten mag, die aus den vielen Schlössern Hohenlohes hier vereinigt wurden. Als man in Stuttgart daranging, die zer-schlagenen Kolonnaden des Königsbaues wieder zu errichten, wurden auch jene Blöcke, aus denen die Säulentrommeln und Kapitelle neu erstanden, hier, im hohenlohischen Land, gebrochen.

Einer der rührenden Reize dieses Landes, das abseits vom Verkehr liegt, ist jedoch immer wieder seine Lieblichkeit der Täler, wo es oft meilenweit kein Haus zu sehen gibt, nur Wiesenland mit einem geschlängelten Flusslauf oder Bach, in denen sich sandige Zungen von Schwemmland erstrecken, während die Ufer steil abgenagt sind, nur ein paar Fuß hoch. Im Wasser liegen verkrautete Inseln. Seegras fächelt. Forellen schießen, blitzend und wendig, ins Dunkel der schattigen Uferbäume, wo Aale hausen. Die Speisekarten weisen es aus.

Abends treten in jenen einsamen Gründen Rehe aus dem steil und gemächlich ins Tal hinunter gesenkten Wald. Dann ruft beim Pfarrherrn im Taldorf eine Schleiereule, die fast schon zum Haus gehört, aus der Fichte im Garten. Hier könnte ein Mörike wohnen, zeitlos inmitten von Bauern-gärten, in denen die farbig das Dorfbild belebenden Blumen der Stolz der Bäuerinnen sind. Auch gibt es dort noch, wo man kaum danach fragt, was altertümlich oder neu ist, holz-gedeckte Brücken, jene Archenbrücken aus geschwärzten Eichenstämmen, die immer noch ihren Dienst tun, Wehre und Weiher, von Gänseherden belebt, und in voller Ruhe liegende Dörfer mit ihrem stetigen ländlichen Leben.

Hans Roth

Mein Dorf

Als erstes waren die Schulen dran. Kaum waren neue gebaut, wurden die Schüler in Schulzentren zusammengefasst – die unendliche Debatte um die Buslinien folgte, für viele Familien wurde das Zweitauto nötig. Die Sporthallen, dann die Schwimmhallen folgten. Dann kamen die Folgekosten. Ein Schulzentrum mit Sporthalle kostet satte 2.000 Mark am Tag. Jetzt ergeben sich Sanierungskosten. Die Kosten für das eine Schulzentrum verhindern oft, dass die alten Schulhäuser in den Dörfern erhalten werden können.

Dann stand die sichere Versorgung der ländlichen Räume mit einwandfreiem Wasser an. Auch so ein Wort: Das Wasser darf nur so viel Zeugs oder Werte enthalten, damit das Gesundheitsamt keine Einwände erhebt. Ein Vielfaches an Vieh braucht ein Vielfaches an Wasser, und wo Wasser aus dem Hahn läuft, verdreifacht sich der Verbrauch. Jetzt nach 30 Jahren fängt der Beton der Wassertürme an zu bröckeln, wegen der Schwefelsäure im Regen rostet der Stahl und sprengt ihn. Der Beruf des Betonsanierers ist entstanden und findet reichlich Arbeit. Im Gegensatz zu den Neubauten mit hohen Bauzuschüssen müssen die Gemeinden die Kosten für die Erhaltung selbst aufbringen. Ähnlich sieht es bei den Kläranlagen aus, – wirklich kein Ort für Visionen. Das ist die Stunde der Planer zur Rettung des ländlichen Raums. Die Lebensqualität braucht vorerst nicht gesteigert zu werden, sie ist jetzt zu sichern. Der Schuldenstand der Gemeinden verbietet anderes. Es ist planungsspezifisches Denken, Lebensqualität als Kostenfaktor zu bewerten.

Die Finanzen der Gemeinden müssen also verbessert werden. Sie speisen sich, mit zum Teil erheblichen Unterschieden, zu etwa einem Drittel aus Gewerbesteuern, einem Drittel Einkommensteueranteil der Einwohner und einem Drittel sogenannter Schlüsselzuweisungen, das sind Ausgleichszahlungen, die das Land verwaltet. Bürgermeister und die meisten Gemeinderäte sind also bestrebt, Industrie und Gewerbe anzusiedeln und gut verdienende Einwohner zu kriegen. Die Bauern gehören in der Mehrzahl nicht dazu. Die Wohnflächen werden zwar immer größer, aber die Einwohnerzahl steigt nur langsam; dafür werden die Leitungen länger und die Bürger anspruchsvoller.

Nun aber warten im ländlichen Raum, d. h. in den Köpfen seiner Verplaner, zwischen Satteldorf und Bretzfeld etwa 500 Hektar beste Äcker auf einstöckige Fabrikationshallen, Straßen und Parkplätze mit Grünstreifen. Der Lebensader A 6 – die »Heilbronner Stimme« hat die Autobahn Heilbronn–Nürnberg auch schon mal als Todesstreifen betitelt –, von Arteriosklerose befallen, soll ein Bypass in Gestalt einer jeweils dritten Spur gelegt werden. All dies soll die Finanzkraft des ländlichen Raums stärken und damit wieder die Lebensqualität hier verbessern. In der Regel – ich spreche aus Erfahrung als Gemeinderat – ist es aber so, dass die Erschließungskosten die zukünftigen Mehreinnahmen im Voraus auffressen, und wenn Gewinn entsteht, werden Erweiterungen der Gewerbeflächen nötig usw. So verliert der ländliche Raum seine Aufgabe, »Biofilter der Industriegesellschaft« zu sein, die ihm der stellvertretende Generalsekretär des Deutschen Bauernverbandes, Dr. Helmut Born, am 7. Mai 1990 zuwies. Was er damit gemeint hat, weiß ich nicht. Ich weiß nur, dass

Filter in regelmäßigen Zeitabständen ausgewechselt werden sollten. Sie werden dann weggeschmissen, d. h. entsorgt. Dem ländlichen Raum geschieht ähnliches: Wenn er seine Filterfunktion getan hat, sollen neben den Straßen die Randstreifen nicht mehr landwirtschaftlich genutzt werden. In Maulach sind Grund und Boden, da die Werte zu hoch wurden, bereits wertlos geworden. (…)

Eines jedenfalls ist sicher: Keine Vision wird das Bauerndorf von einst zurückholen. In den guten alten Zeiten sollen ja Visionen öfter vorgekommen sein, und wenn es stimmt, dass einem Visionen nur bei einer gewissen unglücklichen Befindlichkeit erscheinen, waren die alten Zeitläufe auch nicht die glücklichsten. Aber die zukünftigen Schrecklichkeiten dürften von anderer Art sein als die früheren. Wer jahraus, jahrein in eine Jugendstilkirche wie hier in Gaggstatt geht, der fürchtet, glaube ich, nicht mehr das Jüngste Gericht so wie seine Vorväter.

Wenn die Zeit schnelllebiger ist, werden auch Angst und Hoffnung konkreter auf räumlich und zeitlich nahe Sachverhalte gerichtet.

Gertrud Schubert

Das fünfte Rad

»Die Zeit, so scheint es,
ist stehen geblieben in diesem
stillen und beschaulichen Landstrich.«

Aber selbstverständlich sind die Zeiger der Uhr weitergerückt.
Das wusste auch Eduard Mörike, als er diese Zeilen schrieb.
Zeit lässt sich nicht aufhalten, der Schein trügt. Dennoch:
Mitte des 19. Jahrhunderts, erst recht 70 Jahre später, als Millionen Agnes Günthers Erfolgsroman »Die Heilige und ihr
Narr« verschlungen hatten, wurde das schöne Hohenlohe in
seiner ländlichen Abgeschiedenheit zum Sehnsuchtsland der
Städter. Burgen und Schlösser, Felder und Wälder, Tauber-,
Jagst- und Kocherstrand. Unendlich der Blick über die weite
Ebene, abenteuerlich die steilen Wege hinunter ins Tal. Welch
ein Kontrast zur Tristesse in der großen Stadt.

»Fernab von der Hast und Hetze des Maschinenzeitalters«
sah Rudolf Schlauch »irgendwo dahinten« das Hohenloher
Land liegen. Er beschrieb ein Idyll, ein Land der Nebenstraßen und Nebenstrecken, »einen ausgesparten Winkel im
beginnenden Atomzeitalter«. In den 1950er Jahren war sich
der schriftstellernde Pfarrer von Bächlingen und Hohenlohefreund des steten Wandels bewusst. Trotzdem oder gerade
deshalb schwärmte er wie alle, die sich um Hohenlohe bemühten – als müssten sie es noch einmal festhalten, dieses alte
Land. Wie Paul Swiridoff, der Fotograf, der seinem geliebten
Hohenlohe in Schwarzweiß ein Denkmal setzte: »Nirgendwo
in der Welt aber sah ich so viel Wäsche lustig im Wind flat-

tern, und nirgends quollen mir so viele zum Bersten gefüllte Federbetten aus den Fenstern entgegen wie hier.«

Die Wäsche steckt im Trockner. Wer lüftet noch Betten? Und überhaupt: Was heißt da Abgeschiedenheit? Autobahnen umtosen die Provinz. (...) Und in der Mitte dieses Autobahndreiecks liegt, ungeahnt von den allermeisten, dieses Hohenlohe: abseits der Straße und doch mit direktem Anschluss an die Welt. Längs der Autobahn siedelt die Industrie.

Im Norden macht die Tauber grob die Grenze, im Süden zählt die ehemals freie Reichsstadt Hall längst zu Hohenlohe, das einst gerade so freie Rothenburg indes rechnet sich Bayern zu. Kocher und Jagst schneiden sich tief in die Hohenloher Ebene. Auf den Bergrücken fast zahllos die Fürstenstädtchen mit ihren Schlössern. In den Tälern Dörfer. Am Kocher auch Städte mit Industrie. Die Hochebene aber beherrscht meist die Landwirtschaft, große Maschinen beackern die Felder. Verstreut liegen alte Höfe. Hin und wieder ein Weiler. Ein Wäldchen. Lichte Eichen. Selten eine vergessene Hecke. Der Blick schweift über Getreide, Mais, Rüben, Erdbeeren. Endlos. Einsam. Eben doch abgeschieden. Das hat seine Ursache.

Hohenlohe gibt es nicht! Das hätte der dicke Friedrich, aus Napoleons Gnaden nicht mehr bloß Herzog, sondern König von Württemberg, seinen aufmüpfigen Neu-Untertanen im fernen Norden am liebsten verordnet. Als »Nordwürttembergisches Ebenen- und Hügelland« fanden sich die bis dato selbstständigen Fürstentümer auf der Landkarte eines neuen Königreiches wieder. Einverleibt, besetzt, entmachtet: Mit dem 19. Jahrhundert begann für das einst so stolze Bauern- und Fürstenland eine neue Zeitrechnung: die württembergische.

Rezzo Schlauch

Bächlinger Schlachtfest

Nach Weihnachten, wenn wir oft auf der zugefrorenen Jagst kilometerweit Schlittschuh gefahren sind, kam mit dem Januar und Februar eine essensmäßig ergiebige Zeit, das waren die Monate, in denen vornehmlich die Hausschlachtungen stattfanden.

Diesbezüglich hatte ich besonderes Glück, da unser unmittelbarer Nachbar mit dem Hofnamen »Bernde Bauer« einer von zwei Hausmetzgern im Dorf war und mich von Hof zu Hof auf seiner Schlachttour mitnahm. Mit ihm verbrachte ich das gesamte bäuerliche Jahr – vom Holen des ersten Grases, Distelstupfen, Steinelesen, Heumachen bis zum Einholen der Ernte, Lesen der Kartoffeln und Ernten der Rantschen (Futterrüben). Als jungen Bub, trotz striktem Verbots mütterlicherseits, weihte mich dieser Bernde Bauer in die Geheimnisse des Mosttrinkens ein.

Die Sau, die bei der Schlachtung jeweils dran glauben musste, hatte einen Namen und war von der Bäuerin extra aufgezogen worden, meist ausschließlich mit Kartoffeln. Und im Laufe des Schlachttages wurden dann aus einem riesigen Kessel Kretbrühe, der mit Holz befeuert wurde, nach und nach die Deftigkeiten herausgeholt.

Als Erstes wurden die an einem Wurstbändel in der Brühe hängenden Nierchen heraufgezogen, in kleine Scheiben geschnitten, mit Pfeffer und Salz gewürzt. Dazu gab es ein von Hof zu Hof unterschiedlich schmeckendes frisches schwarzes

Bauernbrot, eine Köstlichkeit, bei der mir heute noch das Wasser im Munde zusammenläuft.

Danach, zum ersten großen Vesper, zu dem sich dann die ganze Familie versammelte, die verschiedenen Stücke Kretfleisch (Kesselfleisch), Schweinsohren und -füße, Bauchfleisch, Innereien – auch kräftig gepfeffert und gesalzen, um, von Most und scharf gebranntem Schnaps kraftvoll begleitet, das in Überfluss vorhandene Fett so weit wie möglich zu neutralisieren.

Dann ging es an die eigentliche Arbeit: auf tischgroßen Holzbrettern oder gleich auf dem Küchentisch den Speck für die Blutwurst und die Schwarten für die Presswurst in Würfel schneiden, die Leber für die Leberwurst und das Fleisch für die Bratwurst durch den Fleischwolf treiben und die jeweilige Substanz aus riesigen Blechschüsseln in die gewaschenen Naturdärme und in Büchsen füllen. Die Würste dann nochmals in der Brühe kochen.

Und am Abend dann, gewissermaßen als krönender Abschluss, kam noch die Schlachtplatte mit Kretfleisch, mit fertiger Blut-, Leber-, Press- und Bratwurst und einem großen Topf Sauerkraut auf den Tisch.

Auch wenn sich das für die, die auf Deftiges vom Schwein stehen, gut anhört, der andere Teil der Wahrheit ist, dass das Ganze auch im wahrsten Sinne des Wortes eine Riesensauerei war. Die Waschküche, die Küche und die Bauernstube rochen mindestens noch eine Woche nach Schwein, das warme Fett war in allen Ritzen, und es ist keine Übertreibung zu erwähnen, dass diese Art von Schlachtfest das ein oder andere Mädchen zur Vegetarierin werden ließ.

Wenn dann die Schlacht geschlagen war, trugen die Kinder oder die Bäuerin selbst abends mit dem Milchkännle die Metzelsuppe mit einem Stück Kretfleisch in die Nachbarschaft und zum Lehrer, zum Pfarrer und zum Bürgermeister. Je nach Großzügigkeit und insbesondere je nach Beliebtheit des Empfängers fanden sich auch Blut- und Leberwürste oder gar frische Koteletts darin.

Zu Hause gab es am nächsten Tag nochmals Metzelsuppe, allerdings als solche kaum mehr erkennbar, da meine Mutter sie mit Wintergemüse, gelben Rüben, Lauch und Sellerie zu einer Gemüsesuppe verfeinert hat.

Dann war's aber auch genug. Das Ganze ereignete sich vier bis fünf Mal rund um die Nachbarschaft, und trotz der massiven Konzentration dieser Art von Schlachtfesten bin ich nie auf den Gedanken gekommen, Vegetarier zu werden.

Kurt Rösch

Hohenloher Mouschd

Wenn'd am Meendich uffwachsch, an Bolla noch em Gsicht,
im Schdool, do blärret d'Viecher, häwwa nix z'Fressa griacht.
Du kousch dein ohna Schdrumpf net finda, s'Geeld, des fehlt dr au,
bam Nochber blärret kloane Kiind, noch dir do blärrt dei Fraa,
do hoggsch de nou, wall d'nimme kouschd
und saufsch dein Houalouer Mouschd.

(...)

Am Samschdich, do is Schdammdisch, do kumma alli zamm.
Die Kloane und die Alde, die lasse mr drhoam.
Und wenn mir noch ohn ziecha, bis dr Bauch oufanga driggt,
do muasch schnell niwwer n'Abord, hei des isch fei ganz verriggt:
Do hoggsch de nou, wall d'nimme kouschd:
Des kummt vom Houalouer Mouschd.

Albert Herrenknecht

Fränkischer Spätsommer

Auf den Feldern stehen die Flammen
grauer Rauch
deckt den violetten Himmel zu
Die Luft riecht nach Erde und Asche
Tiefrote Sonnenstrahlen brechen sich an
den Sandsteinbrüchen
Die Landschaft ist kahl
und ihre Haut brennt
wie einst die Dörfer im Bauernkrieg
zum Strafgericht
Heute führen die Dörfer
Krieg gegen die Landschaft
Ihre Waffen sind Feuer
und schwerer Pflug

Krumme Rücken
bücken sich nach den Äpfeln der Erde
braune Säcke markieren die Tagesarbeit
Traktor und Mittelklassewagen
am Felderrand
sind die Stechuhr
des zweiten Arbeitstages
Die Alten beherrschen das Feld
weil sie im Alltag
nichts mehr zu bestellen haben

Die Jungen helfen mit
solange elterlicher Zwang sie halten kann
Die Felder sind reich im Herbst
und machen die Landschaft dennoch arm
weil auf ihnen zuwenig von dem wächst
was wir zum Leben brauchen

Die Fernleitungen sitzen voller Zugvögel
In den Bahnhöfen und Arbeitsämtern
sitzt die Jugend
es ihnen gleichzutun
Auf den Wiesen
steigen keine bunten Drachen mehr
die neblige Zukunft
hat ihnen Startverbot erteilt
Wie reife Früchte
fallen alte Hoffnungen
in den Winterschlaf

Gottlob Haag

Schaff dr e Katz ou

Schaff dr e Katz ou,
wenn d elaa bischt und elder werscht,
daßscht e Ouschproech hascht
in deiine vier Wend
und ebbes zum Schtreichle.

E Katz im Haus, ob Kuutzer odder Kitzi,
drschpoert dr nidd ner en Raddefenger,
sie horcht dr a zue,
oehne dir z widderschpreche
und geiit dir deß Gfiiehl,
dass ebber um di is,
wenn dir s oft schwäer wird
und di s Elaaseii bloecht.

Schaff dr e Katz ou,
wenn d elder wärscht
und näemermäeh hascht,
wu si noch kimmert um dii.
Denn leicht kou es seii,
dassscht emoel kruonk werscht iwwer Noocht
und es guggt näemer nach dir.

Und wenn s noe goer is,
dass mir nix, dir nix,
dr Doed zue dr kummt,
ganz iwwerraschend,
noe waaßscht wenigschtens,
dass drnoech ebber doe is,
wu klecht und schreit,
wenn s vorbei is mit dir,
dass es die andere merke,
dass woß nidd schtimmt
und ebbes seii mueß mit dir.

Drum schaff dr e Katz ou,
wenn d oold werscht
und elaa bischt in deiine vier Wend,
dass ebber trauert um dii,
wenn du di fortmegscht
aus därre herzloese Welt.

Madonnenländle und Hinterer Odenwald

Der Dreimärker ist ein großer dreikantiger Stein, der im Odenwald steht und die Stelle bezeichnet, wo Baden, Bayern und Hessen aneinandergrenzen. Wir sind dort als Knaben hingegangen, Heimatlieder singend, und haben gesehen, dass der Boden um diesen Stein der gleiche war. Der Odenwald ist sich gleich in diesen Ländern zwischen Neckar und Main.
Arthur Grimm, »Das badische Frankenland«, 1933

Weil jeder Teil den andern stützt,
Konnt' ich Jahrhundert' steh'n.
Wenn jeder so dem Ganzen nützt,
Wird keiner untergeh'n.
Arthur Trautmann, Spruch am Walldürner Rathaus

Immer hat dieser Gegensatz von Waldland und offenem Land bestanden. Die Jahrtausende haben ihn wohl mildern, aber nicht aufheben können. Die Landschaftsnamen halten diesen Gegensatz fest: hier der Odenwald (…) und dort das Bauland (…). Im offenen Land zählt die Kultur und Geschichte nach Jahrtausenden, im geschlossenen Wald nur nach Jahrhunderten.
Friedrich Metz, »Das badische Frankenland«, 1933

Theodor W. Adorno

Amorbach

Wolkmann: ein Berg, der Bild seines Namens ist, freundlich übriggebliebener Riese. Nun ruht er lange, breit gestreckt über dem Städtchen, das er von den Wolken grüßt. Gotthard: der kleinste Gipfel in der Umgebung trägt den Namen des mächtigsten Massivs der Zentralalpen, als möchte er das Kind sacht an den Umgang mit dem Gebirge gewöhnen. Um keinen Preis hätte es sich ausreden lassen, dass ein geheimer unterirdischer Gang von einer Höhle der Klosterruine St. Gotthard in den Amorbacher Konventsbau hinabführt.

Der war bis zur napoleonischen Säkularisierung eine Benediktinerabtei, niedrig, außergewöhnlich lang, mit grünen Läden, angeschmiegt an die Abteikirche. Ihm fehlt, außer den Eingängen, jede energische Gliederung. Dennoch erfuhr ich daran zum erstenmal, was Architektur sei. Bis heute weiß ich nicht, ob der Eindruck einfach darauf zurückgeht, dass mir am Konventsbau das Wesen von Stil aufging, oder ob doch in seinen Maßen, unter Verzicht auf jeglichen Eklat, etwas sich ausspricht, was danach die Bauten verloren. Die Vedute, auf die er offenbar angelegt war, eine Stelle im Seegarten, kunstvoll hinter einer Baumgruppe versteckt an dem von Karpfen bevölkerten, sympathisch riechenden Weiher, gibt einen kleinen, überschaubaren Abschnitt des Klosters frei. Stets noch stellt an dem Teil die Schönheit wieder sich her, nach deren Grund ich vorm Ganzen vergeblich frage.

In der Hauptstraße, um die Ecke der geliebten Post, befand

sich eine offene Schmiede mit grell loderndem Feuer. Jeden Morgen ganz früh weckten mich die dröhnenden Schläge. Nie habe ich ihnen deshalb gezürnt. Sie brachten mir das Echo des längst Vergangenen. Mindestens bis in die zwanziger Jahre hinein, als es schon Gasolinstationen gab, hat die Schmiede existiert. In Amorbach ragt die Vorwelt Siegfrieds, der nach einer Version an der Zittenfelder Quelle tief im waldigen Tal soll erschlagen worden sein, in die Bilderwelt der Kindheit. Die Heunesäulen unterhalb von Mainbullau datieren, so wenigstens wurde mir damals erzählt, auf die Völkerwanderung zurück, nach den Hunnen benannt. Das wäre schöner, als wenn sie aus früherer namenloser Zeit stammten. (…)

Trieb ich halbwüchsig allein durch das Städtchen im tiefen Abend, so hörte ich auf dem Kopfsteinpflaster die eigenen Schritte nachhallen. Das Geräusch erkannte ich erst wieder, als ich, 1949 aus der amerikanischen Emigration zurückgekehrt, um zwei Uhr durchs nächtliche Paris vom Quai Voltaire in mein Hotel ging. Der Unterschied zwischen Amorbach und Paris ist geringer als der zwischen Paris und New York. Jene Amorbacher Dämmerung jedoch, da ich als kleines Kind von einer Bank auf der halben Höhe des Wolkmann zu sehen glaubte, wie gleichzeitig in allen Häusern das soeben eingeführte elektrische Licht aufblitzte, nahm jeden Schock vorweg, der nachmals dem Vertriebenen in Amerika widerfuhr. So gut hatte mein Städtchen mich behütet, dass es mich noch auf das ihm gänzlich Entgegengesetzte vorbereitete.

Kommt man nach Amerika, so sehen alle Orte gleich aus. Die Standardisierung, Produkt von Technik und Monopol, beängstigt. Man meint, die qualitativen Differenzen wären derart real aus dem Leben verschwunden, wie sie fortschreitende Rationalität in der Methode ausmerzt. Ist man dann wieder in Europa, so ähneln plötzlich auch hier die Ortschaften einander, deren jede in der Kindheit unvergleichlich schien; sei es durch den Kontrast zu Amerika, der alles andere unter sich platt walzt, sei es auch, weil, was einmal Stil war, schon etwas von jenem normierenden Zwang besaß, den man arglos erst der Industrie, zumal der kulturellen, zuschreibt. Auch Amorbach, Miltenberg, Wertheim sind davon nicht ausgenommen, wäre es auch nur durch den Grundton roten Sandsteins, der Formation der Gegend, die den Häusern sich mitteilt. Dennoch lässt einzig an einem bestimmten Ort die Erfahrung des Glücks sich machen, die des Unaustauschbaren, selbst wenn nachträglich sich erweist, dass es nicht einzig war. Zu Unrecht und zu Recht ist mir Amorbach das Urbild aller Städtchen geblieben, die anderen nichts als seine Imitation.

Zwischen Ottorfszell und Ernsttal verlief die bayerische und badische Grenze. Sie war an der Landstraße durch Pfähle markiert, die stattliche Wappen trugen und in den Landesfarben spiralig bemalt waren, weiß-blau der eine, der andere, wenn mein Gedächtnis mich nicht trügt, rotgelb. Reichlicher Zwischenraum zwischen beiden. Darin hielt ich mit Vorliebe mich auf, unter dem Vorwand, an den ich keineswegs glaubte, jener Raum gehöre keinem der beiden Staaten, sei frei, und ich könne dort nach Belieben die eigene Herrschaft errichten. Mit der war es mir nicht ernst, mein Vergnügen darum aber nicht geringer. In Wahrheit galt es wohl den bunten Landesfarben, deren Beschränkendem ich zugleich mich entronnen fühlte. Ähnlich empfand ich auf Ausstellungen wie der ›Ila‹ im Anblick der zahllosen Wimpel, die da einverstanden nebeneinander flatterten. Das Gefühl der Internationale lag mir von Haus aus nahe, auch durch den Gästekreis meiner Eltern, mit Namen wie Firino und Sidney Clifton Hall. Jene Internationale war kein Einheitsstaat. Ihr Friede versprach sich durch das festliche Ensemble von Verschiedenem, farbig gleich den Flaggen und den unschuldigen Grenzpfählen, die, wie ich staunend entdeckte, so gar keinen Wechsel der Landschaft bewirkten. Das Land aber, das sie umschlossen und das ich, spielend mit mir selbst, okkupierte, war ein Niemandsland. Später, im Krieg, tauchte das Wort auf für den verwüsteten Raum vor den beiden Fronten. Es ist aber die getreue Übersetzung des griechischen – Aristophanischen –, das ich damals desto besser verstand, je weniger ich es kannte, Utopie.

Besser als mit der Kleinbahn nach Miltenberg zu fahren, die auch ihre Meriten hatte, war es, dorthin von Amorbach auf einem weiten Höhenweg zu gehen. Er führt über Reuenthal, ein sanftes Taldorf abseits vom Gotthard, angeblich die Heimat Neidhards, und über das stets noch einsame Monbrunn, in geschwungenem Bogen durch den Wald, der sich zu verdichten scheint. In seiner Tiefe birgt sich allerhand Gemäuer, schließlich ein Tor, das man der Kälte der waldigen Örtlichkeit wegen Schnatterloch nennt. Durchschreitet man es, so ist man plötzlich, ruckhaft ohne Übergang wie in Träumen, auf dem schönsten mittelalterlichen Marktplatz.

Hans Dieter Schmidt

Odenwald

Unbesungener Wald, Winterhauch,
die Basaltkuppen mit ihren erloschenen Feuern,
es liegen Wolkenbretter über
den Dörfern, im Gras leuchtet spät noch
die Herbstzeitlose. Drunten stürzen Bäche
durch Felsenmeere und verwaschene
Schluchten, es gibt Leute,
die haben das Hifthorn gehört,
Siegfrieds blutende Wunde färbt
das Septemberlaub. Schon hebt das Jahr
den zitternden Speer, die Nächte,
erfüllt vom Heulen der Hunde,
umwuchern das Gehöft, es schlagen
die Uhren, die Zeit fällt
ins kahle Gebüsch, in die Stille
der unaufhörlich fragenden Worte.

Carl Julius Weber

Die Kartoffel hilft aus aller Not

Der Odenwald ist kein üppiges Land, das Klima rau und kalt, und die Götter geben nichts ohne Arbeit; es ist ein großer Wald, der eine Naturfestung der Germanen war, wo sie sich sammeln, und dann wieder hervorstürzen konnten über die Römer am Rhein, Main und Neckar. (...)

Wild-Überfluss, Rot und Schwarz, gehörte einst zum Jammer des Landes, und man lachte über das Kanonische Recht, dass es Jägerei *ars nequissima* nennt, und sagt: *Esau venator erat, quia peccator.* Man lachte, und nur wenige kommentierten über die Frage: Ist es Recht, dass der Mann, den das Volk besoldet, um sein Bestes zu befördern, die Wild-Plage über solches verhänge, um sich zu amüsieren? Die Bienenzucht wird nicht vernachlässiget, und die Kartoffel hilft aus aller Not. Im Jahr 1799 hatten die drei regierenden Gräfinnen, nach dem Vorgange der Kaiserin, im Sinne, eine Landsturmsfahne zu sticken, und da sie über eine Devise verlegen waren, so schlug ihnen jemand vor – drei Kartoffelsäcke unter einer Eiche mit der Inschrift: *Rettet das Vaterland!*

Albrecht Pilgrim von Buchheim

Seht, wie hold der Mai

Seht, wie hold der Mai geschmückt hat
Anger, Wiesenplatz und Feld;
Wer sich je an Luft entzückt hat,
Findet reichlich nun Entgelt.
Mai ermahnt zu Spiel und Lust:
Holdres Sinnen
Weckt tiefinnen
Mir die Liebe in der Brust.
Stets doch liebt ich sie in Treuen
Und ich bleib ihr eng vereint,
Nimmer soll es mich gereuen,
Wenn das holde Weib auch meint,
Dass mein Herz an andre denkt:
Seel und Sinne
Haben Minne,
Königin, nur dir geschenkt!

Augusta Bender

Land und Leute

Es ist kein altberühmtes Landschaftsbild, das vor den Augen meiner Seele auftaucht, wenn ich an Oberschefflenz in Baden, der Heimat meiner Kinder- und ersten Mädchenjahre, denke: wellige Hochebene, in sanfter Abdachung vom Odenwald ins Bauland übergehend; Heidecharakter mit einem Zug ins Ernste und Schwermutvolle, auch wo blühende Felder und Wiesen sich dehnen; und darüber ein großer, weiter Horizont, der gegen Nordwesten in meilenweiter Rundsicht vom Katzenbuckel begrenzt wird. Vor allem aber eine unendlich feierliche Stille und Weltentrücktheit und dazu eine gewisse Schwerheit und Herbheit des Daseins, die weniger aus dem Kampf ums tägliche Brot, als um jenen Vorrang in der Gemeinde entsprang, wie ihn im Kleinbauernstande eben nur liegende Güter verleihen können. Trotz aller Herbheit des Klimas und des Lebens aber von Mutterliebe durchwärmte Heimatluft, wie man sie nur einmal und dann nicht wieder atmet.

Jugendzeit und Elternhaus: Hier nur liegen die tiefsten Wurzeln meines Wesens vergraben – vielfach verzweigt und verwachsen zwar, und doch so reich durchtränkt von unsichtbaren Quellen und Bächlein, die weit ins Dunkel der Vergangenheit zurückreichen, wo in Schrecken und Grausen eine alte Zeit versank und eine neue sich nur in langsamem Ringen um des Lebens härteste Notdurft gestaltete.

Hermann Eris Busse

Die Entdeckung des Madonnenländle

Ich betrat ein sanft behügeltes Land mit großen Feldflächen, großen Dörfern und seltsam stillen, abseitigen Städtchen. Unversehens geriet ich nun einmal in das badische Frankenland, in den Zipfel, den man etwas spöttisch das Hinterland nennt, weil es recht schlecht mit der Welt verbunden scheint durch trottelnde Züge, die endlos lange an vielen Umsteigestationen aufeinander warten und sich ins Land hinein verstreuen mit geradezu biedermeierlicher Gemütlichkeit. Mich kümmerte das zwar nicht sonderlich. Mit meinen Apostelfüßen pilgerte ich dahin und war ein regelrechter Wallfahrer unter den Augen vieler Heiligenbilder, die an Kreuzwegen und Brücken ragten, unter den Augen leidender Heilande und lächelnder Madonnen, die an den Häusern in großen Glasschreinen standen oder auf Plätzen über plaudernden Brunnen.

Ein süßer Trost erblühte mir, als ich merkte, dass ich in ein Marienland geraten war, in eine kleine, unendlich helle, offene Welt, über welche die Mütterliche regierte. Auf vielen Sockeln thronte sie, durchaus nicht einfach, gütig in mahnender Schlichtheit wie eine Mutter aus dem Volk, sondern herrlich und anmutig gleich einer weltlichen Königin, trotzdem heilig, schön, mütterlich in ihrer barocken Wucht und ihrer Freude am Heiteren, Vollen, Beschwingten. Diese Madonnen, sie waren alle fruchtbare Frauen mit stolzer Güte und nur verborgen schmerzensreich. Heilige Mutter Gottes, du bist voll der Gnaden! Wie oft tönte dieser tröstende Satz an mein Ohr, wenn ich träumend auf den Landstraßen schritt und den Blick im Blauen badete. Ich dachte stets an Kläre, wenn ich einem Bild der »Lieben Frauen« begegnete, und immer war mir, als grüße mich die Liebste durch den Mund dieser Heiligen.

Kläre, wie bist du fern, und wie beseligend kannst du mir nahe sein! Ich sehe dich wundervoll aufgerichtet, wohin ich gehe und schaue. Ich spüre dich wie ein Lächeln in meinem Gesicht. Ich lausche dir in der Musik dieses berückend lichten und sommerlichen Landes.

Kläre, wie ein Symbol ist es mir, dass ich über zahllose Brücken gehen muss, schlichtgeschlagene, fränkische Brücken, die von Ufer zu Ufer führen, über die Erf, über die Schüpf, über die Tauber. Brücken, für die wir beide eine Schwäche hatten, so dass wir oft einen Umweg machten oder einen Doppelweg, nur um das Wunder zu erleben, in eine Schwingung einzugehen und zwei getrennte Lande in kleiner Zeitspanne zu verbinden. Wir hielten an, ehe wir die Brücken betraten: Wir sahen uns an, und es war jedes Mal ein Gelöbnis und ein Versöhnen in uns, auch, Kläre wir gestanden es uns einmal, geheime Angst, unversehens in die Tiefe zu sinken mitten im Hoffen und Vertrauen. Wir hatten Angst vor uns selber, wir waren stets am Brückenbau von einem zum andern.

Was sagst du, Kläre?

Wir bauen immer noch, immer weiter, du bist so fern und dennoch mir so nah und es gehen viele Brücken von mir zu dir, von dir zu mir: schön geschwungene ohne Qual und Überschwang, unsichtbare, sichere. Wenn ich über die Brücken gehe, denke ich an dich.

Juliana von Stockhausen

Das Dorf und die Herrschaft

Über Jahrhunderte hatte die Bevölkerung der ritterschaftlichen Orte in direktem Untertanenverhältnis zu den Grundherren, den Lehensträgern, gestanden und erst mittelbar, in indirekter Weise, zu den fürstlichen Landesherren. (…)

Bevölkerung und Grundherren, beide mochten sich über die neue Ordnung klar sein, gewisse tief eingewurzelte Vorstellungen blieben, so sinnentleert sie geworden waren. Die großherzogliche Obrigkeit war anonym und für den einfachen Mann eine unbekannte Größe, mit der nicht der Bauer, wohl aber ein Graf oder Baron umzugehen verstand.

Ein Baron war dank seiner Beziehungen in der Lage, Einfluss auf die Militärbehörden zu nehmen, wenn es darum ging, einen einzigen Sohn vom Militärdienst freizustellen oder ihm wenigstens einen Ernteurlaub zu verschaffen. Lag ein Mann im Lazarett, und der Baron wandte sich persönlich an den Oberstabsarzt, blieb die Wirkung, eine bessere Behandlung und Betreuung des Patienten, meist nicht aus.

Da die Söhne der badischen Grundherren fast stets bei den Leibdragonern oder Leibgrenadieren als Offiziere dienten, Regimentern, die einen Großteil der Mannschaft aus dem Odenwald rekrutierten, bildete sich vor allem in dem gemeinsamen Erlebnis der Kriege so etwas wie eine Schicksalsgemeinschaft heraus. (…)

Die fränkischen Dörfer mit ihren hochgiebeligen Fachwerkhäusern hatten damals fast das gleiche Aussehen wie auf den Bildern der alten Meister. So gut wie ausnahmslos war der Stall ins Erdgeschoss eingebaut. Das wärmte im Winter, hatte aber seine Nachteile im Sommer. Der Schweinekoben aus Sandstein war außen an die Hauswand gemauert, Misthaufen und Jauchegrube und das verbreiterte Aborthüttchen lagen vor oder neben dem Haus. Schwarze Fliegenschwärme plagten Mensch und Vieh. Im Kampf mit dem Gestank der Jauche unterlagen die vereinigten Düfte von Flieder, Rosen und Levkojen aus dem Bauerngärtchen. (…)

Wasserkinder waren nicht, wie man glauben könnte, nixenhafte Wesen, deren Element das Wasser ist, und Holzkinder keine Waldmenschen. Die ersteren hatten die Aufgabe, Wasser vom Brunnen zu holen und ins Schloss zu tragen; die anderen waren damit beschäftigt, Holz in großen Körben aus dem Holzstall nach oben zu bringen und die neben jedem Ofen stehenden Holzkisten aufzufüllen.

Das Dorf hatte achtzehn Pumpbrunnen, ein laufender Brunnen stand im Schlosshof, und das Trinkwasser kam vom »guten Brunnen«, außerhalb des Ortsetters, der alten Dorfeinfriedung. Die Wasserkinder, zwei schulentlassene Mädchen, trugen morgens und abends das Waschwasser vom Hofbrunnen herauf; zuerst in die Küche, ehe sie die Porzellankannen bei den Waschtischen auffüllten. Für das Trinkwasser waren Holzkannen, Stützen, im Gebrauch. Zehn Minuten klapperten die Kinder mit den leeren Stützen zum guten Brunnen, zwanzig Minuten trabten sie mit den gefüllten zurück.

Die beiden Holzkinder waren männlichen Geschlechts, denn die Holzkörbe waren noch schwerer als die Wassereimer und Kannen.

Bargeld war rar im Dorf, der kleine Verdienst der Kinder fiel ins Gewicht, und hungrig blieben sie in der Schlossküche auch nicht.

Es lag auch nicht die mindeste Poesie darin, dass die Frauen vorzeitig verblühten und verbraucht waren, ihre frische Schönheit zerstört. Die aus der körperlichen Überanstrengung resultierenden Frauenleiden wurden als unabänderlich hingenommen. (...)

Schwangerschaft war kein Grund dafür, dass eine Frau sich besonders schonte; oft schafften die Frauen bis zum Einsetzen der Wehen noch auf dem Feld. Sie brachten ihre Kinder in demselben Bett zur Welt, in dem sie gezeugt worden waren, oft sogar ohne Hilfe der Hebamme, einer umsichtigen, resoluten Frau, die einen von der Großherzogin eingerichteten Geburtshilfekurs besucht hatte. Solange das Kind nicht zur Taufe getragen war, brannte in der Stube der Wöchnerin die Kerze die ganze Nacht – denn die Unterirdischen scheuen das Licht. Viel länger blieb ihr selten Zeit, um sich von einer Geburt zu erholen.

Als Großmama einmal eine Wöchnerin nach der Geburt des fünften oder sechsten Kindes besuchte, und dabei den Mann beiseite nahm und ihm diskret zu verstehen gab, genug sei genug und von nun an Zurückhaltung geboten, trieb ihr die Antwort die Röte in die Wangen, es sei dahingestellt, ob aus Zorn oder Scham: »Ha, Frau Baron, ich mein', solang d'Orgel spielt, ist die Kirch' noch nicht zu End'.«

Thomas Mann

Der Kuss von Hardheim

(…) Ein Zuhörer comme il faut, – wie war er angemutet von der Kürzesten Nacht und dem Liebeschnaufen Auroras nach Hesperus, da ichs ihm las zu Neckarelz auf der Reise im kalten Zimmer. Treffliche Seele! Hat mir über die Verwandtschaft des Divan mit Faust die hübschesten, instinctivsten Dinge gesagt und war allerwege ein guter Reisegefährte und -vertrauter, dem man sich gern eröffnete im Wagen und bei der Einkehr über die Geschichten des Lebens. Weißt du die Fahrt von Frankfurt nach Heidelberg, wo du ihm von Ottilien sprachst bei erscheinenden Sternen, wie du sie lieb gehabt und um sie gelitten, und geheimnisvoll faseltest vor Kälte, Excitation und Schläfrigkeit? Ich glaube, er hat sich gefürchtet… Schöne Straße von Neckarelz die Höhe hinauf durchs Kalkgebirge, wo wir Versteinerungen fanden und Ammonshörner. Oberschaflenz – Buchen – Wir aßen in Hardheim zu Mittag im Wirtsgarten. Da war die junge Bedienerin, die es mir antat mit ihren verliebten Augen, und an der ich demonstrierte, wie Jugend und Eros aufkommen fürs Schöne, denn sie war unhübsch, aber erz-attractiv und wurd es noch mehr vor schämig-spöttischer Erhöhtheit, da sie merkt, der Herr spräch von ihr, was sie ja merken sollt, und er merkte auch natürlich, daß ich nur sprach, damit sie merke, ich spräche von ihr, hatt aber eine musterhafte Haltung in solcher Bewandtnis, weder geniert noch unfein – das ist katholische Kultur – und war von der heiter-günstigsten Gegenwart, als ich ihr den Kuß gab, den Kuß auf die Lippen.

Himbeeren, auf denen die Sonne steht. Erwärmter Frucht-geruch, unverkennbar. Kochen sie ein im Hause? Ist doch die Jahreszeit nicht. Ich hatts in der Nase. Ist ein gar lieber Duft und reizend die Beere, schwellend vom Saft unter der samtenen Trockenheit, warm vom Lebensfeuer wie Frauenlippen. Ist die Liebe das Beste im Leben, so in der Lieb das Beste der Kuß, – Poesie der Liebe, Siegel der Inbrunst, sinnlich-platonisch, Mitte des Sakraments zwischen geistlichem Anfang und fleischlichem End, süße Handlung, vollzogen in höherer Sphäre, als das da, und mit reinern Organen des Hauchs und der Rede, – geistig, weil noch individuell und hoch unter-scheidend, – zwischen deinen Händen das einzigste Haupt, rückgeneigt, unter den Wimpern den lächelnd ernst verge-henden Blick in deinem, und es sagt ihm dein Kuß: Dich lieb und mein ich, dich, holde Gotteseinzelheit, ausdrücklich in aller Schöpfung dich, – da das Zeugen anonym-kreatürlich, im Grunde ohne Wahl, und Nacht bedeckts. Kuß ist Glück, Zeu-gung Wollust, Gott gab sie dem Wurme. Nun, du würmtest nicht faul zu Zeiten, aber deine Sache ist eher doch das Glück und der Kuß, – flüchtiger Besuch der wissenden Inbrunst auf rasch verderblicher Schönheit. Auch ists der Unterschied von Kunst und Leben, denn die Fülle des Lebens, der Menschheit, das Kindermachen ist nicht Sache der Poesie, des geistigen Kusses auf die Himbeerlippen der Welt... Lottens Lippen-spiel mit dem Kanarienvogel, wie sich das Tierchen so lieblich in die süßen Lippen drückt und das Schnäbelchen dann den Weg von ihrem Munde zum anderen macht in pickender Be-rührung, ist gar artig infam und erschütternd vor Unschuld. Gut gemacht, talentvoller Grasaff, der schon von Kunst so viel wußt wie von Liebe und heimlich jene meint, wenn er diese betrieb, – spatzenjung und schon ganz bereit, Liebe, Leben und Menschheit an die Kunst zu verraten. (...)

Heinrich Hansjakob

Sommerfahrten

Wir fahren nun in das Tal der Elz hinein, die hier mit dem Bürger Neckar sich vermählt, und in kurzem sind wir in der einstigen Reichsstadt Mosbach im Odenwald. Berge grüßen uns statt der ewigen Hügel im Kraich- und Elsenzgau und an ihren steilen Halden Reben. (…)

Fast das ganze 15. Jahrhundert hindurch war sie auch Residenz eines Zweiges der Pfalzgrafen. Drum fuhr ich am heutigen Abend nicht ohne Respekt zum ersten Mal in meinem Leben in die alte Stadt ein. Erst wollte sie mir nicht gefallen, denn ich traf überall neumodische Häuser, Schulen und Turnhallen. Aber je weiter ich hineinkam, umso mehr staunte ich über die schönen und vornehmen Bürgerhäuser, jene großen Holzpaläste, aus denen die Behaglichkeit und der Wohlstand des Bürgertums des 17. und 18. Jahrhunderts herabschauen auf die Neuzeit; das echte und rechte Bild einer ehemaligen Reichsstadt. (…) Sogar mein Kutscher, der Josef, teilt ganz meine Anschauung, dass es in Mosbach schön sei.

Sein Grund ist aber ein anderer. Er hat hier das beste Bier auf der ganzen Reise gefunden. Er teilt die Biere ein in solche, in denen »Stoff ist« und in solche, in denen »kein Stoff ist«.

»Es isch Stoff drin«, das ist die beste Note, die er gibt. Wir beide suchen also auf der Reise Stoff, er im Bier und ich in Land und Leuten.

Hans Dieter Schmidt

Fränkisches Tagebuch

Die Stätten, wo man geboren wurde, entfernen sich von einem. Zeit frisst alles auf. Adelsheim, der Ort, den ich am intensivsten erlebte, ist nicht mehr. Alle paar Jahre gibt es neue Orte. Die Erinnerung behält die alten Bilder, die gelb werden und stockfleckig, unwirklich. Trotzdem sind diese stockfleckigen Erinnerungen unsere Quellen. Man kann nicht darauf verzichten, weil man nicht nur jetzt lebt. Ich weiß, dass ich das auch war: Jenes Kind, das durch die Bilder der alten Fotoalben huscht. Wenn wir zurückblicken, suchen wir die alten Augenblicke, das Licht vergangener Tage. Wir begreifen nicht, dass es vergangen ist, unwiderruflich, unerreichbar.

19.7.1985

Ich bin Landschafter, wie ich es als Maler auch wäre, hätte ich die Gabe dafür. Mit meinen Worten bin ich hinter der Landschaft her. Ich suche sie auf in den Bildern, die ich in mir trage: Kindheit, immer dieses eine, versunkene, nie mehr zurückkehrende Paradies, das ich gleichwohl erblicke bei den Gängen durch das weitläufige Haus, in dem ich aufgewachsen bin, Adelsheim, Hauptstraße 231, ganz real, nicht mehr da, aber aufgehoben im Wort, das ein Gedächtnis ist, allen Untergängen zum Trotz.

27.1.1986

Kleine Fahrt nach Schlierstadt, Adelsheim, Osterburken. Als könne man in ein Auto sitzen und einfach die lange

Straße der Vergangenheit hinunterfahren. Man sucht sich und kommt sich selbst abhanden. Auch die geographischen Fixpunkte sind unzuverlässig. Man hat nicht nur die Namen geändert. Landschaften aus Kunstnamen. Einem Hügel, der seit Menschengedenken eine Waldkappe trug, hat man sie abgezogen. Einen Bach hat man zu einem Talsee aufgestaut, an dem jetzt Sommerurlauber liegen. Einen Hang hat man aufgeschnitten und in seine Wunde eine Bundesstraße gelegt. Manchmal, wenn es windstill ist, hängen die Wolkenschnüre der Jumbojets in geometrischen Mustern am Himmel. Begreif es, dass kein Weg zurück führt! Es gibt nur den Augenblick.
5.8.1986

Dieser graue Novembertag erweckt in mir Vorstellungen vom Elternhaus, das mir ebenso wie die Mutter (und freilich auch der Vater) entschwunden ist. Ich gehe in Gedanken durch die Räume, erfinde sie mir wieder, setze sie zu jenem Labyrinth zusammen, das meine Herkunft ist. Das Haus ist nicht einfach ein Architekturraum, es ist vor allem ein Zeit-Raum. Wenn heute die Stelle, wo es stand, asphaltiert ist und daneben eine Bank sich breit macht, die dem Geld dient, wenn man einen kleinen Springbrunnen und Sitzbänke aufgestellt hat, dann ist dies noch nicht einmal das Schlimme. Verschwunden ist doch vor allem die Zeit dieses Hauses. Nicht nur meine eigene, auch die der Eltern, der Tante, der Großeltern, der Blochs und Haarmanns, des Philipp Kaufmann, dieser Leute mit Namen, die ich zum Teil gar nicht gekannt habe und die doch ihr Leben hier eingerichtet hatten. Das Schmerzliche ist die versuchte und wohl auch gelungene Zeitvernichtung.
20.11.1986

Die öde, neblige, eintönige Landschaft, in der wir im hinteren Odenwald leben. Die Vorstellung, dass das auch die Landschaft von Anselm Kiefer ist, lässt sich schwer realisieren. In dem amerikanischen Katalog, den man mir geschenkt hat, finden sich kaum biographische Hinweise. Das Kunstwerk soll von sich aus leben, losgelöst von seinem Schöpfer. Das ist zwar eine bemerkenswerte Idee, aber kann man sie realisieren? Kann einer ganz von sich absehen?

Dass Kiefer mit seiner Familie seit über einem Jahrzehnt in Hornbach lebt, in Buchen seine berühmten Bildwerke entstehen, weiß hierzulande kaum jemand. Die Zeitungen bringen nur wenige Hinweise darauf. Aber das Stroh, das auf seinen Bildern klebt, ist Odenwälder Stroh. Das Malen von Symbolen. Dies gilt für alles, was Kiefer macht. Die Strohhalme, die verbrannten Äcker, die »märkische Heide«, überhaupt die Literarisierung der Bilder, das Einbeziehen des Mythos, die »Ruhmeshallen«, die »Geisteshelden«, aber auch die frühen Julia-Aquarelle. Die Hinzuziehung der Sprache als Deutungsmittel. Nichts ist das, was es ist: die Umformung des Materials in den Gedanken. Kiefer führt dies konsequent durch.

28.12.1988

Clemens Brentano

Über die Heiligblutverehrung in Walldürn

Zu Waldthüren, 17 Stund von Heidelberg, kamen wir Sonntag früh während dem Gottesdienst an, und ich zwang Medicus in die prächtige Kirche, die voll Krücken, wächsernen Gliedmaßen und schlecht gemalten dort geschehenen Wunderwerken hängt; die Kirche war voll Menschen, die in schöner Ordnung knieten, was durch die gleichförmige Kleidung, da es lauter Bauern waren, recht erbaulich.

Ich ging gleich nach dem Altar, in welchem das wundertätige Kelchtuch hinter Lichtern, Gold und Glas aufgestellt ist und welches einem alten Lümpchen ähnlich sieht, da von dem Blut nichts mehr zu sehen ist; besonders ging ich hin, um nach einem Opfer zu sehen, welches ich und die gestorbene Sophie vor ungefähr zehn Jahren bei der Emigration mit dem Papa nach Boxberg einem kleinen artigen hölzernen Engel getan hatten. Es war ein Kranz von weißen gemachten Rosen von Sophie und einige Ähren, die ich auf dem Wege gebrochen. Ich fand es unter den vielen Opfern durch den ungewöhnlichen Ort des Engels, welchem ich es mit einem Lichthörnchen aufgesetzt hatte, noch vorhanden, was mich sehr rührte.

Als ich die Kirche verließ, kaufte ich bei einer nahe wohnenden Frau, deren Sohn ein Maler ist, beiliegendes Bildchen und Büchelchen, um sie Dir zu schicken; diese erzählte recht interessant von den Wundern, die bei der vorigjährigen gegen 20.000 Menschen starken Wallfahrt geschehen, und wie bei

ihr zwei von ihren Eltern hingebrachte, vom Teufel beses-
sene Bauernmädchen vom Oberrhein gewohnt hätten, um
sich von den Mönchen exorzieren zu lassen. Sie waren beide
sehr schön und reicher Leut Kinder, die eine 20, die andere
24 Jahre alt und sehr gut. Während sie im Ort waren die drei
Tage, hatten sie keine Anfälle, aber sie weinten sehr, da sie von
den Mönchen ausgefragt wurden und den Anfall als fürchter-
lich schrecklich beschrieben, von den Mönchen aber nicht
übernommen wurden und wieder ungeheilt zurückgeführt
wurden. Den Mönchen ist nämlich dieses Teufelsaustreiben
längst verboten, seit die Ärzte, der Weidemann besonders, es
mit Senf können.

Hans Bender

Die Wallfahrt

Mit der Sonne erwachten die Dörfer, die sie durchfuhren. Kühe wankten über die Straße, Pferde trabten zur Tränke; Holztröge, in die das Wasser glitzernd aus rostigen Röhren fiel. Gänse und Hühner flatterten vor den Rädern auf. Leiterwagen stießen aus den Hoftoren; verschlafene Knechte saßen auf den Böcken und knallten die Kühe und Pferde beiseite.

Auf Wiesen folgten Wälder. Die Sonne filterte ihr Licht durch die Buchenkronen, sprenkelte das Auto, den Vater, Mutter, die flüsternd die Lippen bewegte und die Perlen des Rosenkranzes durch die Finger zählte.

»Eigentlich ist es nicht recht, dass wir im Auto eine Wallfahrt machen«, sagte Mutter. »Die andern Pilger gehen zu Fuß. Aus Trier, aus Fulda, aus Würzburg und Köln kommen sie zu Fuß. Sie tragen Kreuze und Fahnen mit, tragen Kranke auf Bahren, und manche Pilger legen dazu noch Nägel und Erbsen in die Schuhe…«

»Gekochte Erbsen«, sagte der Vater und lachte.

Er pfiff vor sich hin und drückte den Fuß tiefer auf das Gaspedal. Zur Zahl 60 schlug die Kilometernadel.

Mutter sagte: »Aber es ist schön, dass du uns im Auto hinfährst, auch wenn du an das Wunder nicht so recht glaubst. Es ist ein gutes Werk von dir. Vielleicht bekommst du später dafür die Gnade.«

»Was für ein Wunder denn?«, fragte der Vater.

»Das Wunder vom Heiligen Blut!« Und Mutter erzählte

dem Vater die Geschichte, die sie Hans am Abend beim Zubettgehen schon erzählt hatte: Vor sechshundert Jahren war einem Priester beim Messopfer der Kelch umgefallen. Statt Wein ergoss sich Blut über die Altardecke. Das Blut zeichnete zwölf rote Köpfe des dornengekrönten Heilands in das weiße Linnen.

»Vor sechshundert Jahren?«, fragte der Vater skeptisch.

»Das Linnen zeigen sie während der Wallfahrtszeit in einem silbernen Schrein. Ihr werdet es sehen.«

Eine Burg stand auf dem Hügel. Eine Fahne wehte über dem Turm.

»Sie wurde im Bauernkrieg zerstört«, sagte der Vater.

Ährenfelder wogten hügelauf, hügelab, die grünen Ährenfelder des Juni mit den blauen und roten Punkten der Korn- und Mohnblumen.

»Es ist die Kornkammer unseres Landes. Du wirst es in der Schule lernen«, sagte der Vater.

Mutter flüsterte den schmerzhaften Rosenkranz. Das Auto brummte dahin. Die Straßen waren holprig. Steinchen prasselten an den Kühler. Der Sog blies den Staub auf, eine gelbe, flatternde Wolke, die weiß hinten auf die Felder niedersank.

Der Vater musste zweimal halten, weil das Wasser im Kühler kochte. Als er den Deckel abschraubte, schwappte das heiße Wasser über seine Hände.

»Fixsternsakrament!«, fluchte er. Fluchte die Sterne vom Himmel, die Teufel auf die Straßen, die Pest über die Kornkammer des Landes.

»Nicht fluchen! Bitte, bitte, nicht fluchen!«, jammerte Mutter. »Es ist eine Wallfahrt!«

Karl Schumacher

Limesgeschichten

Das Städtchen Osterburken erfreut sich in der Altertumsfor-
schung von jeher wegen der erhaltenen Limesbauten und der
wichtigen Bodenfunde eines guten Klangs. (…) In den 6oer
Jahren hat Victor von Scheffel zusammen mit Felix Dahn den
Ort besucht, worüber der letztere (…) folgendes erzählt: »Auf
einer unserer Wanderungen und Limesforschungen kamen
wir nach Osterburken, wo es ihm, Scheffel, unbeschreibliches
Vergnügen machte, einen Ziegel der XIX. Legion (…) von
einem alten Weiblein verwendet zu finden, um ihn gewärmt
als Surrogat eines Hafendeckels auf den Bauch zu legen –
wider Bauchschmerzen! ›Sihscht, so kann das Heldentum
verlaufe!‹, meinte er.« (…)

In Rinschheim erlebte ich während der Ausgrabung des
Kastells einen besonderen Spaß. Wir hatten einige gut er-
haltene Sigillata-Schüsseln und -Teller gefunden, die ich dem
Wirte Ehmann, bei dem ich wohnte, der Vorsicht halber zur
Aufbewahrung gab, als ich am Sonntag einen Tagesausflug
machen wollte. Zugleich schärfte ich ihm ein, sie ja verschlossen zu halten und niemandem zu zeigen, weil ich einmal in
dieser Beziehung eine schlechte Erfahrung gemacht hatte.
Als ich aber frühzeitiger als angegeben zurückkehrte, saß die
ganze Familie um meine schönen Sigillatagefäße und löffelte
Sauermilch aus denselben. Nicht wenig erschrocken, ent-
schuldigten sie sich, sie hätten doch einmal versuchen müssen,
wie es aus dem schönen römischen Geschirr schmecke.

Der grüne Kern

Der Mangel und die Not, welchen wir im menschlichen Leben so mancherlei nützliche Erfindungen zu verdanken haben, lehrten die Bewohner der Gegend zwischen dem Neckar und Main, im Großherzogtum Baden, auch die Bereitung des sogenannten grünen Kernes. Derselbe wird aus unreifem Spelz oder Dinkel bereitet und liefert einen Stoff zu nahrhaften, gesunden und wohlschmeckenden Suppen. Da dieses Produkt nicht allein bei uns beliebt, sondern auch von fernen Gegenden die Nachfrage darnach geschieht, so dürfte es vielleicht nicht unangenehm sein, über dessen Bereitung und Gebrauch etwas Näheres zu erfahren.

Der Monat Julius ist es, in welchem gewöhnlich dieser grüne Kern bereitet wird, indem in dieser Jahreszeit der Spelz oder Dinkel in der Regel jenen Grad der Zeitigung erhält, welcher, um grünen Kern daraus zu machen, nötig ist. Um aber diesen eigentlichen Grad der Zeitigung aufzufinden, ist besondere Aufmerksamkeit notwendig, weil hievon die Eigenschaft des grünen Kerns beinahe ganz abhängt.

(…) Wenn der Spelz oder Dinkel auf dem Halme stehet und dessen milchartige Substanz anfängt in einen härteren Kern überzugehen, so ist er tauglich, um grünen Kern daraus zu verfertigen. (…)

Das Dörren selbst geschieht im Backofen und zwar werden die grünen Kolben, sobald das Brot herausgenommen ist, sogleich in den Ofen geworfen, wo sie bis zum folgenden

Tage liegen bleiben und der Ofen ganz kalt geworden ist. Sie müssen aber während dieser Zeit mit der Ofengabel oder Aschenkrücke mehrmals sorgfältig aufgeschüttelt und gewendet werden. (…) Wird der Backofen geheizt, so darf er nur den halben Grad jener Hitze haben, welche zum Brotbacken erfordert wird. Die Kohlen müssen nach dem Abbrennen des Feuers so lang im Ofen liegen bleiben, bis sie weiß, gleich der Asche, aussehen, damit die Hitze im ganzen Umfange des Ofens und nicht bloß auf der Herdplatte sich befinde, weil in diesem Falle der Kern zu braun und nach dem Verbrennen schmecken würde. (…)

Das Schälen oder Gerben des grünen Kerns ist bei dem ganzen Geschäft sehr wichtig (…). Es muss vorerst die Gerb- oder Schälmühle frisch und besonders gut geschärft sein, sodann der Lauferstein unter pünktlicher Richtung näher auf den Bodenstein angelassen werden, weil es größerer Gewalt bedarf, den getrockneten, als den gewöhnlichen Spelz zu schälen. Ist nun unter solcher Vorrichtung der grüne Kern, gleich dem gewöhnlichen Dinkel, einmal gut ausgegerbt, welches der Müller durch sein tägliches Geschäft schon versteht, so wird er gekopt, der Müller muss seinen Lauferstein noch härter an den Bodenstein anlassen, damit der Kern gut zerstoßen werde; denn je mehr dies geschieht, je besser wird der Kern. (…)

Der Müller glaubt sich berechtigt, bei diesem Geschäft das doppelte Mulder, Mahlgeld, oder die zweifache Mahlmetze zu nehmen; nebst dem, dass er die Schälen oder Spitzen auch für sich behält und solche fleißig aufbewahrt, bis der Bauer mit seinen grünen Kernen die Mühle verlassen hat. Er lässt hierauf dieselben noch einmal durchlaufen und weiß es durch seine Geschicklichkeit so klug einzurichten, dass er meistens noch eine gute Portion grüner Kerne zum eigenen Gebrauch

herausmahlet. Die Bauern meinen deshalb auch, der Müller
täte am besten, wenn er während des ganzen Geschäfts, seine
beiden Hände zur Mühltüre hinausstrecke. (…)

Zum Schluss wollen wir den nun verfertigten grünen Kern
ein wenig in der Küche untersuchen. Die Landleute hiesiger
Gegend pflegen ihren zum Hausgebrauch bestimmten grünen
Kern gewöhnlich bis zur Erntezeit aufzusparen, wo alsdann
die Bauernweiber solchen ihren Schnittern als Suppe kochen.
Er wird nämlich mit Wasser, Mehl, etwas Salz und Eier ein-
gerührt, sodann beigesetzt und hernach mit etwas Milch oder
Sahne, welche statt des Schmelzens genommen wird, gekocht.
Es gibt dies alsdann eine sehr gute Speise, die besonders bei
der Hitze den Arbeitern wohl bekommt, weil sie zugleich
gut nährt und nicht, wie Fleischsuppen und dergleichen, viel
Schweiß verursacht. (…)

Als Creme gekocht, bedarf unser Odenwälder Produkt sich
in die Reihe vornehmer Speisen stellen. (…) Es muss hier aber
der grüne Kern gemahlen oder im Mörser fein gestoßen sein;
er wird alsdann mit 1 Maß Milch, 10 Eiern nebst etwas fein
zerstoßenem Zucker auf ein Kohlenfeuer gesetzt, so lange
gequirlt bis er in die Höhe steigt. Dann gießt man die Masse
in eine Schüssel von Porzellan und bringt sie in den Keller
oder sonst an einen kühlen Ort. Ist das Ganze kalt geworden,
so bestreut man es mit etwas feinem Zucker und legt einige
leichte Blumen darauf, z. B. Rosen, Nelken. Der Geruch der
Blumen und der eigne Geschmack des nicht sehr bekannten
grünen Kerns setzten dann manchen erfahrnen Praktiker
der Kochkunst über die Komposition dieses Crems in Verlegenheit.

Gerhard Layer

Grünkernwerbung an der Autobahn

Der Verbraucher lechzt nach Spezialitäten. Und weil dessen Neigungen dem Zeitgeist unterworfen sind, genießt der Grünkern im Zeichen bewusster Ernährung rege Nachfrage. Nichts hat heutzutage mehr Konjunktur als die regionale Küche. So wird der Grünkern auch vor den Karren der Tourismuswerbung gespannt. »Bauland – Heimat des Grünkerns« künden Weiß auf Braun Tafeln an der Autobahn Würzburg–Heilbronn zwischen den Ausfahrten Osterburken und Boxberg.

Über erloschene und aktuelle Grenzen hinaus war bis Mitte des zwanzigsten Jahrhunderts fast allen Gemeinden dieser noch wenig erforschten Kulturlandschaft die Erzeugung des Grünkerns samt den landschaftsprägenden Darrhäuschen eigen. Dabei war der Dinkel oder Spelz im Südwesten als Brotgetreide weithin dominant gewesen, bis er vom ertragreicher gezüchteten Weizen verdrängt wurde. Während auf der Schwäbischen Alb die allzu mageren Böden da und dort noch den anspruchslosen Dinkel trugen, hielt man im Bauland am Spelz allein deshalb fest, weil man da auch den »Keern« machte.

Grünkern ist der zwei, drei Wochen vor der vollen Reife geerntete und dann geröstete oder gedarrte Dinkel, Triticum spelta, dessen Ähren schließlich bei einem speziellen Schälgang in der Mühle von den sperrigen Hüllspelzen befreit oder, wie es hier heißt, gegerbt werden. Der olivgrün gedarrte

79

rauchzart würzige Dinkel kommt dann als Grünkern auf den Markt, sei es als Korn, Schrot, Flocke, Grieß oder Mehl.

Im Gäuland östlich des Odenwalds wurde und wird die robuste Sorte »Bauländer Spelz« nach der Wintersaat im Juli als milchreifes Korn geerntet. Noch immer bedeutet das »Keernmachen« einen Wettlauf mit der Zeit, denn die Frucht muss für Farbe und Aroma rasch gedarrt werden. Bis vor einem halben Jahrhundert wurden hier die Halme teilweise noch mit der Sichel geschnitten, um handgerechte Büschel gleichgerichteter Halme zu gewinnen, die ein rasches Abtrennen der Ähren ermöglichten. Dabei zog man den Dinkel büschelweise durch einen der Flachsriffel ähnlichen Kamm mit fingerlangen Stahlzähnen. Auf einem Schubkarren wurde der Reffkasten befestigt und den Schnittern während der Ernte aufs Feld nachgefahren.

Die in Säcken abgefüllte Frucht transportierten die Bauern dann rasch zu den Darrhäuschen, die der Brandgefahr wegen allemal vor dem Dorfetter lagen. Diese Darren bestehen aus einem gemauerten Sockel mit Feuerloch und Feuergang; darüber liegt die bis zu zwölf Quadratmeter große Dörrwanne aus durchlöchertem Eisenblech. Darauf werden die Ähren geschüttet und durch die Heißluft bei Temperaturen zwischen 120 und 150 Grad gedarrt. Tag und Nacht rauchten diese Darren während der Erntezeit. Ständig mussten die Ähren mit der Schaufel gewendet werden, damit sie nicht bräunten. Drei bis vier Zentner Grünkern ergab so eine Pfannenfüllung, zwei bis drei Stunden dauerte der Röstprozess, Schweiß treibende Arbeit in beißendem Rauch. Beschickt wurde die Feuerstelle mit Hartholz, wegen des Aromas bevorzugt mit Buche. Deshalb verfügen auch die Ende der Fünfziger Jahre entwickelten mechanischen Anlagen über eine Feuerstelle, um der von einem Heizaggregat erzeugten Heißluft den erwünschten, ja nötigen Holzrauch beizumengen.

Warum kam es gerade im Bauland zur Erzeugung von Grünkern, warum hielt man hier an dieser Spezialität fest, auch während der Absatzkrise der wirtschaftswunderlichen Nachkriegsjahre mit dem üppigen Angebot der 5-Minuten-Terrine für die geplagte Hausfrau? 1970 wuchs der Dinkel in Baden-Württemberg gerade noch auf tausend Hektar. Wie und wann es im lange Zeit abseitig spröden Bauland zur Spezialität des Grünkerns kam, ist umstritten. Vielerlei Gründe hat man dafür aufgeboten: das zähe Traditionsbewusstsein der Bauern; der Mangel an Feldwegen, der vor der Haupternte zu verfrühtem Schneisenschlagen ins Getreide verführt habe. Die wahrscheinlichste Deutung: Nasskalte Sommer ließen den Winterspelz nicht ausreifen, so dass er im Backofen getrocknet werden musste, und weil dieses Mehl dann kein schmackhaftes Brot ergab, der Versuch mit Grünkern als Suppenfrucht. Das wurde sogar auf die Hungersnöte 1816/17 datiert.

Dabei ist schon für die Bauern der Jungsteinzeit das Dörren von Getreidekörnern nachgewiesen, um sich haltbare Nahrung zu sichern. 1590 beschreibt der kurpfälzische Arzt Jakob Theodor Tabernaemontanus in seinem »Neuen Kräuterbuch« Erzeugung und Gebrauch von Grünkern, noch ohne den Namen des Produkts. Als ältester Beleg für den »Grünen Kern« gilt mittlerweile ein Eintrag im Kellereibuch des Klosters Amorbach anno 1660; in Möckmühl an der Jagst wird er sechs Jahre darauf ebenfalls erwähnt. Und als 1809 zwei Handelsleute zwischen Limbach und Wagenschwend im Hinteren Odenwald überfallen wurden, befand sich unter der Beute auch »gröner Kern«.

Die Volkskundler Heiner Heimberger und Karl Josef Müller haben diese Archivfunde gemacht. Der Heidelberger Geograph Ingo Kühne hat weiter nachgewiesen, dass Grünkern erst um die Mitte des 19. Jahrhunderts in größeren Mengen hergestellt worden ist. Jüdische Händler sahen das Produkt als zukunftsfähig an und ermunterten die Bauländer Bauern zu vermehrter Erzeugung. Diesen waren Einnahmen im sonst verdienstarmen Frühsommer willkommen. Und so begannen sie den Dinkel statt im eigenen Backofen erst auf den Malzdarren der Brauereien, in Ziegelhütten, Kalköfen sowie auf den Darren für Hanf und Flachs zu rösten. Um 1870 begann, so Kühne, mit dem Bau eigener Grünkerndarren, der Übergang von der bäuerlichen Selbstversorgung zur marktorientierten Grünkernwirtschaft.

In den 1930er Jahren wurde Grünkern in mehr als hundert Gemeinden der damaligen Landkreise Buchen, Tauberbischofsheim, Künzelsau und Mosbach erzeugt. Bis zur Gründung bäuerlicher Genossenschaften bestimmten jüdische Kaufleute den Handel. Hauptabnehmer waren und sind Lebensmittelbetriebe, voran die Heilbronner Nährmittelfabrik Knorr, heute einem internationalen Konzern einbezogen. 1929 kam es zur »Vereinigung fränkischer Grünkernerzeuger«. Als Deutscher oder Badischer Reis erlebte der Grünkern während der Autarkiebestrebungen des Dritten Reiches starke Nachfrage. Dann kam der Rückschlag für die kernige Spezialität. Und mit dem Betrieb mechanischer Röstanlagen verschwanden viele der landschaftsprägenden Darren im Bauland.

In Altheim gab es einst mehr als 40 Darrhäuschen. Von den verbliebenen zwanzig steht ein Dutzend als einmaliges Ensemble im Hellerweg, liebevoll wiederhergestellt vom örtlichen Heimatverein. In einer zweistöckigen Darre ist ein kleines Grünkernmuseum eingerichtet. Auch das Odenwälder Freilandmuseum in Gottersdorf bei Walldürn hat sich dieser Sonderkultur angenommen.

In vielfältigen Variationen kommt der früher als Arme-Leute-Speise abgetane Grünkern heute auf den Tisch – als Auflauf, Salat, Kloß oder Pudding, im Müsli, als Waffel oder Kuchen. Mit Roggen und Dinkel vereint wird er als Brot auch von Großbäckereien angeboten. Ernährungsbewusste Zeitgenossen schätzen seinen Reichtum an Mineralien, Eiweiß und Vitaminen. So ist die Anbaufläche für Dinkel in Baden-Württemberg wieder auf 6.000 Hektar, davon 1.200 im Bauland, gestiegen. Seit der Mechanisierung der Landwirtschaft hält die Region zwar kein Weltmonopol mehr für den Grünkern, vor allem die Alb hat nachgezogen, aber spät im Juli duftet es im Bauland noch immer unvergleichlich nach dem »Keern«.

Dieter Wieland

dr diinggl

da diinggl kennd mr
ausm griakärnfärdl –
am bauland dowwa –
s isch miidlrwail
dellikadäss
mr schläggd se d fiingr
dôdanooch

i maan an annara
där schmeggd mr nedd
där diinggl
mr baudn ou
an dauwr kochr joogschd
un bsuundrs sädd
wus ewwas zgaffa gaid:
kabällakärchabôrchaschlessr
wu golfld griida gfloucha wärd
wu mr d langwail farwärchd
im diirparch
d kiind fardärbd
im schloushodäll
wu mr se schdelld
iwwr sei aachne schbrôôch
wi iwwrn boddschambr
fun anna duuwagg

a daire fruuchd
wexd hiindrm zau
un isch doch daab
wi groos
se wexd aa annrwärds –
i waas –
un schduubfd me annaweech:
dr hôalôar diinggl

Tauber

Tauber heiß ich, Reben schwing ich
Trunken in dem Taubergrund,
Und den Kindern Trauben bring ich
Um die Hälse golden bunt.
*Clemens Brentano, »Das Märchen von dem Rhein
und dem Müller Radlauf«, 1846*

Wir kommen diesmal aus dem alten, von der
Tauber zum Main hingedrängten Wertheim. Das
Altertümliche ist hier ganz selbstverständlich.
Die Ruine der Burg, die gotischen Steinzieren der
Kirche und auch alte Häuser, – manchmal ist hier
das Bausinnige wie spielend getöpfert und gezim-
mert. Es ist wohl so, wie es der Süddeutsche gerne
will, der nicht so sehr auf das Gesetzmäßige ausgerichtet ist, da es sich mit der Begegnung von Leben
und Geschichte immer wieder selbst ergibt. Der
Mainlauf bringt zu dieser gedrängten Umständ-
lichkeit sein heiteres Lebensgefühl.
Konrad Weiß, »Deutschlands Morgenspiegel«, 1950

Sankt Nepomuk über den Brückenbogen
hat schon lange die Sprache verloren.
Früher sagte der Volksmund,
hier sei der Herrgott katholisch.
Gottlob Haag, »Vorbachsommer«

Wilhelm Heinrich Riehl

Ein Gang durchs Taubertal

Wer das Taubertal mit Vernunft durchwandern will, der muss zwei Reisekarten mitnehmen: eine neue und eine alte aus der Schlusszeit des alten römischen Reichs. Ohne die letztere weiß er gar nicht, auf welchem Grund und Boden er eigentlich steht, und die rasch wechselnde historische Physiognomie der Städte und Dörfer bleibt ihm ein Rätsel. Ein Gang durchs Taubertal ist ein Gang durch die deutsche Geschichte, ist heute noch ein Gang durchs alte Reich, und da man bei der gleichfalls noch altertümlichen Billigkeit der Wirtshäuser mit einer ziemlich leichten Barschaft des Geldbeutels durchkommen kann, so tut man wohl, eine etwas schwerere Barschaft historischer Vorstudien in die Tasche zu stecken.

Die liebliche Gegend hat einen kleinen Wurf, aber die Geschichte des Tals einen großen. Du trittst auf den Felsrücken der alten Burg zu Rothenburg, um einen Blick in das enggewundene obere Taubertal zu gewinnen: Der Boden, auf welchem du stehst, gehört der deutschen Kaisergeschichte, hier lag die Feste der Hohenstaufen. Du gehst ins Tal hinab über die Tauberbrücke: Sie stammt aus dem 14. Jahrhundert und erinnert an die Verkettung der Geschicke der Stadt mit den Geschicken Kaiser Ludwigs des Bayern.

Du wandelst über den Marktplatz von Rothenburg, wo es jetzt so stille geworden: Hier belehnte Kaiser Friedrich III. den König Christian I. von Dänemark mit Holstein, Stormarn und Dithmarschen, und unter den Zuschauern befand sich auch ein türkischer Prinz Bajazet. Du betrachtest das neue Rathaus: Hier saß Kaiser Karl V. im untern Erker und nahm die Huldigung der Bürgerschaft entgegen. Er kehrte damals als Sieger über den Schmalkaldischen Bund hier ein, aber das Podagra hielt den Sieger zwölf Tage lang in diesem selben Rathaus gefangen. An das neue Rathaus stößt rückwärts das alte: Es erinnert an die politische und kriegerische Kraft- und Glanzzeit der Reichsstadt im 14. und 15. Jahrhundert und an den größten Rothenburger Bürger, Heinrich Toppler, der kein großer Kaufmann, sondern ein großer Staatsmann und Soldat gewesen und in den geheimen Gefängnissen dieses Hauses verhungert ist.

Gehst du durchs Klingentor gegen Mergentheim nach Detwang hinab und zweifelst, ob du die breite Landstraße oder den steilen Streckweg links den Berg hinunter wählen sollst, so kannst du dich wohl dem steilen Pfad vertrauen, denn hier ist Kaiser Ferdinand I. mit seinem ganzen Gefolge heraufgeritten. Selbst in der Bauernsprache der Umgegend soll noch ein Stücklein Reichsgeschichte umgehen: Die Bauern sagen »wenzeln« statt schlemmen und faulenzen, und man führt dieses Wort auf den faulen König Wenzel zurück, der sich im Jahr 1387 in Rothenburg aufhielt und in dem Schlösschen im Rosental wenzelte.

Auf Schritt und Tritt verfolgen uns durch das stille Tal die Erinnerungen nicht sowohl der Provinzialgeschichte als der deutschen Geschichte.

Die letzte Residenz der Hoch- und Deutschmeister in Mergentheim kündigt sich uns an, lange bevor wir den Turm der alten Ordensburg Neuhaus oder des späteren Schlosses unten in der Stadt erblicken: Da und dort an der Tauber begegnet uns das Ordenskreuz, in Stein gehauen. Als Residenz der Hochmeister seit dem 16. Jahrhundert erinnert Mergentheim freilich nur an den Verfall des Ordens, aber als viel älterer Hauptsitz der Deutschmeister, mit Horneck am Neckar, auch an dessen Kraft und Blüte.

In Creglingen suchen wir das prächtige Altarwerk von Veit Stoß, und wenn er's nicht selbst geschnitzt hat, so ist es doch seines Geistes und seiner Schule durchaus würdig und gehört als ein Meisterstück ersten Ranges nicht bloß der fränkischen, sondern der deutschen und allgemeinen Kunstgeschichte. Aber ungesucht tritt uns dort auch die Geschichte der Reformation entgegen, Ablassbriefe, zumeist zerkratzt und zerrissen, sind an den Chorstühlen angeklebt, und Tetzels Kanzel – so nennt die Sage ein kleines Türmchen mit Plattform – ragt noch immer an der äußeren Kirchenwand so hoch und luftig, dass der Dominikanermönch wohl ein schwindelfreier Redner gewesen sein muss. Und wie Creglingen an Tetzel, so erinnert Rothenburg an Andreas Bodenstein von Karlstadt, und dieser Name führt uns wiederum zum Bauernkrieg, für welchen das Taubertal ein klassischer Boden ist wie kaum ein anderer. Anfang, Mitte und Ende liegen hier beisammen. In Niklashausen an der Tauber hatte Henselin, der Pauker von Niklashausen, 1476 seine Visionen und predigte vor vielen Tausenden sein sozialistisches Evangelium; an der Tauber zündete, fast fünfzig Jahre später, der Funken des Bauernaufruhrs ungemein rasch, aber in Rothenburg wurde der Nerv der fränkischen Bewegung schon gelähmt, noch ehe die streitbaren Haufen in der großen Bauernschlacht bei Königshofen an der Tauber vernichtet waren.

Inmitten eines regsamen Volks und einer ergiebigen Natur durchschreiten wir an der Tauber die Gebiete von lauter gefallenen Reichsgrößen. Das zeigt uns eben die alte Landkarte schon in den Grenzlinien aus der letzten Reichszeit, die sieben Mal den nur dreißig Stunden langen Talgrund kreuzten. Zu oberst das Gebiet der annektierten Reichsstadt (Rothenburg); dann eine ausgestorbene Markgrafschaft (Ansbach) bei Creglingen; ein säkularisiertes Hochstift (Würzburg) bei Röttingen und Lauda; ein mediatisiertes Fürstentum (Hohenlohe) bei Weikersheim; das Land eines aufgehobenen Ritterordens (der Deutschherren) bei Mergentheim und ein ehemaliges halbes Reichsdorf (Althausen); eine weiland unmittelbare Reichsherrschaft (Gamburg); ritterschaftliche Besitzungen (in Archshofen, Edelfingen), verlassene Klöster, ein säkularisiertes geistliches Kurfürstentum (Mainz) bei Bischofsheim und endlich eine mediatisierte Grafschaft (Wertheim) im Mündungsgebiete des Flusses!

So war also das Taubertal zur Zeit des Reichs mindestens neunherrisch und jetzt gehört es nur noch dreien Herren: Bayern, Württemberg und Baden. (Die drei Länder kann der Wanderer schon mit den Füßen wahrnehmen ohne alle Landkarte: In Bayern ist die Talstraße leidlich gut, in Württemberg wird sie besser, in Baden am besten.) Obgleich sich nun also die Gebietsverhältnisse an der Tauber sehr vereinfacht haben, so ist das Tal als ganzes jetzt doch zerstückter, zerfallener, einheitsloser als früher.

Denn vordem trug es großenteils den Schwerpunkt in sich selbst, und seine drei Hauptgebiete gravitierten in drei Hauptgliederungen des Talgrundes. Reichsstädtisch war das obere Land, wo die Tauber noch rascheren Laufes und in engerer Rinne die Höhen des Keupers und Muschelkalks durchbricht, und Rothenburg herrscht hier als Hauptstadt; deutschherrisch war das Zentrum des mittleren, sanften, kulturfähigeren Beckens (im Muschelkalk), wo Mergentheim städtisch dominierte; reichsfürstlich endlich die Hauptmasse des unteren Gebiets, wo der Buntsandstein zu höheren Bergen ansteigt und die Main-Tauberstadt Wertheim (mit

Würzburg in der Flanke) den maßgebenden Schlusspunkt des Verkehrs macht.

Die wichtigsten drei Städte des Flusses waren also zugleich Gebietshauptstädte, auch das hohenlohische Weikersheim war eine Residenz, und obwohl Ansbach, Kurmainz und Würzburg mit ihren Grenzwinkeln ins Tal hineinschauten, fand dasselbe samt den meisten Seitenhöhen und Seitentälern doch seine einigenden Mittelpunkte in sich selbst und bildete eine kleine reiche Welt für sich.

Hierin löst sich das Rätsel der früheren Kulturblüte und des jetzigen Verfalls. Nicht sowohl durch Handel und Gewerbe sind die größeren Tauberstädte im Mittelalter bedeutend geworden, als durch die Gunst der politischen Herrschaftsverhältnisse. Das gilt auch von Rothenburg. Darum sind es auch nicht sowohl die neuen Verkehrswege oder die neuen Formen der Industrie, was die moderne Blüte des Taubertales so bescheiden zurücktreten ließ neben den Denkmalen vergangener Pracht und Macht, sondern es ist der Sturz aller der alten Herrschaften, die früher hier gravitierten. Nicht mit dem ökonomischen Ruin des mittelalterlichen Städtewesens, sondern viel später, mit der politischen Zertrümmerung des Reichs, ging die selbstständige Herrlichkeit des Taubertals zu Grabe. (...)

Man ist hier im Kleinen unzufrieden und klagt über allerlei Ungunst und Vernachlässigung, die Vergangenheit zeigte große politische Schauspiele, die Gegenwart ein rührendes Familienstück. In Rothenburg meinen viele Leute: Württemberg behandle seine alten Reichsstädte mit größerer Vorliebe als Bayern und würde einer Stadt wie der ihrigen doch wenigstens ein Stückchen Eisenbahn gegönnt haben; im württembergischen Creglingen dagegen, dessen kunstberühmte Herrgottskirche nur notdürftig erhalten wird, vernahm ich, dass man in Bayern doch mehr tue für die Kunstaltertümer, und König Ludwig I. habe den Creglingern schon 20.000 Gulden für ihren Hochaltar geboten, die biete in Württemberg kein Mensch. Die Badener beneiden nicht gerne das Ausland, aber sie beneiden sich untereinander, und in Tauberbischofsheim klagte man (früher wenigstens) oft und bitter, dass der badische Taubergau des Segens von Amts- und Behördensitzen, Garnisonen, Zuchthäusern und anderen nahrhaften Anstalten lange nicht so reichlich teilhaftig werde wie die übrigen Gegenden des Großherzogtums.

Es geht bei dem Charakter eines Landstrichs wie bei den Charakteren der Menschen: Beide zeichnen sich am schärfsten in einer Reihe von Widersprüchen. Wer aber dem Charakter auf den Grund sieht, der findet doch immer zuletzt, dass diese Widersprüche nur scheinbar sind. Zum weiteren Nachdenken werfe ich ein halbes Dutzend solcher Widersprüche hin, in welchen sich mir der Charakter des Taubergebiets besonders zu spiegeln scheint.

Daniel in seiner Geographie von Deutschland nennt den Taubergrund »einen Garten Gottes an Fruchtbarkeit und Schöne«, und das Tauberland ist, wenn man vorwärts schaut, wohlhäbig und aufblühend; aber es ist zugleich arm und zurückgegangen, wenn man rückwärts blickt in seine Geschichte. Und doch ist diese Geschichte, niederdrückend für die Gegenwart, zugleich auch wieder ein stolzer, unzerstörbarer Reichtum des Landes.

Das Taubertal ist äußerst belebt und verkehrsreich, dennoch ist es auch wieder gar stille, einsam und abgelegen; denn sein Verkehr ist fast durchaus Lokalverkehr, es ist der enge, freundnachbarliche Verkehr der Landwirtschaft und des Gewerbes, nicht der weite, weltoffene des Handels und der Industrie.

Das Taubertal ist literarisch sehr fleißig bearbeitet – sprunghaft und in Bruchstücken, und trotzdem literarisch kaum bearbeitet – im Zusammenhang und im ganzen. Wer über die Tauber auch nur flüchtige Studien machen will, der muss sich einen ganzen Stoß Bücher zusammentragen, eben weil von der Tauber schon so viel und über die Tauber noch so wenig geschrieben ist. Denn wo die Landesgrenze das Tal durchschneidet, da hört für die offizielle Topographie (wie für unsere bayrischen Generalstabskarten) die Welt auf.

Das Tauberland ist von Natur kein Grenzland, und dennoch war und ist es ein so vielfach durchgrenztes Land. Ja man kann nicht einmal unbestritten sagen, in welches Herren Lande die Quelle des Flusses liegt. Die Tauber entspringt in Bayern und Württemberg – wie man will; denn die Bayern sagen, sie entspringe hüben, die Württemberger, sie entspringe drüben. Jedenfalls entspringt sie an der Grenze.

Das Taubertal ist endlich höchst wegsam, liegt aber doch überall aus dem Wege.

Willi Habermann

Literatur-Landschaft

Goethe nicht, auch nicht Hölderlin und Heine haben die Tauber besungen. Sie hat weder »Loreley« noch »Wacht« und nicht »das wunderbare Sehnen dem Abgrund zu«. Bedächtig und wenig bedichtet fließt sie dem großen Bruder Main zu, der politisch eine »Linie« ist und doch »vielbeglückt«, so Hölderlin.

Aber der Märchenerfinder *Brentano* fand auch die »berauschte Tauber« und lässt sie ihr mythisch melodisches Lied singen:

»Tauber heiß' ich, Reben schwing' ich
Trunken in dem Taubergrund,
Und den Kindern Trauben bring' ich
Um die Hälse golden bunt.«

1807 sind die Brüder *Eichendorff* von Schloss Lubowitz abgereist, durchaus nicht taugenichts-ig, nach Heidelberg. Joseph, 19jährig, schreibt im Tagebuch unterm 16. Mai: »… erreichten wir die ziemlich bedeutende Stadt Mergentheim im Würzburgischen, die eine romantische Lage zwischen unabsehbaren Weinbergen hat … fuhren wir an der jetzigen herrlichen Deutschmeisterresidenz mit dem schönen Hofgarten, wo eben galante Minken spazieren gingen, vorbei.«

Mörike, leidend an sich, »bei mir steht alles schon seit Jahr und Tag beinahe still«, 40jährig, krank, pensioniert in Mergentheim angekommen, beginnt wieder zu schreiben.

95

»Hier nun, an einer der mildesten Stellen des Landes«, fand der »Sohn des Horaz und einer feinen Schwäbin« Verse wie diesen:

»Was aber schön ist, selig scheint es in ihm selbst.« Mörike preist die wundertätigen Nymphen des Bads, die »heiligen Ranken« des Weins, wählt 1848 den der konservativen Stadtmehrheit missliebigen Paulskirchen-Kandidaten, besingt die nahe Laudenbacher Bergkirche, wo sich ihm die Spindel der gotischen Wendeltreppe in »rotes Gold«, in »Lichtgesang«, in die Melodie der Sprache auflöst:

»Musik der hundertfachen Flöte,
Die mit dem letzten Strahl verschwebt
Und schwingt – bis sie die Morgenröte
Des gleichen Tages neu belebt.«

Der Stadt Rothenburg huldigt *Erich Maria Remarque*, dem sie nach 1945 »der Friede, ... Heimat für die verstörte Seele war«, wo er »Zauber« und »offene Herzen« erfuhr.

Ob Remarque auch noch so gesprochen hätte, wenn er sich in Rothenburg eingekauft und niedergelassen hätte? Die Rolle der Literatur in einer Kleinstadt an der Tauber hat einer so erfahren: »Der Lyriker als Lorbeerbaum« gewiss, aber »die Lorbeerbäume haben / einen frostsicheren Abstellraum, / wo sie / – an veranstaltungsfreien Tagen – / nicht stören.«

Da ist *Hans Heinrich Ehrler*, geboren 1872 in Mergentheim, ein Nachfahre Goethes und des Novalis – Stifter, Mörike seine Penaten –, der, Nachlese haltend, Mensch, Ding, Natur als Symbol und andächtig sah. Heuss-Freund. Manchmal zu »hoch gelenkt« seine Sprache. Heimat war ihm kein Idyll. Sie ist ihm »Herzraum – geschwistert der Liebe«. »Man sieht von oben in den Taubergrund, das milde, in Bogen hineingeschwungene Tal und die von weit streichelnder Hand darum

emporgehobenen Berge des Weines und der Waldkuppen.«
»Ein volksliedfromm verkappter Platoniker?« wurde schon
gefragt.

»In der Blume eine Blume ist, / Die blühet nicht. / Aber
davon sind gekommen Duft / Und Farbenlicht. / Wenn ich
vor der blühenden darf stehn, / Dann hat berührt / Mich die
innen glühende und still / Hineingeführt.«

Anton Schnacks Verse von der Tauber sind heller, leichter
gesungen als Ehrlers Schwerblut dies kann:

»Das ist ein Gewässer! Das ist ohne Grund. / In ihm spiegeln sich die Vogelhügel rund, / Aus dem dunkelgrünen
Wasser lockt der Melusinenmund. / Wenn ich aufwärts reise
an der Tauber, / Überfällt mich immer ein geheimer Zauber,
/ Irgend etwas steht mit einer Herrlichkeit im Bund.«

Von der Düsternis Trakls erweckt, an der Menschennot
leidend, Wind sein Herzwort, schreibt *Gottlob Haag* auf
seiner Hohenloher Ebene »barfüßig geht der Wind …«, dort
wo »die Bauern arbeiten / als Knechte auf ihren Höfen / wenn
die Liebe einem von ihnen / eine Frau als Bäuerin ins Haus
bringt / sagen die andern / er sei mit dem Glück verwandt«.

Wilhelm Staudacher aus Rothenburg ist mit Haag einer der
Erneuerer der fränkischen Mundart. Lyrisch empfindsam,
ätzend scharf und genau seine Texte: »Si ka Herz schenke lasse,
/ es könnet / tiefgfrore sei.« *Hans Dieter Schmidt* ist seinem
Wertheim zugetan, und er prüft es. Lyrisch und sondierend,
zeitnah, nicht zeitdevot ist sein Gedicht. »Die Neue Stadt« beginnt: »Riesengeburt der / Häuser, Verschwisterung der Mauern, / hier richtet der Fortschritt / sein Lineal in die Wildnis.«

Naturfromm *Carlheinz Gräter*. Die letzten Zeilen seines
»Im Taubergrund«: »Melusine hat sich / unter die Wasser-
zeichen / geflüchtet. Die Bürger / des Städtchens lesen nicht /
zwischen den Zeilen.«

Dunkel überschattet »die weiße Blüte des Taubergrunds« das Schicksal der Rothenburger Baroness Josepha in *Leonhard Franks* »Deutsche Novelle«. Vom Diener seelisch verwüstet, vergewaltigt, ohne Liebe dem teuflischen verfallen, gibt sie ihm und sich den ersehnten Tod, steht sie für deutsches Schicksal. Dies 1944 in Hollywood geschrieben, von Thomas Mann als ein »kleines Meisterwerk« »vom Geiste des Faustus« bezeichnet. Machen wir in jähem Umschwung den Kehraus mit namenlosen, zeitlosen tauberfränkischen Kirchweihreimen zum Dreher:

I und Du sen Brüadr zam,
zwa versuffne Lumpe.
Wenn mers Geld versuffa ham,
fanga mer on zu pumpa.

Gerd Gaiser

Labyrinthe im Muschelkalk

Der Landrücken, auf dem er ging, war weit und schien unbewohnt. Denn nach der Art der Muschelkalklandschaften brachen die Täler so unvermittelt ein, dass sie dem Blick nicht auffielen, und jenseits setzten die gleichen Platten und Breiten sich fort. Von den großen Straßen, den Dörfern und Werkstätten in den Talböden sah man nichts, so dass mitten in einem Land, das von Arbeit summte und von Menschen bedrängt war, dieser Raum verschollen und vergessen schien. Hier also ging der Mann ganz allein.

Wo der Boden bestellt war, zeugte er von Mühsalen. Er brachte so wenig, dass alle paar Ackerlängen eine Öde geblieben war, die zu nichts taugte, als dass dort eine heißtrockene Heide duftete und der Schlehdorn die Wollflocke fing. Wälle aus abgelesenen Steinen, von Geschlechtern Ackernder aufgetürmt, liefen überall hin, und all diese Riegel und Steininseln waren mit Dornbüschen bestockt, so dass sie in die Landschaft einen labyrinthischen Zug brachten. Zugleich aber hatte sie etwas Schweifendes, denn stets hob sich der Weg unmerklich zwischen den Feldrändern in eine leere Bläue, aus der er alsbald wieder in einen anderen und verwirrend ähnlichen Abschnitt fiel.

Jetzt, vor der Kornreife, herrschte ein Überfluss an Farben. Das Grün überwog noch, aber überall spielten in diese Flächen blonde, perlmuttrige, bronzene Töne ein, Schimmer wie in Flusswässern oder Mähnenhaaren. Der Wind kam aus

Osten und machte die Felder wallen, während er ein paar Wölkchen wie Bälle hintrieb, unter denen Schatten mitflogen. Und heftigere Farben noch warf die Nähe aus: da flockte die Kornblume und schrie der Wachtelweizen flammig und geckenhaft, tropfte das Adonisröschen und quoll das Labkraut schaumig, und auf den Riegeln strotzte der Mauerpfeffer in mürben, von der Hitze entfleischten Kissen. (…)

Er kam jetzt an einer Wegstelle an, die weithin ein paar uralte Winterlinden bezeichneten. Durch das Schattendreieck strich die Luft kühl; es war ein Rastplatz von jeher, ein Steig kroch dort vom Tal herauf, und so stand da auch noch eine jener altertümlichen Steinbänke aus der Zeit, in der man Lasten auf dem Kopf trug; der Steinbord lag über zwei Pfeilern so hoch, dass ein Alleingänger seine Bürde absetzen und ohne fremde Hilfe den Kopf wieder unter sie bringen konnte. Und immer auch hatten die Bauern dort auf dem Platz ihre Kinder abgesetzt, so dass sie dort spielten, indessen man sie von den Äckern aus im Auge behielt. Für die Kinder gab es Steine zum Spielen, und sie legten aus den Steinen Figuren, legten Kammern, Straßen und Plätze aus ihnen an. Sie setzten die Steine um, immer wieder dieselben Steine zu den gleichen Figuren, zu Kreuzen, Spiralen, und Zeichen, die sie selbst nicht verstanden und von denen sie nicht wussten, woher sie sie hatten.

Wolf Wiechert

Wertheim

Um Burg und Bettlade
zwischen den Flüssen
machen Hochwassermarken
Geschichte
und Fuder Wein im Fachwerk
Preise.

Aber
flussaufwärts flussabwärts
wächst
das zwanzigste Jahrhundert
gläsern
in Merians
Kupferstich.

Nur manchmal
in abgelegenen Ortschaften
kommt noch
die alte Grafschaft
zu Wort.

Wolf Wiechert

Nassig

Aus den trockengelegten Weihern
steigen vereinzelt noch
in den Weizen
Binsen
Wahrheiten wie Geröll
der alten unbegradigten
Wege unterm Pflug.

Und halbmast
an großgewordenen Häusern
blieben im Wind manchmal
Rauchfahnen hängen
aus längst verheizten
Gewohnheiten.

Aber die Wälder halten
die Frucht auf den Fluren zusammen
ringsum wie im Film
frühe Szenen
von Heimat.

Anton Schnack

Die Maria von Külsheim

Das ist die Muttergottes mit der Herzoginkrone. Sie steht seit 250 Jahren im Freien über einem Friedhofstor, zwischen Himmel und Erde, zwischen Leben und Tod. Im Freien stehen, das bedeutet Schnee auf Arm und Haupt, Vogelrast auf den Schultern, Schmetterlingsflug um die Füße und Lindenblätter in den Falten des Gewandes. Und der Sandstein wurde müde, sprang auf, Körnlein für Körnlein rieselte ab, Regenwasser rann über die verwitterte Haut und hinterließ Rillen, Winterfröste stachen scharfe Messer hinein. Wenn nicht alles täuscht, war diese Maria ursprünglich hell, weiß-gelb oder weiß-rosa, eine jungfräuliche Erscheinung, nun ist sie grau, eine gealterte Mutter.

Wilhelm Blos

Ein Menetekel für Dom Miguel

Übrigens spielten meine früh erworbenen Geschichtskennt-
nisse bei einer anderen Gelegenheit eine nicht uninteressante
Rolle. In dem Schlosse zu Bronnbach, wo sich die berühmte
alte Klosterkirche befindet, anderthalb Stunden von Wertheim, hauste damals der vertriebene König von Portugal,
Dom *Miguel*. Dieser hatte die Prinzessin Adelheid von
Löwenstein-Wertheim-Rosenberg geheiratet und trieb im
Bronnbacher Schlosse allerlei »legitimistischen« Hokus-
pokus. Wenn seine Frau ein Kind gebar, was sieben Mal der
Fall war, so kamen zur Taufe aus Portugal jedes Mal eine
Menge meist hochadeliger Anhänger des mit Dom Miguel
gestürzten Absolutismus, Junker und Pfaffen. Diese brachten
stets einige Wagenladungen portugiesischer Erde mit und
mit dieser wurde der Boden der Kirche belegt, in welcher
der Taufakt vor sich ging. Damit glaubte Dom Miguel die
»legitimen« Ansprüche seiner Kinder auf den portugiesischen
Thron bekräftigt zu haben.

Ich sah den Exkönig oft, den kleinen, unansehnlichen weiß-
bärtigen Mann mit einem unsteten Blick. Er ging gern auf der
Bronnbacher Landstraße spazieren und wenn er einen Bettler
traf, so spielte er den heiligen Martinus, oder übertraf diesen
noch: Er schenkte dem Bettler seinen Rock und ging hemd-
ärmelig nach Hause. Diese abgeschmackte Komödie wurde
dann jedes Mal von den ultramontanen Blättern gerühmt.

Einige meiner Mitschüler ärgerten sich über dies Treiben

und brachten es mir gegenüber zum Ausdruck. Ich sagte, das dumme Spießbürgertum lasse sich von dem Exkönig nur imponieren, weil es seine Vergangenheit nicht kenne. Dann erzählte ich den aufhorchenden Jünglingen von Miguels gefürchteter Mutter Charlotte, von seinen Gewalttaten, seinen Blutgerichten und dem Verrat an seiner Braut Maria da Gloria. »Was«, rief einer, »dieser kleine schwächliche Kerl hat siebenunddreißig Menschen hingerichtet?«

Kurt Tucholsky

Das Wirtshaus im Spessart

Kloster Bronnbach; Mittwoch. Der Herbst tönt, und die Wälder brennen. Wir sind in Wertheim gewesen, wo der Main als ein Bilderbuchfluss dahinströmt, und wo die Leute mit einer Fähre übersetzen wie in einer Hebelschen Erzählung. Drüben, in Kreuzwertheim, war Gala-Pracht-Eröffnungs-Vorstellung des Welt-Zirkus. Vormittags durfte man die wilden Tiere ansehen: einen maßlos melancholischen Eisbären, der in einer vergitterten Schublade vor sich hinroch und schwitzte; etwas Leopard, und einen kleinen Panther, den die Zirkusjungfrau auf den Arm nahm, das Stück Wildnis. Da kratzte er. Und die Jungfrau sagte zur Wildnis: »Du falscher Fuffziga!« Das konnten wir nicht mit ansehen, und da gingen wir fort.

Hier in Bronnbach steht eine schöne Kirche; darin knallt das Gold des alten Barock auf weißgetünchten Mauern. Ein alter Klosterhof ist da, Mönche und die bunte Stille des Herbstes. Wie schön müsste diese Reise erst sein, wenn wir drei nicht da wären!

Hier und da; Donnerstag. Große Diskussion, ob man eine Winzerin winzen kann. Miltenberg, Mespelbrunn und Heiligenbrücken: vergessen. In Wertheim aber stand an einem Haus ein Wahrspruch, den habe ich mir aufgeschrieben. Und wenn ich einst für meine Verdienste um die deutsche Wehrmacht geadelt werde, dann setze ich ihn mir ins Wappen. Er hieß: »Jeder hat ja so recht!«

Wilhelm Weigand

Aufruhr in Frankenthal

Als der Redner geendet hatte, beeilte er sich, mit den feierlich dreinblickenden Herren des Verwaltungsrates durch die kleine Hintertüre zu verschwinden, durch die bei Bällen und Sommerfestlichkeiten die Musikanten ihren Ein- und Abzug hielten. Nur Georg trat zu dem Doktor, der mit dem Freiherrn von Usedom steif an der rechten Seitenwand stand und finster dreinsah. Ein wirres Gesumme erfüllte den Raum; alle redeten laut aufeinander ein, und am lautesten schrie ein Häufchen junger Leute, in denen schon das Bier sein Wesen trieb.

»Ich werde ein paar Worte sprechen«, sagte der Doktor plötzlich zu seinem Nachbar, indem er das Podium betrat.

»Sie werden doch nicht so dumm sein, Ihre Hand ins Feuer zu stecken?«, entgegnete der Usedomer. »Der Rasselbande traue ich nur halb. Ich kenne ihre Buben von der Schule her.«

Allein der Doktor war nicht zu halten. Es dauerte indessen eine geraume Weile, bis Stille eintrat und der Redner die ersten Worte an die unruhige Versammlung richten konnte.

»Meine Herren«, begann er mit rauer Stimme.

»Mir sen Grofen«, rief ein Spaßmacher von der hinteren Tür her.

Der Doktor ließ sich nicht beirren: »Die Arbeiter der Fabrik sind hierher berufen worden, um aus dem Munde des Vertreters des Unternehmens zu hören, wie es für die nächste Zeit mit der Arbeitsgelegenheit für die meisten stehe. Die Lage, in der sich die Fabrik und mit ihr die Arbeiterschaft befindet, ist, was wir nicht vergessen wollen, durch ein Elementarereignis geschaffen worden, und ich verkenne nicht, dass sie auch für die Gesellschaft schwer genug ist. Doch für Sie, für die Mehrzahl von Ihnen, besteht die Frage darin: Wie kommen wir über diese Zeit der Arbeitslosigkeit, die Zeit der schweren Not hinweg? Wer vom Land hereingekommen ist, schwebt jetzt sozusagen in der Luft; er hat keinen Boden, in dem er wurzeln, von dem er etwas hoffen darf. Doch werden Sie sagen: Wir sind Menschen! Wir haben Rechte! Wir werden sie geltend machen! Aber, meine Herren, ich will Ihnen von dieser Stelle eine große Wahrheit verkünden: Rechte hat nur der, wer den Boden hat –«

Eine Stimme aus dem Hintergrunde rief: »Ich bitt' ums Wort –«

»Jetzt rede ich«, schrie der Doktor, dem nun die Worte in klarer Fülle zuströmten. »Ich möchte nicht missverstanden werden: Eigentlich geht hier der Streit um Höheres als Rechte.«

Doch die Versammlung war laut und unruhig geworden; ein paar Burschen riefen: »Schluss! Schluss!« und plötzlich entstand ein helles Gelächter: Ein Mann mit einer Schildkappe aus blauem Tuch strebte dem Podium zu und die Männer schrien lachend: »Jessas, der Hausier-Välte! – Pack dei Päckle aus! Hoscht was Neu's?«

Doch der Doktor verharrte auf seinem Eigensinn; er schrie in den wachsenden Tumult: »Ich sage, Recht hat –«

»Lassen Sie den Kunden reden«, rief der Freiherr von Usedom dem Doktor zu, der halsstarrig auf seinem Platze blieb.

Inzwischen war der neue Redner unter dem tobenden Gelächter der Menge auf das Podium gesprungen und blickte nun pfiffig schmunzelnd in den Saal hinein. Der Hausierer weilte erst seit ein paar Tagen wieder in der Stadt, und die Alten dachten: »Wenn was los ist, ist der Välte doch allweil da.«

(...)

Inzwischen sprach der Redner in dem übervollen Saale weiter: »Die Sache mit den Taschen ist aber um so merkwürdiger, als eigentlich kein Mensch mit Taschen auf die Welt kommt. Ja, meine lieben Landsleut', das ist nun eine Tatsache, um die wir nicht herumkommen: Wir werden alle nackt und ohne Taschen geboren. Ich komm' viel in der Welt rum und hab' in meinem Leben viel Wickelkinder gesehen; aber so wahr ich dasteh', keines hat eine Tasche am Leib gehabt. Die Haut, aus der sich später die schönsten Riemen schneiden lassen, ist bei unseren Kleinen ohne jedes kleine Täschle. Wenn jemand anderer Meinung ist, bitte ich ihn, sich zu melden –«

Er kannte die Bedeutung dieser Art, sich in steter Berührung mit seinen Zuhörern zu halten, und war entschlossen, sie heute, bei der steigenden Erregung der Menge, rücksichtslos auszunützen. Er spitzte seinen Mund, schüttelte seine leeren Taschen und fuhr, sich leise in den Hüften wiegend, fort: »Und auch sonst ist es mit vielen leeren Taschen eine eigene Sache: Man mag in sie hineinfüllen, so viel man will, sie bleiben leer, leer wie eine Sakristei oder ein Amtslokal.«

Die Frankenthaler lachten dröhnend; sie hielten diese Bemerkung für eine Anspielung auf seine frühere Tätigkeit beim Amtsgericht. Der Redner aber war nun im Zuge und gedachte diese Stimmung seiner Zuhörer auszunützen. Er deutete mit seinem Zeigefinger auf ein Bäuerlein, das mit der Pfeife im Mund in der vordersten Reihe saß und rief ihm zu: »Gelt, Hannesle, sowas hat dir deine Alte noch net gepredigt, wenn du von der Kirchweih heimkomme bist.«

Die Heiterkeit der Versammlung stieg; als sie sich etwas gelegt hatte, schlug der Redner nun einen anderen Ton an:

»Ich bitte um Ruhe. Viele unter euch sind Arbeiter, Fabrikler; das heißt Leute mit leeren Taschen. Es ist zwar, wie euch der ehrenwerte Herr Gramlich gesagt haben will, viel Geld in eure Taschen geflossen, und der Herr sagt ja nie eine Lüge, außer, wenn er seinen Fusel anpreist.« Der Redner wartete, bis sich das Gelächter gelegt hatte und fuhr fort: »Ich aber möcht' euch doch fragen: Sind die Taschen davon vielleicht voller geworden? Gelt, da schreit ihr nein! Eure Taschen sind leer geblieben. So leer wie meine. Da, guckt nor her! Oder sollte der Zufluss am Ende nicht gar so reichlich gewesen sein? Oder sollte das Geld vielleicht gar auf einem Seitenweg in – andere Taschen geflossen sein?«

Ein Dutzend der Zuhörer war aufgesprungen.

»I hob a Mark verdient im Tog«, schrie ein halbwüchsiges Bürschlein mit einer riesigen Pfeife im Mundwinkel.

»Und zwaa versoffe«, gab ein anderer zur Antwort. Kein Frankenthaler konnte einen Witz auf der Zunge behalten.

Der Hausierer ließ sich durch das Gelächter der Versammlung nicht beirren: »Eins hab' ich noch vergessen: Eine besondere Eigentümlichkeit der vollen Taschen, nämlich die, dass sie unersättlich sind wie die Hamster. Sie kriegen nie genug. Sie fressen alles auf, euren Lohn und euren Schweiß! Eure Jugend und euer Alter! Ihr seid Arbeiter –«

Ein paar Bürger murrten.

Die Stimme des Redner klang jetzt schneidend: »Ich möchte aber bitten, den Begriff Arbeiter nicht zu eng zu fassen. Auch ich bin ein Arbeiter, wenn ich auch nicht vor einer Maschine schufte, sondern mich begnüge, Ideen unter die Menschen zu bringen.«

Ein Frankenthaler nieste, und zehn andere ahmten diese Lebensäußerung nach: Diese Art zu reden, passte nicht in die Stimmung, die durch die Ereignisse des Tages gereizt und auf Naheliegendes gerichtet war; auch waren sie keineswegs gesonnen, den Välte, der ja, wie sie glaubten, sein Geld mit Nichtstun und Lumpereien verdiente, für einen Arbeiter zu nehmen.

Der Hausier-Välte merkte den Umschwung der Stimmung und schlug nun einen gemütlichen Ton an: »Ihr seid Arbeiter, das heißt, ihr seid freie Männer. Die meisten von euch stammen von Bauern ab, und auch der Bauer ist frei. Es gibt keine Zwingherren mehr, die auf ihrer Burg in Saus und Braus leben und euch zu Frondiensten pressen. Kein Junker darf euch zu Tod hetzen, wenn ihr zufällig ein armes Häslein totschlagt. Kein Kaiser und kein König kann euch zur Arbeit zwingen. Es steht euch vollkommen frei, etwas zu tun oder nicht zu tun. Ihr seid also frei –«

Er machte eine Pause und blickte in die Versammlung, wo die meisten duchsig vor sich hinstarrten. »Doch habt ihr euch schon einmal gefragt, was diese vielgerühmte Freiheit eigentlich bedeutet? Ihr habt's euch noch nie gefragt: Nein? So will ich's euch sagen: Diese herrliche Freiheit ist nichts anderes als, die Freiheit zu verhungern! Ja, das ist sie, für Menschen mit leeren Taschen.«

»Der Kerl versteht sein Metier«, bemerkte der Usedomer.

Doch der Välte erhob seine Stimme: »Ja, das ist sie, und ihr, ihr seid doch Menschen? Ihr habt doch Ohren zum Hören? Eine Zunge zum Reden? Einen Kopf zum Denken? Habt ihr noch nie von einem Recht gehört, das allen Menschen gemein ist, von dem Recht zu leben?«

Der Doktor rief: »Meine Herren, ich bitte ums Wort!« Niemand hörte auf ihn.

»Jeder Mensch hat ein Recht, zu leben!«

»Das Recht auf Arbeit!«, schrie der Doktor dazwischen, der dem Podium zusteuerte.

Friedrich Alfred Schmid Noerr

Ankunft in Tauberbischofsheim

Auf dem Bahnhof in Lauda drehte es den Kopf endgültig nach Norden, in die sanfte Schlucht des Taubertals hinein, das hier den bescheidenen Fluss zwischen seine Höhenzüge nimmt. Der verlassene Schnellzug überquerte im Flug die Talbreite und verschwand in der schmalen Bergfalte, die zur Würzburger Steig hinaufführt. Und jetzt fauchelte auch unser Abendzug tauberabwärts, nach so manchen Schaukeleien des Tags gradlinig ausgerichtet, wie die Hügellinien hüben und drüben, dem schon aus weiter Ferne sichtbaren, weil klar in den Landschaftskorridor gesetzten Ziele zu. Nur drunten die Tauber zwischen ihren Uferwiesen erlaubte sich noch ein melodisches Bogenschlagen unter Erlengebüsch, zum Zeichen der befriedeten Stille, in die wir eingefahren sind und in der nun der Abend auf unbewegten blauen Talnebeln schwimmt. An den graugelben, von Weinbergstiegen in eintönigem Wechsel durchtreppten Mauerzeilen kriechen violette Schatten langsam höher. Ein opaliger Duftstreif, so zart, dass ihn der leiseste Lufthauch zerreißen müsste, verkündet die Nähe gemächlich in die Weltabgeschiedenheit hinauf rauchender Dächer: den Atem der quer über das Flusstal hingelagerten Stadt.

Das war der Einzug in ein klar und ruhig gegliedertes Landschaftsbild, wie es der jugendlichen Seele wohl besonders tief entspricht und geheimnisvoll wohltätig ist: Schon nach wenigen Tagen, ja Stunden, erlosch der Weiteninstinkt, der nach

Rückendeckung gegen eine fremdgedehnte Welt verlangt. An welche Berglehne auch, hüben oder drüben im schmalen Tal, man gekauert saß: Immer blieb das nahe Gegenüber gleich traulich, schön verteilt und dennoch bis hin zum ruhigen Horizont überschaubar. Kein fremderes Abenteuer drohte, als das Überqueren des dämmrigen Flurs im Elternhaus; man war, wo man ging, zu Hause. Frei dennoch und leicht sich zurechtfindend schweifte der Blick nach Süden und Norden das Taubertal entlang, wo im verschwimmenden Dunst der Ferne Feldkreuze, Baumgruppen und Kirchtürme viele lockende Wege ins Unbekannte wiesen. Es erwachte da das Erlebnis der Heimat als eines sanften Kreiselns im Wellenzug der Tage, ähnlich den leisen Strudeln, die das tiefdunkle Tauberwasser mit sich führt. Und selbst gleich auch einem sanften Strudel in der eindeutigen Süd-Nord-Richtung des Flusstals liegt Bischofsheim, in sich kreiselnd, senkrecht zum Zuge der Tauber, und dennoch mit der entschiedenen Schleife seiner alten Mauern und Gräben diesen Zug in heimlicher Bewegtheit gleichsinnig begleitend.

Die Tauberwiesen sind heute noch sumpfig, trotz der öden Flusskorrektur, die gerade den Brückenzugang zum Städtlein wie mit einer schnurgeraden Kanalbarriere verschandelt; sie umlagern den Anschwemmungshügel, auf dem schon die früheste Siedlung sich an den Fluss heranschob. Diese Schuttzunge hat der kräftige Brehmbach gebildet, der hier in westöstlichem Durchbruch seine Mündung in die Tauber erzwingt. Das Brehmbachwasser hat auch die mittelalterlich-kurmainzische Kleinstadt mit breitem Grabenwasser versorgt, darinnen sich mit fast eirunder Schlinge die Stadtmauer samt ihren vierundzwanzig Wehrtürmen spiegelte. Eines der vielen so ungemein malerischen fränkischen Stadtbilder wurde da sinnlos und bis auf den Grund zerstört in jenen ersten Jahrzehnten des 19. Jahrhunderts, die wie mit unhörbaren Fanfaren rückgewandter Ausrottungswut das Zeitalter der bürgerlichen Selbstvernichtung vorausverkündigt haben. (…) Die Wallpromenade, in ihrem westlichen Teil zur charakterlosen Ringstraße vollends verflacht, wird heute noch im ganzen »der Graben« genannt. Durch sein Eibirnrund ziemlich mitten hindurch zieht sich die Hauptstraße, die gleich dem Stiel einer Frucht über den Stadtkörper hinausragt und als Tauberbrücke dem Fluss aufsitzt. Wer deshalb in Tauberbischofsheim Zeit zum Flanieren hat, den, einem Blutkörperchen in der Lebensbahn vergleichbar, ergreift und schwingt die räumliche Bewegtheit der Stadt unwiderstehlich in ihren Rhythmus ein. Dieser eingeborene Kreislauf des Bischofsheimer Lebens, wo er als Bummel sich offenbart, heißt deshalb bei den Spaziergängern: »De Growe rüm un d' Schodt ro.« Und so wiederholt er in Führung seiner Eingeborenen, wohligen Umschwungs durch die Zeiten hin, heimlich den sanften Strudel des Tauberwassers (…).

Josef Dürr

Dr Künichshööüfer Markt

Im Herbst, wenn's uff Micheeli geht,
Die liewe Sunn scho diefer steht,
Do sann di Dauwergrünner froh:
Dr Künichshööüfer
Markt iss doo!
Dort find't-mr alles z'sammeg'stellt
Aus jedem Eck unn Enn dr Weld;
Unn's kumme Läud vonn üwweroal,
Vonn Wärrde bis uff Märchedoal.
Denn do geit's
dausend schöni Sache
Unn viel zum Gucke und zum Lache:
Kummeedi, Reitschul, Stenn zum Schisse,
Unn Stenn mit fejne Läggerbisse;
Un Muusich, heisa hobsassa!
Unn die, wuu's könne, danzen-aa.
Unn hott-mr Härz unn Sinn dergötzt,
Meld't sich dr Moach' zugudderletzt;
Goarküche sann a Masse dort,
Do köcht's unn brotzeld's alsefort.
Wär dorschdi iss unn Hunger spürt,
Wärrd schnell unn billich do kuriert;
Unn waal's drinn lusdi iss unn schöö,
Besinnt sich kaner nejzegeh.

Do träffe sich vonn
noh unn weid
Di Freund unn di
bekannte Läud;
Verzejhle, plausche, wunn're, lache
Unn höre hunnerd näui Sache.
Unn wenn sie ausenanner genn,
Dann drücke-si-sich fest di Henn:
»Gäll, wenn's hald nimmi sejne söllt,
Dass miir uns säh uff dääre Weld,
Sou wärrde-mr doch hoffe däffe,
G'wiiß in Künsoufe uns zu träffe!«

Eduard Mörike

Ein Pfarrer als Kirchendieb

Mergentheim, den 8. Juli
Kiliani (1846)

Am 3. Juli sind wir, wie wir vorgehabt, in Schüpf gewesen.
Der sogenannte Schüpfer Grund ist wirklich lieblich. Man
kommt durch Sachsenflur, den Geburtsort Zumsteegs und
Filial des Dekans. Ich habe kuriositätshalber für Dich den
Auszug aus dem Taufbuch genommen. Die Mutter scheint
bei einem nur zufälligen Aufenthalt des Militärs dort nieder-
gekommen zu sein. Ich freute mich zuerst, der Tochter Emilie
eine Abschrift davon zu senden; die Personalien sind aber
doch nicht schmeichelhaft genug; sie würde vor den vielen
Korporalsbärten, die da in einer ganzen Reihe zu Gevatter
kommen, ein billiges Grauen empfinden.

Wir speisten sehr gut zu Mittag und waren viel im Freien. Es
ist ein schöner Garten mit anstoßendem Wiesenplatz, beides
durch einen ansehnlichen Bach getrennt, und am Punkt, wo
das Gartenhaus steht, durch einen geländerten Steg (mit einer
Gattertür) verbunden; ein paar starke Weiden und anderes
Gebüsch umgeben diese Stelle, wo der Bach eine Krümmung
macht und lebhaft über Steine rauscht, höchst angenehm und
schattig. Man steigt dort einige Stufen hinab, um das Wasser
zum Gießen zu schöpfen. Da säß ich ganze Nachmittage gern.
Nach Tisch machte man einen Spaziergang nach dem Örtchen
Ober-Schüpf, um eines alten acht- bis neunhundertjährigen (?)
Kirchleins willen, das, weit einfacher als das Standorfer, von
außen an Türen und Fenstern völlig schmucklos und nur im

Chor mit einer Art gedrückten Kreuzgewölbes, doch immer sehenswert, mir besonders durch seine abgeschiedene Stellung an einem stillen, buschigen Forellenbach charakteristisch war. Zwei Linden stehen vor der Pforte. Es wird alle 14 Tage eine Betstunde darin gehalten. Auch in der Unterschüpfer Kirche waren wir, und zwar in einem freien Augenblick ich mit den Mädchen allein. Sie ist groß, im gotischen Geschmack, nichts Ausgezeichnetes. Das Klärchen fand in einem offenen Bücherschrank mit altem Rumpelzeug und abgeschätzten Büchern eine Sanduhr mit vier Gläsern, ganz so wie jene, die wir Euch verdanken. Was uns vorzüglich daran reizte, war jedoch der eiserne Fuß, an dem sie drehbar hing. Er ist von zarter, schnörkelhafter Schmiedearbeit: Rosen und Lilien mit Spuren von guter Vergoldung und Farben. Er ward ohne Bedenken abgeschraubt und glücklich unter der Schürze in eine Chaisentasche praktiziert, zu Hause unverzüglich der unseren anverleibt, an der sich das völlig entsprechende Loch vorfand. Auf diese Weise wurde allerdings ein Sacrilegium begangen, das, wenn vielleicht auch nicht der *pastor loci*, doch ganz gewiss der Schöpfer selbst verzeihen wird, und welchem wenigstens ein gottesdienstliches Gelüste zugrunde lag. Auch hat die gute Katholikin, in deren Gegenwart man es verübt, kein Ärgernis daran genommen.

Carl Julius Weber

Dem Taubertal die Palme

Vor allen Tälern Hohenlohes verdient das Taubertal die Palme, ein wahrer Garten, wo auch der edle Markelsheimer erzeugt wird, der sich selbst mit dem Wertheimer messen darf, aber zu oft nehmen im In- und Auslande andere Tauberweine seinen Namen, wie britische Kaufleute den Namen Lords! Gar viele Tauberweine werden im Bierlande getrunken und bezahlt für – Rheinweine! Mergentheim, vulgo Mergental, einst von den Hohenlohern dem deutschen Orden geschenkt *pro remedio animae*, liegt allerliebst in der Mitte dreier Täler, weiland die Residenz des Hoch- und Deutschmeisters, und der glänzende Waffenruhm des im Mittelalter hochwichtigen Ordens verbreitete noch seine verblichenen Strahlen am Vorabend seiner Auflösung magisch über die schwachen Überreste; die Zeremonie eines Ritterschlages brachte die ganze Gegend in Aufruhr. (…) Mergentheim ist eines der freundlichsten Landstädtchen Württembergs mit 2.400 Seelen, wie gemacht zur Residenz eines apanagierten Prinzen des Hauses, dessen Anwesenheit den kleinen Hof und die Dikasterien ersetzen könnte, jetzt aber verlassen und öde. (…) Vergebens fragt der unterrichtete Reisende nach Denkmälern des berühmten Ordens, die Grabmäler sind zerstört, selbst die alten Wappen weggemeißelt worden (1809!) und nur im Schlosse findet er allenfalls noch die Bildnisse der Deutschmeister von Walther von Cronberg an (1525) und, wenn man nicht zuviel verlangt, einen steinernen Ritter auf dem Marktbrunnen. Die

Mergentheimer kannten das Ritter-Kostüm viel zu gut, um auch diesem den großen Hosenknopf wegzumeißeln, wie in einer kleinen Reichsstadt geschah, die auf Andringen der Ehren-Geistlichkeit den Ritter, in Beisein des Stadt-Operateurs, durch einen Steinmetzen entmannen ließ, weil der Knopf den Wasser holenden Nymphen zu allerlei ungeziemenden Anmerkungen Anlass gab! (...) Es ist ein kleines liebes Bad, das schon durch seine freundliche Umgegend anlocken muss; die Stadt tut Alles, die Bewohner sind ungemein zuvorkommend; es ist wohlfeil, und von kleinen Badanstalten kann man nicht verlangen, dass sie gebaut sein sollen nach der Vorschrift des Römers Vitruvius. Ich habe 1830 recht angenehm 6 Wochen da verlebt. (...)

Keinen Reisenden wird es gereuen, das zwei Stunden lange Seitental von Mergentheim bis Weikersheim zu durchstreifen, – die schönste Partie des Taubertals. Das hohenlohische Städtchen Weikersheim hat ein großes Schloss mit einem einst berühmten Rittersaal und Garten, wo der kleine Graf so gut als Louis XIV. seine Reiterstatue hat, und Labyrinthe von Buchsbaum, allerlei Taxus-Figuren, Hasen, Hunde, Gänse und Gensdarmes, die in Zeiten der Allonge-Perücken und Reifröcke gehören, schmähliche Sandstein-Figuren und ein ungeheurer Namenszug C. L., gleichfalls von Buchs, von Gaffern bewundert wurden; das verfallene Lustschloss Carlsberg mit einem berühmten Nelkenflor mitten im Walde und Weinbergen, die den guten Carlsberger erzeugen.

Hans Heinrich Ehrler

Die Wolfgangsbrücke in Mergentheim

Da steht die graue seit sechshundert Jahren,
Und Kaiser Ludwig ist drüber geritten,
Von Herren und Heeren ward sie befahren,
Nun stehe ich auf Gewölbes Mitten.

Und sonderbar stehe ich gleich der alten
Ganz stille mitsamt dem Hüben und Drüben.
Des heiligen Nepomuk Kleiderfalten
Sind auch noch steinern und dageblieben.

Die Tauber fließt durch die Brückenbogen.
Welch Rätsel ist dieses: Sie fließet immer
Und hat nichts mit sich hinuntergezogen?
Doch Kaiser Ludwig der reitet nimmer.

Ich gehe am Ufer in die Kapelle
Zum Beten; durch sonniges Schweigen drinnen
Geht auch noch das Wasser und seine Welle.
Wenn alles fließet, kann doch nichts zerrinnen.

Ein Gang der Enttäuschung

Ich suche in den Gassen alle alten Werkstätten der einstigen Handwerker. Es ist ein Gang der Enttäuschung.

Welche Macht ist da eingebrochen und hat Meister und Gesellen herausgezerrt? Ich kann nicht mehr zu ihnen sitzen und ihrer ehrwürdigen Kunstfertigkeit den »Vorteil« abgucken.

Im trüben Dahinlauf zähle ich mir locker auf, was zu meiner Knabenzeit an Handwerkern in dem viertausend Köpfe zählenden Städtlein gewesen ist: Bäcker, Metzger, Hufschmied, Zeugschmied, Wagenschmied, Schlosser, Schreiner, Maurer, Zimmermann, Gipser, Maler, Tapezierer, Sattler, Kürschner, Glaser, Drechsler, Beindreher, Leistschneider, Mühlenbauer, Rotgerber, Weißgerber, Zinngießer, Messinggießer, Kupferschmied, Siebmacher, Flaschner, Schneider, Zeugweber, Schuster, Goldschmied, Steinbildhauer, Holzbildhauer, Wagner, Kappenmacher, Hutmacher, Kammmacher, Brunnenmacher, Pflasterer, Mechaniker, Seiler, Buchdrucker, Photograph, Konditor, Messerschmied, Buchbinder, Vergolder, Gärtner, Weingärtner, Küfer, Büchsenmacher, Barbier, Feilenhauer, Bürstenbinder, Korbmacher, Wachszieher und Lebzelter, Seifensieder, Färber, Kaminfeger, viele Bierbrauer, Essigsieder, Häfner, Ziegler, Müller, Posamentier, Schieferdecker, Abdecker, Großuhrmacher, Nagelschmied.

Mit dem Nagelschmied Fuchs saß ich oft im Reichengässle in seiner kaum ein paar Schritte tiefen Schmiede, sein Bart leuchtete vom Feuer der Esse. Ich vesperte mit ihm aus seinen schwarzen Händen. Der Imbiss kam so: Er ging ans Fenster, stieg auf die Bank, rief hinaus und hinauf in die Giebelstube und die Frau langte ihm von außen aus dem »ersten Stock« das Begehrte herunter. Den Mostkrug dazu.

Die Nagelschmiede haben gesungen bei der Arbeit. Er war stolz auf seinen Gesang wie auf seine Nägel und bei den Jahrmärkten zog das Schild seines Standes die meisten Schuster und Bauern an.

Es ist ein seltsames Gefühl, zu sehen, wieviel von dem untergegangen ist, wie anderes dem Untergang zubröckelt. Ich könnte heute noch solch einen Schuhnagel schmieden, einen Hornkamm aussägen, ein hölzernes Blasrohr ausdrehen, eine Zinngussform zurüsten, ein Schnitzwerk vergolden. Ich könnte es, wenn auch nur wie ein ungeschickter Lehrling.

Das Wachs meines Vaters aber vermöchte ich auf Hürden zu bleichen, die Kerzen zu gießen, die Wachsstöcke zu flechten und zu verzieren wie ein guter Gesell.

Ulrich Rüdenauer

Ein Kurgast

Während Max Frisch im Krankenhaus lag, schäumten in seinem Kopf die Wellen und schwappten gegen seine Stirn. Er war ganz angefüllt mit Meer, als ihm das Wasser bis zum Hals stand. Aus dem Tagebuch, das er im Krankenhaus schrieb, wären bestimmt Sandkörner gerieselt. Immer wieder wurden ein paar Gedanken an sein Bett gespült, die er dann in seiner Kladde sammelte. Er schrieb über die Liebe, von der er etwas wusste. Oder glaubte, etwas zu wissen. Eigentlich schrieb er über Inge. Im Krankenzimmer nebenan war jemand gestorben, als es ihm schon wieder besser ging. Er hatte in der Nacht Schreie gehört. Dann war es ganz still gewesen.

Dann war plötzlich Sommer, der Frühling hatte es gar nicht bis in sein Krankenzimmer geschafft. Die Hitze kam ihm unerträglich vor. Sein neuer Verleger hatte sich um einen Kurort gekümmert, und also fuhr er dorthin, weil es ratsam erschien. Im Zug war es stickig, und auf den letzten Kilometern wurde es ihm besonders eng. In Bad Mergentheim träumte niemand vom Meer, das war den Leuten am Gesicht abzulesen. Die waren robust und lebenstauglich und flausenlos. Als er ausstieg und auf den Bahnhofsvorplatz trat, lag das Elend vor ihm. Vielleicht war es gar nicht so sehr die Stadt, die ihn störte, sondern dass er nun in ihr war und festsaß.

Er sollte sich in der Kuranstalt Hohenlohe melden, man hatte ihm alles genau aufgeschrieben. Der Brief enthielt auch eine Wegbeschreibung. Mit Frisch kamen am Bahnhof andere an, die auch dorthin sollten oder in eine andere Anstalt. Er mochte schon das Wort nicht. Stattdessen schlich er sich vom Bahnhof weg, am Postgebäude vorbei, entlang der Bahngleise hinein in den Park, oben am Hang dräuten die Sanatorien. Was ihm da begegnete! All diese wohlgesitteten Kleinbürger mit ihren Wohlstandsbäuchen, über denen Hosenträger spannten. Und die wohlgenährten Frauen, die an den Armen der Männer hingen. An einem Kioskhäuschen klebten Ankündigungen, die ihm wie Menetekel vorkamen: Marika Rökk würde in ein paar Tagen in der Wandelhalle auftreten. Im Kino lief »Majestät auf Abwegen« und »Fünf Revolver gehen nach Westen«. Es ekelte ihn vor dieser Ansammlung von Langeweile. »Mergentheim ist auch nicht schlecht«, hatte man ihm gesagt. Er spazierte tapfer weiter. Zum Glück erkannte ihn keiner. Wer sollte ihn kennen. Man las Konsalik.

Vom 19. Jahrhundert konnte man hier noch eine Ahnung bekommen, aber keine, die ihm Laune machte. Der Arkadengang spendete Schatten. Er ging an Geschäften vorbei, die ihn nicht locken konnten. An der Buchhandlung blieb er immerhin stehen und warf einen Blick ins Schaufenster. Ein Buch von Inge, keines von ihm. Es gab einen Musikpavillon, davor Fontänen. Das Kurorchester stimmte schon die Instrumente, das konnte nicht gut gehen. Er wollte, bevor ihn die Musiker verscheuchen würden, noch einen Blick in den Trinktempel werfen. Wilhelm, Albert, Karl und Paul hießen die Quellen. Natürlich hießen sie so, dachte er. »Wer müd vom Leben oder krank / Dem ist zu helfen Gott sei Dank«, stand da in großen Lettern. Es stand auch da, Mörike habe diese Zeilen zu verantworten. Er glaubte das nicht.

Hatte nicht ein Kollege erzählt, er sei hier gewesen? Wegen seiner Gallensteine? Der junge Autor hätte ihn warnen sollen, er wäre gar nicht in den Zug gestiegen. Hier wird man gelb, wenn man es nicht schon ist, dachte er. Es drehte ihn um; sein Magen machte diese Bewegung. Aber sein ganzer Körper dann auch. Er beschleunigte den Schritt, lief fast schon, überholte einen Kurgast nach dem andern. Die hatten nichts zu tun, mussten hier ausharren, Anwendung um Anwendung, Heilwasserglas um Heilwasserglas. Fehlte noch, dass ihm Curt Riess vor die Füße lief, der sollte vor ein paar Tagen schon eingetroffen sein. Vor sich sah er ein prächtiges Schloss. Bog dann aber doch rechts nach dem Bahnübergang in den Badweg. Der führte wieder entlang der Schienen zum Bahnhof. Er kaufte eine Postkarte. Kurgäste waren darauf abgebildet, wie sie einfältig und zufrieden im Park flanierten. Inge würde das verstehen. Er schrieb, sie solle ihm eine Station am Meer suchen. Er fuhr mit dem nächsten Zug. Fünfzig Minuten hatte er ausgeharrt. Fünfzig Minuten waren genug. Als er aber abreiste, sah alles freundlicher aus. Auch die Leute. Auch die Landschaft war schön, die Stadt lag in einem Tal. Nicht einmal abgemeldet hatte er sich im Hohenlohe und schämte sich ein bisschen für seine Flucht. Er hatte befürchtet, dass sie ihn doch da behalten und an seinen Anstand appellieren, ihm gar mit seiner Gesundheit kommen würden. Das schrieb er ungefähr so auch seinem Verleger, ein paar Tage später. Er hatte das Bedürfnis, ihm für seine Mühe zu danken. Er wollte ihm erklären, warum er sich die Mühe umsonst gemacht und warum sein Autor sich wie eine launische Diva benommen hatte. Er musste weg. An einen Ort, wo man italienisch sprach und die Menschen durcheinander redeten und nicht so höflich aussahen. Er wollte ans Meer fahren, wenn es nicht mehr so heiß wäre. In Bad Mergentheim war es zu heiß. Anderswo war es kühler, trotz dieses Sommers. Nur am Meer kann man gesund werden. Wenn man nicht am Meer ist, kann man genauso gut krank sein. Bad Mergentheim, dachte er traurig, liegt leider nicht am Meer.

Martin Blümcke

Der Kastellan mit der Baskenmütze

Nach Kriegsende hatte auch ein anderer Mann in Weikersheim Zuflucht gefunden: Prinz Constantin zu Hohenlohe-Langenburg, der seine Heimat und seinen Besitz in Böhmen verloren hatte. Dieser Grandseigneur, Kunsthistoriker und Maler erhielt bald von seinem Vetter Gottfried Fürst zu Hohenlohe-Langenburg den Auftrag, sein Schloss Weikersheim zu einem Museum auszubauen und zu restaurieren. Das Dornröschen-Schloss an der Tauber sollte dem Besucherstrom auf der Romantischen Straße geöffnet werden.

1947 war Friedrich Erhardt 50 Jahre alt geworden. Im folgenden Jahr erfuhr Prinz Constantin, dass er an einer Beschäftigung im Schloss Interesse habe, und so wurde Friedrich Erhardt Schlosskastellan. Damit war für ihn ein Jugendtraum wahr geworden. Der kaisertreue Mann, für den die Monarchie die beste aller Staatsformen war, hatte sich schon immer sehnlichst gewünscht, einmal in einem Schloss, vor allem in einem Archiv, zu arbeiten, alte Schriften zu lesen, längst Vergessenes wiederzuentdecken und ans Tageslicht zu holen. Prinz Constantin, sein Sekretär Köllner und Friedrich Erhardt waren ein Dreigespann, das gut miteinander schirrte. Im Allgemeinen achteten und verstanden sich auch der Prinz und sein Haupt-Schlossführer. Weil aber beide sehr eigenwillige Persönlichkeiten waren, kam es schon einmal vor, dass sie aneinander gerieten. Bei einer dieser Gelegenheiten konnte sich Friedrich Erhardt nicht verkneifen zu sagen: »Durchlaucht, ich hab auch den hohenlohischen Dickkopf geerbt.« Damit spielte er auf seine Herkunft an, die in Weikersheim kein Geheimnis war: Sein Großvater war der »natürliche Sohn« eines Hohenloher Prinzen. Auch Prinz Constantin wusste das, und als jemand zu ihm sagte, es sei doch erstaunlich, wie dieser Erhardt sich hier einsetze, antwortete er im Tonfall der Donau-Monarchie: »Is jo auch kain Wuunder, schaut ihn von jeder Wand ein Ahne an!« (…)

Eines Tages stellte sich unangemeldet ein Besucher als Botschafter Ihrer Majestät der Königin von Großbritannien vor. Darauf der Schloss-Kastellan: »Na ja, dann bin ich der Kaiser von China.« Er hat den Gast dann recht lange durch das Schloss geführt und ihm seine Meinung mitgeteilt, dass Winston Churchill am Untergang des britischen Weltreichs schuld sei. Der Besucher war der Botschafter.

Die Erhardt'schen Führungen dauerten anderthalb Stunden; heute mutet man den Besuchern gerade noch 45 Minuten zu. Doch wenn Erhardt Interesse spürte, wenn seine Art der ausführlichen und profunden Erläuterung, der Vergegenwärtigung vergangener Epochen und genealogischer Zusammenhänge auf fruchtbaren Boden fiel, dann konnte er auch ohne Mühe drei Stunden lang unterhalten. Ja, er hat auch schon morgens 9 Uhr bis Mittag und dann wieder nach dem Mittagessen Kunsthistoriker zu fesseln gewusst. (…)

Oft stand er, ein Stöckchen in der Hand, am Schlosseingang oder im Schlosshof, und als echter Hohenloher fand er schnell zu einem Gespräch. Auch eine gute Zigarre gehörte zu solchen Ruhepausen; der Herr Schlossführer scheute keine Mühe, sich seine Lieblingssorte vom »Zigarren-Michel« im Hauptbahnhof von Hannover besorgen zu lassen. Klein und korpulent, dunkle lebhafte Augen in einem runden, aber nicht feisten Gesicht, Baskenmütze, Rollkragenpullover, Jacke und weite Hosen: Wenn Friedrich Erhardt durch Weikersheim lief, dann kannte ihn jeder. Lief, denn er war immer in Eile, er hatte immer zwei Gedanken zugleich. »Fritz von Unruh« hat ihn eine gute Bekannte einmal tituliert.

Hemd und Krawatte legte er nur bei besonderen Anlässen an. Ein solcher Anlass war Anfang Mai 1956 gegeben, als sich Bundespräsident Theodor Heuss von Bad Mergentheim her für einen Besuch angemeldet hatte. Auf dem Marktplatz drängten sich die Weikersheimer, um den Gast zu sehen. Friedrich Erhardt lief auf den Wagen zu und sagte mit einer Verbeugung: »Herzlich willkommen, Exzellenz!« Diese protokollgerechte Anrede hatte er vorher beim Prinzen erfragt. Darauf Theodor Heuss mit brummiger Stimme: »Ben koi Exzellenz, i ben dr Heuss.« Erhardts knapper Kommentar nicht ohne gewisse Erleichterung gesprochen: »Dann geht's also au so!« (…)

Einem jüdischen Professor hat er einmal nach Jerusalem geschrieben: »Sie wissen ja selbst, dass wir, wenn wir in die Ewigkeit zu unserem Herrgott eingehen werden, dass er uns nach unserem Tun und Handeln, nach unseren guten und bösen Taten richten wird, doch nach unserem Glauben? Nein, das glaube ich nicht.« Am 27. Januar 1966 ist Friedrich Erhardt dann im Alter von 69 Jahren gestorben. Im Prinzessinnenbau des Schlosses ist er im Mittagsschlaf einem Herzschlag erlegen. Es war an einem Sonntag. Am Tag darauf ist seine Katze verendet, »Frau Erhardt«, wie er stets gesagt hatte.

Kurt Meider

Die Geschichte vom Säckzachner

Es sind jetzt 65 Jahre her, dass ich ihn das erste Mal sah. Aufgefallen ist er allen, die damals mit dem ersten Frühzug zur Arbeit, in die Schule oder zum Einkaufen in die Stadt fuhren. Er war von gedrungener Gestalt, trug wie die meisten Bauern einen graugrünen Anzug und eine Schildmütze aus grünem Stoff. Über den Stiefeln reichten ihm die Ledergamaschen bis zum Knie, Gamaschen, wie sie die Sattler bei uns herstellten. Meist war er mit einem kleinen braunen Koffer und einem Rucksack unterwegs; nie sah man ihn ohne seinen festen Stock.

Er stand auf dem Bahnsteig immer allein. Auch im Zug suchte er möglichst allein zu sitzen. Ob daran die Lähmung schuld war, die sein Gesicht auf der einen Seite verzerrte? Vielleicht war es Mitleid, dass ich als Schüler den weitaus Älteren ansprach und ihm erzählte, dass meine Eltern eine Gastwirtschaft neben der Kirche hätten, in die täglich Kostgänger und Fremde zum Essen kämen; einen Ruhetag gab es damals in den Gaststätten noch nicht. Ob er nicht auch einmal Lust hätte?

Wochen später, wohl während der Ferien, sonst wäre ich über Mittag nicht daheim gewesen, kam er und setzte sich ganz oben an den für Fremde reservierten Tisch. Hinter ihm, in der Fensternische, hing ein großer Vogelkäfig, ein Blickfang für alle Besucher. Zuerst kamen die Kostgänger, sahen ihn an, stutzten und gingen an die für sie bestimmten Plätze. Dann erschienen auch Reisende, Touristen. Sie sahen ihn, den

Gezeichneten, wandten sich ab und gingen wieder hinaus.

Heute, nachdem ich durch eine Erkältung selbst einmal kurz eine ähnliche Gesichtslähmung hatte, weiß ich, wie schwer es ist, mit ihr zu essen, ohne zu schlürfen, zu trinken, ohne zu sabbern, wie man bei uns sagt. Ein Lächeln gerät einem zur Fratze.

Als so schon einige Fremde rasch wieder gegangen waren, bat mein Vater den neuen Gast, er solle doch im Nebenzimmer Platz nehmen. Wortlos stand dieser auf und ging ins Nebenzimmer, wo er allein zu Ende aß.

Ich war in der größten Verlegenheit, denn ich hatte ihn ja eingeladen und diese Reaktion meines Vaters eigentlich nicht erwartet. In all meiner Scham und Verärgerung war mir doch gleichzeitig bewusst, dass die Eltern auf Gäste angewiesen waren. An seinen Abschied kann ich mich nicht mehr erinnern. Wenn ich den Einzelgänger später auf dem Bahnhof gelegentlich wieder traf und grüßte, dankte er nicht. Er hat meinen Gruß niemals mehr erwidert. Er verschwand aus meinem Gedächtnis.

Vier Jahrzehnte später war ich wieder einmal unterwegs, um bei den Bauern alte bemalte Säcke für das Dorfmuseum zu suchen. Es war in Finsterlohr, als mir eine Frau auf die Frage nach dem Sackzeichner erwiderte: »Den müssten Sie doch noch gekannt haben, der hatte so ein schiefes Maul.« Auf einmal sah ich ihn wieder vor mir, den Einzelgänger von damals, den Unbekannten, den Säckzachner. Unter diesem Namen war er bei den Bauern im oberen Tauberland und auf der Frankenhöhe bekannt. Seinen Familiennamen wussten die wenigsten, höchstens, dass er aus dem Vorbachtal, aus Oberstetten kam.

Nun ging ich auf Spurensuche. In Oberstetten erfuhr ich seinen Namen: Karl Gehring. Er war 1951 als Mittsiebziger gestorben. Seine verzerrte Gesichtshälfte stammte von einer Kinderlähmung her. Die Frau des Säckzachners war inzwischen von Oberstetten weggezogen, aber seine Stiefschwester Maria spürte ich auf, mehr als dreißig Jahre jünger als Karl Gehring. Sie erzählte mir, dass er nicht nur Säcke, Schilder sowie Bibelsprüche und Lebensweisheiten für die Wände der Bauernstuben gemalt, sondern auch Ziehharmonika gespielt habe. »Aber immer nur fromme Sachen und Volkslieder, keine Tänze.« Denn der Karl sei ein sehr frommer und gläubiger Mensch gewesen. Einmal habe er ihr auf der Muswiese drei Geschirrtücher gekauft und sie zu einem Gansviertel eingeladen, das sie gemeinsam gegessen hätten. Von den Bauern, seinen Kunden, habe er auf diesem Volksfest und Markt viele Aufträge erhalten. Der Säckzachner arbeitete fast ausschließlich auf der Stör, also im Haus seiner Kundschaft. Er hatte weder Auto noch Fahrrad, sondern benutzte die Eisenbahn und ging zu Fuß. Sein Handwerkszeug und seine Farben hatte er in dem Köfferchen. In den Rucksack kamen die Lebensmittel, die er bei den Bauern erhielt. Oft war er die ganze Woche unterwegs und schlief auch bei den Bauern. In manchen Orten kannte er Familien, bei denen er regelmäßig übernachtete. Eine Frau in Heufelwinden sagte mir, er sei stets sehr sauber gewesen, so dass man ihn gerne aufnahm. Außerdem habe er gut und gern erzählen können, weil er halt mit soviel Menschen zusammengekommen sei.

Seine Arbeit verrichtete der Säckzachner in der Stube oder in einer Kammer, im Sommer oft in einer Scheune, weil er dort Platz hatte, denn die bemalten Säcke mussten ausgebreitet werden, damit die frischen Farben eintrockneten. Nie hat er mit Schablonen gearbeitet, stets freihändig gemalt. Die Säcke bekamen meistens eine Nummer, den Namen des Eigentümers, den Ort und die Jahreszahl, darunter gelegentlich eine Zeichnung und einen Vers. Name und Ort wurden in Frakturschrift, die Verse in einer Art Antiqua gemalt. Der pflügende und pfeiferauchende Bauer war sein liebstes Motiv. Häufig findet man bei ihm auch ein Arrangement bäuerlichen Arbeitsgeräts, die er wie eine Garbe zusammenstellte: Karst, Sense, Haberrechen, Dreschflegel, Rechen und Hacke; eine Sichel fasste alles zusammen, und das Ganze war um eine Mistgabel drapiert, die in einem Misthaufen steckte. Man erkennt seine Säcke, ohne dass sie signiert wären. Seine Schrift muss er von einem älteren Sackzeichner übernommen haben, vielleicht sogar von seinem Vater; schon in den 1870er Jahren findet man die gleichen Buchstabenformen mit ihren charakteristischen Schmuckzügen. Nur die manchmal zweideutigen Verse des älteren Meisters fehlen bei ihm.

Bei den Wandsprüchen sind die zu Hochzeiten gemalten oder jungen Ehepaaren geschenkten die farbigsten: die großen Buchstaben rot mit Orange, die kleinen hellblau und mit einem dünnen schwarzen Strich eingefasst. Häufig fand ich in dunkelblau auf gebleichter Leinwand die Verse:

Bewahret einander vor Herzeleid,
kurz ist die Zeit, die ihr beisammen seid,
denn wenn auch Jahre euch vereinen
einst werden wie Minuten sie euch scheinen.

Seine Inschriften auf dem Verputz an Außenfronten, in Kirchen und Stuben sind in der Zwischenzeit verschwunden, sie wurden überstrichen, oder der Verputz wurde erneuert. Es müsste aber noch alte Fotografien geben, auf denen sie zu sehen sind.

Als Karl Gehring älter und ihm das Gehen über große Strecken beschwerlich wurde, hat er sich eine Staffelei für die Säcke gebaut und zu Hause in der Waschküche gemalt.

Wo fand, wo fühlte er sich sonst zu Hause? Seine Familie stammte von der Frankenhöhe, einer Gegend, in der auch Pietisten und freikirchliche Kreise ihre Anhänger haben. Bei ihnen und vor allem bei einer Familie über dem Reutal auf dem Höllhof hatte er Freunde und wurde wie ein Bruder aufgenommen. Wenn er von langen Wanderungen über die Rothenburger Landwehr nach Hause ging, ist er dort auf dem Hof oft eingekehrt und hat sich ein wenig ausgeruht, bevor er ins Vorbachtal hinabstieg.

Ob mir der Säckzachner heute diesen Gruß erwidern würde …?

Bruno Stern

»Ihr werd g'schächt!«

Die Zeit nach dem Ersten Weltkrieg war schwer. Die Juden waren größtenteils Kauf- und Handelsleute, die Nichtjuden mehr Handwerker und Bauern, doch gab es auch unter ihnen einige Kaufleute. Fast alle aber mussten, um einigermaßen über die Runden zu kommen, mehr als einen einzigen Beruf ausüben. Mein Vater war zugleich Kaufmann, Ladeninhaber und Bauer, aber auch Berichterstatter für die Lokalzeitung und in späteren Jahren noch Rechtsberater. (…)

Obwohl, wie schon erwähnt, keiner ein leichtes Leben hatte in den unsicheren Jahren der Nachkriegszeit, empfand man es doch als ein gutes Leben. Die Menschen waren bemüht, einander zu helfen, und es spielte dabei keinerlei Rolle, zu welcher Konfession man gehörte. Sie teilten Freud und Leid – und meist ist das Leid im Rückblick verblasst, während die guten Tage in fester Erinnerung blieben. Natürlich gab es auch Leute, die etwas gegen uns Juden hatten, genauso wie es Protestanten gab, die keine Katholiken mochten, und umgekehrt. Alles in allem aber muss ich zum Lob der Niederstettener sagen, dass grundsätzlich keine Feindseligkeiten existierten. Wenn ein Fest stattfand oder eine Vereinsveranstaltung oder ein Sportereignis, herrschte Eintracht. Bürgermeister Schroth wies in seinen Ansprachen oft ausdrücklich auf das harmonische Nebeneinander aller Religionsgemeinschaften hin, wie es in unserer Kleinstadt praktiziert wurde.

Niederstetten hatte zahlreiche Vereine. Mein Vater war Mitglied des Gewerbevereins (und wurde als solches nach dem Ersten Weltkrieg zum Stadtrat gewählt, ohne auf der Liste einer politischen Partei gestanden zu haben; er war sehr beliebt, einmal schnitt er bei diesen Wahlen sogar als zweitbester ab, was beweist, dass er in allen Kreisen Freunde hatte). (...)

Anfang Februar wurde auf dem Land seit alters her ein besonderer Feiertag begangen, und zwar speziell für Knechte, Mägde und Haushaltshilfen. Sie boten ihre Dienste nämlich jeweils vom 2. Februar des einen bis zum 2. Februar des nächsten Jahres an. Diejenigen, die eine neue Stelle suchten, konnte man sofort daran erkennen, dass sie ihre Hüte mit Zweigen geschmückt hatten. In den Gaststätten und auf dem Marktplatz herrschte reges Treiben. – Wir hatten an diesem Tag Marie Sternheimer, eine Cousine meiner Mutter aus der Stadt, zu Besuch. Um etwa vier Uhr nachmittags brachte Mutter den Gast zum Bahnhof am anderen Ende des Ortes. Sie überquerten den Marktplatz, wo man sie als Juden erkannte und ihnen zurief: »Ihr werd g'schächt, ihr werd g'schächt!« Als Mutter vom Bahnhof nach Hause kam, erzählte sie uns, was sie erlebt hatte. Wir wussten nicht, ob wir die Drohung als einen Sonderfall oder als Signal für eine allgemeine Stimmung betrachten sollten. In jedem Fall konnte man aber erkennen, dass der »Geist« der erst drei Tage alten Regierung schon bis in das kleinste Dorf hindurchgedrungen war.

Eduard Mörike

Aus Wermutshausen

Nun bin ich seit drei Wochen hier bei meinem Freunde Hartlaub und bringe, der frischen Luft wegen, beinah den ganzen
Tag in einer Gartenlaube liegend zu. Das Gärtchen ist an
einem Abhang, nächst dem Haus und der Kirche, von der
alten Mauer eines ehmals befestigten Kirchhofs bedeckt. Ich
esse dort besonder, zwei von den Kindern tragen ihren Teller,
mir zur Gesellschaft, auch heraus, und zum Mittagskaffee
kommt alles hier zusammen. Da wird geplaudert, vorgelesen
(jetzt Jean Pauls Siebenkäs, den ich nicht kannte), wir holen
Birn und Pflaumen mit Stangen von dem Baum, erwarten
das Aufgehn der ungeheuern Prachtblume von einem Cactus
nycticallus, oder beobachten, wie gestern, die Herrlichkeit
eines Gewitters. Unter dem vollkommensten Regenbogen,
den ich vielleicht in meinem Leben sah, flog eilig eine Schar
von weißen Tauben auf grauem Grunde hin (…).

Gottlob Haag

Mein Dorf gestern und heute

Wenn mich der Weg durch mein Dorf führt, ist dies für mich gleichzeitig auch immer ein Gang durch meine Vergangenheit und mein eigenes Leben. Hier wurde ich geboren, bin ich aufgewachsen und nach mehr als vierzig Jahren Zeit in der Fremde wieder zurückgekehrt, um hier zu leben, zu arbeiten und, wenn es einmal an der Zeit ist, auch zu sterben, denn hier habe ich meine Wurzeln.

Manchmal, wenn ich das Bedürfnis habe, wieder einmal heimzukehren in das Gewesensein vergangener Tage, gehe ich oft durch die Gräberreihen des von einer mehrere Meter hohen, mit Schießscharten bestückten Wehrmauer umfriedeten Kirchhofs meines Dorfes, um mit den Namen der Verstorbenen, die ich fast alle gekannt und in guter Erinnerung habe, in stille Zwiesprache zu treten.

Die Kirche mit dem sie umgebenden Friedhof, einst von den Altvorderen vor mehr als tausend Jahren so gewollt, liegt auf einer Erhebung in der Mitte des Dorfs und bildet somit sein Zentrum. Deshalb will ich auch von hier ausgehend mit der Beschreibung meines Dorfes beginnen: von Wildentierbach im Hohenloher Land.

Noch recht gut vermag ich mich an den Zustand und das Bild des Kirchhofs in den Zeiten meiner Kindheit vor siebzig Jahren erinnern, als längs der Mauer noch überall Zwetschgen und ein großer Wildpflaumenbaum standen, dessen fingernagelgroße, zuckersüße Früchte von uns Kindern sehr begehrt und geschätzt waren. Am hinteren des im neunzehnten Jahrhundert durch die Mauer gebrochenen und mit Eisenstäben gesicherten Tores stand einst ein riesiger Birnbaum, der im Herbst wohlschmeckende und saftige Früchte trug. Und rings auf der Mauer wuchsen mehrere Büsche mit wilden Stachelbeeren, deren kleine Früchte, wenn sie reif waren, von den Läutebuben abgeerntet werden durften.

Auf den nach Osten ausgerichteten Gräbern standen einst überwiegend schwarz gestrichene Holzkreuze mit einem runden Blechschild, das beim Sackzeichner, der die Zwillersäcke der Bauern beschriftete, im Nachbardorf in Auftrag gegeben und gefertigt wurde. Neben den Geburts- und Sterbedaten und dem Namen des Verstorbenen stand in der Regel auch noch die Bibelstelle mit dem Leichentext auf der Blechtafel.

Doch gab es auch Gräber, auf denen Grabsteine standen. Es waren dies die Grabstätten der größeren Bauern und anderer wohlhabender Dörfler, die sich ein solches Grabmal leisten konnten. Meist waren es, neben industriell gefertigten Kunststeinen, Grabmäler aus rotem Buntsandstein oder dem heimischen, graugrünen Schilfsandstein. Nur auf wenigen Gräbern standen Steine aus schwarzem oder grauem Granit. Derartige Steine leisteten sich nur die besonders reichen, wohlhabenden Familien der Herrenbauern, galten sie doch über den Tod hinaus als Statussymbole für ihre einstige Größe und Macht, die sie während ihres Lebens kraft ihrer Stellung und Persönlichkeit im dörflichen Leben innehatten und ausübten. Dagegen standen die Holzkreuze vor allem auf den Gräbern der Tagelöhner, Dienstboten, Handwerkergesellen und Kleinbauern, für die ein steinernes Grabmal unerschwinglich war. Dazu hatte sich unter den kleinen Leuten im Dorf die Meinung gebildet: »Ist ein Holzkreuz erst einmal morsch geworden und umgefallen, denkt sowieso niemand mehr an den, der da begraben liegt. Denn längst hat sich die Trauer um ihn davongemacht wie ein Vogel.«

Nahezu ein Viertel des Kirchhofs war in den Tagen meiner Kindheit in den 1930er-Jahren noch mit Kindergräbern belegt, war doch die Kindersterblichkeit in jener Zeit noch sehr hoch. Während die Kinder der ärmeren Leute im hinteren Teil des Gevierts nahe der Mauer beigesetzt wurden, lagen die Gräber der Bessergestellten im vorderen Abschnitt. Auf ihnen standen kleine Steine, beschriftet mit den Namen und üblichen Daten. Auf manchen dieser Steine war als besonderer Schmuck noch ein schneeweißer Milchglasengel befestigt, während es auf den Gräbern im hinteren Abschnitt oft nicht einmal zu einem kleinen Holzkreuz reichte.

Im hinteren Teil des Kirchhofes stand, von Brennnesseln umwuchert und dem dichten Laubwerk der Bäume überschattet, etwas abgesondert von den anderen Gräbern, ein von Flechten und Moosen überzogener Schilfsandstein. Es war dies der Ort, wo jene Toten beigesetzt wurden, die ihrem Leben selbst ein Ende gesetzt hatten, die vordem noch außerhalb des Friedhofs an der Mauer verscharrt worden waren. (…)

Ein bedeutender und wichtiger Ort in meinem Dorf war für die unverheiratete, männliche Jugend in den Jahren nach dem letzten Krieg an den Sommerabenden der Dorfbrunnen. Dort traf man sich abends, saß zusammen, unterhielt sich, repetierte in Gesprächen das Geschehen und die Ereignisse des vergangenen Tages und tauschte untereinander die aktuellen Neuigkeiten aus. Ein starkes Gefühl der Zusammengehörigkeit hielt die Gemeinschaft der jungen Männer untereinander zusammen, denn kaum einer besaß mehr als der andere.

Doch mit dem Fortschritt und der Moderne, die auch in meinem Dorf ihren Einzug hielten, musste dieser alte Brunnen weichen, und mit ihm verschwand auch das gemeinschaftliche Denken und Handeln untereinander. Die Zeiten haben sich geändert, und die Jugend heutzutage hat andere Vorstellungen und Interessen, als dies in meinen jungen Jahren noch der Fall war. Wohl sind sie auch nicht besser oder schlechter als damals, und sitzen an manchen Abenden und Wochenenden in ihrem Clubraum im Dorfgemeinschaftshaus zusammen. Sie sind aber in ihrer Art mehr oder weniger Individualisten, bei denen im privaten Bereich ein jeder seine eigenen Wege geht und seine Vorteile einzuheimsen sucht. Das Empfinden, nicht mehr aufeinander angewiesen zu sein, verschafft ihnen das Gefühl einer neu gewonnenen Freiheit, die sie jedoch wiederum anderen, neuen Zwängen unterwirft und hörig macht. (…)

Was mir jedoch besonders bedauerlich in meinem Dorf erscheint, das ist die Tatsache, dass es leise und kaum merklich vor sich hinstirbt. Als ich schon vor mehr als dreißig Jahren vermerkte: *Mein Dorf ist ein sterbendes Dorf*, hat man mir dies damals sehr übel genommen, denn niemand wollte es wahr haben. Wie damals schon absehbar, sind die Mittelständler und Kleinbauern längst verschwunden und haben aufgegeben. Nur einige landwirtschaftliche Großbetriebe, die mehr und mehr zu Agrarfarmen ausarten, sind übrig geblieben. Zahlreiche Häuser stehen leer oder wurden auch schon abgerissen, weil ihre einstigen Bewohner verstorben sind. Manch ein Haus wird oft auch nur noch von einer oder zwei Personen bewohnt, deren Junge abgewandert sind. So ist abzusehen, dass dieses leise Sterben in meinem Dorf weitergeht.

Helmut Böttiger

Eine abseitige Geborgenheit

Als ich das erste Mal Gottlob Haag besuchte, war es gerade Herbst, Anfang November, und es war bereits dunkel, als wir hinauf nach Wildentierbach fuhren. Man kommt vom Taubertal, das als »lieblich« zu bezeichnen grüne Schilder am Straßenrand bis heute nicht müde sind. Es begann damals schon, immer enger zu werden, die Siedlungsketten um die Orte schlossen sich zusammen und wurden größer als die Ortskerne selber; dann kommt man auf die Hochebene. Hier liegt Gottlob Haags kleiner Ort, in einer Gegend, die recht dünn besiedelt und überschaubar ist: Man sieht weit, und das Land wechselt ab mit kleinen Wäldchen und Äckern, in einer Senke lag der Flecken Rinderfeld auf dem Weg, noch ohne neuere Bauten mit dieser weißen Einheitsfarbe, sondern meist Bauernhöfe und geduckte mattfarbene Häuser an der Seite, und das musste alles so sein.

Ich kannte Gottlob Haag von seiner allsamstäglichen Gedichtspalte in der »Bad Mergentheimer Zeitung«, im lokalen Kulturteil auf einer Viertelseite kam am Wochenende immer ein Gedicht von ihm (…), und ich kannte einige Zimmer, besonders von gleichaltrigen Mädchen, wo solch ein aus der Zeitung ausgeschnittenes Gedicht an der Wand hing. Ich hatte meinerseits einige lyrische Versuche dabei, von denen ich hoffte, dass sie Gottlob Haag gefielen. Er verstand sie, wie mir nachher immer klarer wurde, und als Widmung schrieb er mir in seinen Gedichtband »Mondocker«: »10 % Begabung und 90 % Fleiß ergeben ein Gedicht.« (…)

Eine Landschaft prägt, sie bildet sich im Inneren ab. Und das Entlegene auf den Hochflächen in Hohenlohe, das auf merkwürdige Weise gleichzeitig eng und weit sein kann, ist zwangsläufig verbunden mit der Einfachheit, mit dem Pathos der Verse Haags. Er hat längst, bevor dies in den Siebziger Jahren eine Zeitlang Mode wurde, Gedichte in der hohenlo-hisch-fränkischen Mundart geschrieben, und er hat einmal eine lange Expertise darüber verfasst, dass das Hohenlohische, obwohl diese Gegend seit Napoleon dem Hause Württem-berg zugeschlagen wurde, ein fränkischer Dialekt ist und kein schwäbischer. Die Selbstverständlichkeit, mit der Gottlob Haag den sachbezogenen hohenlohischen Gebrauchston als lyrische Ausdrucksweise entdeckt, ist frappierend, darauf war man in seinen Breiten nicht gefasst. Plötzlich wird der Herbst zum Herbst. Man sieht und hört ihn.

> *Wer etz noch glaabt,*
> *woß d Roese blieehwe*
> *is zu beneide.*

> *Seit d Schwalme fort sann,*
> *trecht s Groos*
> *e uuluschtis Gräe*

> *und d Schproech*
> *geiit ihr Naiichkeite*
> *unner dr Hend weiter.*

Wilhelm Heinrich Riehl

Die Kirche am Herrgottsbach

Man kann sagen, das Merkwürdigste von Creglingen überhaupt ist der Kirchhof. Die alten Grabsteine erzählen uns hier,
wie viel vornehmer die Stadt einmal gewesen ist. Nicht bloß
Pfarrersfrauen, sondern auch eine Schustersfrau des 17. Jahrhunderts steht fast lebensgroß auf ihrem Grabstein, als Relief
gearbeitet, im Mantel und Faltenrock, fast wie eine Äbtissin
anzuschauen. Der Kirchhof ist nicht groß, und die Kirche ist
klein; sie ist aber ein reizendes Kunstgebilde und angefüllt
mit allerlei Merkwürdigkeiten der Kunst, der Geschichte
und der Sage, ein Mittelding zwischen Kirche und Museum.
Auf dem Altar schreibt man sich ins Fremdenbuch; aber die
vielen Sträuße und Kränze von künstlichen Blumen, welche
vor dem Altar an einem Balken und an einer Seitenwand auf-
gehängt sind, erinnern uns, dass die Kirche auch noch Kirche
ist. Es sind lauter Blumen von Kindersärgen; sie werden von
den Paten auf den Sarg gelegt und dann zum Andenken in
diese Kirche gestiftet, wo man die Leichengottesdienste ab-
hält (…). Steht man vor diesen Kränzen, so erschließt sich
ein wundervoller Blick ins Freie, umrahmt von dem offenen
Kirchenportal, über den Vordergrund der Gräber und der
verfallenen Kirchhofsmauer und über die enge Talschlucht
des Herrgottsbaches hinauf zu den grünen Bergen und dem
blauen Himmel. Und so werden wir von den verstaubten
Altertümern zurückgeführt in die lebendige Gegenwart durch
die Bilder des Todes.

Johannes R. Becher

Fränkisches Dorf
Rothenburger Altar

(...)

Durch Franken fuhr ich. Fränkisches Dorf
Mit Störchen und Entenpfützen,
Und Kirchen, unten rechteckig und breit,
Die Türme wie Nadelspitzen.

Es grüßten am Weg alle Kinder mit Heil
Am Eingang des Dorfs als Willkommen.
Ein Hakenkreuz war durch die Luft gespannt,
Mir wurde ziemlich beklommen.

Am Maibaum hoch hing ein Hakenkreuz,
An den Türen und auf den Schwellen
Stand gezeichnet ein Hakenkreuz,
Es stand an Scheunen und Ställen.

Von Schwarz-Rot-Gold war zu sehn keine Spur.
Die republikanischen Farben
Gab es lediglich in der Natur
Als Erde, Sonne und Garben.

(...)

In Rothenburg ob der Tauber war
Der Marktplatz voll Hakenkreuzfahnen.
Hier kannst du studieren: so lebten einst
Unsere Altvordern und Ahnen.

Um den Marktplatz stehen die Häuser da
Mit ihren Runzeln und Falten,
Die Häuser blieben im ältesten Stil
Den Fremden zuliebe erhalten.

Brunnen und Erker und Giebeldach –
Wer kann sich entziehen dem Zauber?
Und noch ein Wunder birgt diese Stadt
Rothenburg ob der Tauber.

Das muß man einmal im Leben sehn,
Dann lebt es sich anders weiter –
Es ist das Wunder ein Altar
Des Meisters Riemenschneider.

Aus Holz geschnitzte Musik. Das braust
Wie Orgel durch dich, und das Brausen
Braust lange gewaltig noch in dir nach,
Stehst längst du im Freien draußen.

Es fingen an die Figuren aus Holz
Zu singen in wilden Chorälen,
Und sie begannen bei dem Gesang
Aus dem Holz sich herauszuschälen.

(...)

Ich hab den Rothenburger Altar
Voll *unserer* Gesichter gesehen.
Ich sah daraus das Bild unserer Zeit,
Aus Holz geschnitten, erstehen.

Ich sehe Galgen und Kreuze darin
Und Blöcke zum Köpfefällen,
Es bricht aus dem Bilde das Blut heraus,
Es blutet an vielen Stellen.

Erich Maria Remarque

Rothenburg

Lieber Freund,
ich bin auf dem Wege zu Rothenburg ob der Tauber. Vor
einigen Wochen habe ich einen Roman beendet: Die Nacht
von Lissabon, die Geschichte eines heimatlosen Wanderers
und einer heimatlosen Liebe, – und nun, in der Leere, die
immer einem solchen Abschied folgt, möchte ich selbst ein
Stück Heimat empfinden. Warum ich da nach Rothenburg
gehe und nicht in meine Geburtsstadt, magst du fragen. Das
hat seinen Grund. Als ich, nach Verbrennung meiner Bücher,
Verlust meiner Staatsangehörigkeit und mehr als 15 Jahren
Abwesenheit nach dem Kriege zum ersten Male in meine Heimat zurückkehrte, fand ich sie nicht wieder. Die Stadt war ein
Trümmerhaufen geworden, in dem ich mich verirrte, als ich
die Straßen meiner Jugend suchte. Alles, was ich tun konnte,
war Ansichtspostkarten von vor dem Kriege zu erstehen. Das
war geblieben. Ich fuhr weiter durch das zerschlagene und
zerstörte Land. Dann kam ich nach Rothenburg. Und hier
war plötzlich der Friede. Die Stadt stand da wie früher mit
ihren Winkeln und Mauern und Gassen und Träumen, un-
berührt von all dem Furchtbaren, wie eine Bastion der Hoffnung, des Trostes und eine zweite Heimat für die verstörte
Seele. Sie ist es für mich geblieben. Inzwischen hat man das
andere wieder aufgebaut, mit Fleiß, Treue und viel Geschick.
Der Krieg ist schon fast vergessen, und morgen fliegen wir
vielleicht schon zum Mond, – aber Rothenburg mit seinem

Zauber bleibt unverändert. Ich will wieder hinfahren und eine Flasche fränkischen Wein dort trinken, wo ich erfahren habe, dass Heimat kein geographischer Begriff ist, sondern ein emotioneller; – und dass er nicht von gemauerten Steinen abhängig ist, sondern von offenen Herzen.

Komm doch auch! Noch sind wenige Touristen da!

Dein Erich Maria Remarque

Jagst und Kocher

Wanns etwa mangeln sollt an Brot,
So gibt es Gott uns in der Noth.
Maria darf nur winken,
So folgt auch Wein zum Trinken.
Abt Benedikt Knittel, Inschrift auf einem Wein-
fass zu Schöntal

Malerisch ist der Jagstgrund um Dörzbach mit
der kleinen St. Wendelskapelle und ihren Felsen-
partien mit einer Tropfsteinhöhle, wofür Briten
Tausende zahlen würden, wenn sie solche in ihre
Parks verpflanzen könnten.
Carl Julius Weber, »Deutschland«, 1826

Patte de fer et gant de velours.
Götz hatte das Eisen, wir haben den Sammet.
Eintrag Otto von Bismarcks im Stammbuch zur
Eisernen Hand, 1891

Gerhard Nebel

Im Märchenwald

Heiter strebten wir durch die Wälder des Kupfertales auf Forchtenberg zu, übereinander hockende, uralt bemooste Dächer, verrutschtes Giebelfachwerk, Regellosigkeit, Geschichte und keine Konstruktion, Häuser-Streuwürfe, in den Zwischenräumen geschichtetes Holz und, wenn das Paradox erlaubt ist, sauberer Mist. Türmchen, auf der Stadtmauer aufsitzende Bauten, und von jenseits des Kochers der Blick auf die Stadtrundung und das Torhaus – dereinst hatte die Brücke ein Holzdach, der Krieg nahm hinweg, was einige Jahre später der Verkehr abgerissen hätte. Ein Alter, der in Hemdärmeln und bestickten Schlappen, Pfeife rauchend, vor seinem Haus saß, rief uns zu: »Gibt es das auch noch?«, ein Zylinderhut-Träger, der wartete, um sich einem Trauerzug anzuschließen, begrüßte uns: »Ihr seid die Letzten« – Blicke wohlwollender Überlegenheit, wie sie Leute erwarten müssen, die in Wohlfahrt und Vollbeschäftigung, vom Auto zu schweigen, nicht einmal eine Eisenbahnfahrt bezahlen zu können scheinen. Erkundigt man sich bei einem Autochthonen nach dem Weg, so hört man: »Warten Sie hier zwei Stunden, dann kommt der Autobus vorbei« oder »Mein Schwiegervater fährt heute Nachmittag dorthin, ich werde ihn fragen, ob er Sie mitnimmt«. Dass man einen Ort zu Fuß erreichen kann, ist fast vergessen, dass man geht um des Gehens und nicht um des Zieles willen, hat man nie gehört. Unterwegs winkten uns die Chauffeure herablassend zu, die Chauffierten drehen sich, kaum sind sie vorbei, nach uns um, saugen sich an uns fest, als schaukelten zwei Kamele einher. Wir haben in der Autowelt insofern ein Daseinsrecht, als deren Bewohner an unserer rückständigen Selbstbewegung froh der Fortschrittlichkeit ihres Motors inne werden.

Aber dann weg von den Straßen und hinein in den Märchenwald, der vom Kocher zur Jagst reicht. Wir kamen vom steilen Wanderpfad ab und gingen einen langsam sich hebenden Weg zwischen Eichen und Buchen hinauf, Eichen von einer Kraft, wie ich sie lange nicht gesehen habe, kein Mensch, kein Laut außer dem Rauschen der Blätter, Gespräch über Bäume. Die Baumvorlieben des Menschen sind weder Zufälle, noch siedeln sie in der Äußerlichkeit des Geschmackes, sondern sie sind Existenzauslegungen, Existenzentwürfe. Der Mythos verstand Menschen und Bäume auseinander, ich könnte mir eine Charakterologie denken, die mit Baumbildern arbeitet. Die rissige Rinde der Eiche, ihre knorrige Untersetztheit, ihre vergleichsweise kurzen, heftig gewinkelten Äste: Sie erstößt sich gewaltsam den Raum, sie lebt nicht im Einverständnis mit der Welt, sie kämpft mit einem Widerstand, der nie ganz überwunden wird.

Aber dann bleiben die Eichen zurück, Buchen, nichts als Buchen, wir schauen nicht mehr auf die Bäume, auch nicht mehr auf den Boden, auf Haselwurz und Glockenblume, es ist das Licht, das jetzt ereignishaft sichtbar wird, die Bedingung des Sehens als Gesehenes, grünes Licht, in dem die Farbe des Laubes, der Dampf der nassen Erde, das aus den Kronen fallende Getröpfel sich verbinden, ein Sein, das sich aus Nuancen des Grüns aufbaut, Algengrün eines unendlichen Aquariums. Wir sind eingetaucht und Fische, nicht bei Nixe und Wassermann, aber unter den Blattelfen. Zwischen diesem Waldgeschehen und dem, was außerhalb vor sich geht, ist kein

Zusammenhang, der Wald reißt uns aus allen Vertrautheiten und Schicksalen, er zwingt sich uns auf, und als nach langer Zeit das Licht heller wird und nicht mehr wahrgenommen werden kann, bemerkt jeder am andern das bleiche Gesicht und die dunkel geöffneten Augen. Was uns widerfuhr, war selten: Es schloss sich der Spalt, der zwischen dem Ich und der Welt aufgerissen ist, wir erblickten das Licht nicht nur, sondern wurden selbst grünes Licht, grüne Dämonen – damit aber war uns Hohenlohe zum heiligen Ort geworden.

Johann Gottfried Pahl

Über die Liebe unter dem Landvolk

Die Leidenschaften unter dem Landvolke werden meistens bei seinen öffentlichen Lustbarkeiten erklärt. Der liebende Jüngling äugelt lange nach dem Mädchen, in deren Besitz er sich wünscht, bis ihm etwa der herannahende Jahrmarkt die Gelegenheit verschafft, ihr die Empfindungen seines Herzens zu verraten. Ist er dreist genug, so ladet er sie wohl ein, mit ihm in die Stadt und zum Tanze zu ziehen; ist er aber weniger unternehmend, so schleicht er ihr im Menschengewühle des Jahrmarks auf dem Fuße nach, verfolgt sie aus der Ferne in den Gasthof, setzt sich zu ihr an den Tisch, eröffnet mit ihr den Ball, zahlt die Zeche, und schlendert dann am Abend an ihrer Hand frohlockend ins Dorf zurücke.

So verrät sich auch die Liebe an Kirchweihen und andern Festen, die mit dem Tanze gefeiert werden. Die meisten Jünglinge erscheinen mit einem Mädchen an der Hand in der Schenke, und teilen mit ihr die Freude des Tages. Wenn der Junge so glücklich ist, seine Wahl nicht durch Eltern oder Hausväter bestimmt zu sehen, so sucht er natürlich das Mädchen auf, das für sein Herz das größte Interesse hat. Mit einer Flasche Wein in der Hand, den Rock hinweg geworfen, und den Hut abgekrempt, zieht er hinter den Spielleuten in das Haus der Schönen, und fordert sie in seiner kurzen und derben Manier auf, ihm zu folgen. Gegen eine abschlägige Antwort ist er gesichert, weil das Mädchen schon im Voraus auf die Einladung vorbereitet ist. Der Zug geht wieder in die

Schenke zurück, und man isst, trinkt, tanzt und jauchzt, bis der Morgen graut, und begleitet, wenn des Spiels ein Ende ist, – wenn anders die Wachsamkeit der Eltern und Hauswirte keine Gefahr wittern lässt – die vergnügte Dirne bis in ihr Kämmerlein zurück.

Die Rockenstuben sind für die Erklärungen und Äußerungen der Liebe nicht so günstig als diese rauschenden Vergnügungen, und stiften auch bei weitem das Böse nicht, das man ihnen Schuld gibt. Das Landvolk ist durchgängig in den Äußerungen seiner Liebe scheu und zurückhaltend und erklärt die Empfindungen seines Herzens nie, wenn es beobachtet wird. Der Tanz entschuldigt manche Freiheit, die in der Rockenstube äußerst auffallend wäre und Stoff zu den entehrendsten Dorfssagen darböte. Deshalb bleibt man hier gewöhnlich bei Scherz und Lachen oder unterhält sich mit drollichten Einfällen und Erzählungen, die freilich oft nach dem Urteile des weisern und bessern Menschen in Frivoltäten und Abgeschmacktheiten ausarten, und begleitet dann sein Mädchen unter die Türe ihres Hauses. Zwar werden hier häufig Bekanntschaften angezettelt und genährt; aber welchen Schaden sollte dies der Moralität auf eine unmittelbare Weise bringen? – Ich bin es gewiss, dass die gemischten und zahlreichen Klubs der Städter für Unschuld und Tugend weit gefährlicher sind als die Rockenstuben der Landjugend.

Tilman Krause

Fürsten, Diener, Oldtimer

»Oben lagen Wolken, als wäre dort ein Spiegelbild des Landes ausgebreitet, und Eugen sah hinunter in ein Tal mit Wäldern, deren Ausläufer Wiesen umgaben. Manche Wolken erschienen hell, andere dunkel mit wechselnden Schatten dazwischen und Eugen dachte, diese Tiefe, die sich oben geöffnet hatte, habe er noch nie gesehen.« So beginnt, mit dieser typischen Positionsbestimmung des Hohenlohe-Besuchers, der vom Bergsporn ins Tal hinab und hinauf in den Himmel schaut, so beginnt das vermutlich schönste literarische Denkmal, das Hohenlohe gesetzt worden ist. Es stammt von dem 1998 gestorbenen Erzähler Hermann Lenz, heißt »Zwei Frauen« und erschien vor zehn Jahren. Und Lenz, Jahrgang 1913, der seine Kindheit im hohenlohischen Künzelsau verbrachte, war natürlich Experte genug, um gleich im übernächsten Absatz die zweite gestaltprägende Besonderheit der Region heraufzubeschwören: »Die verlässliche Erde … dachte er und war froh, am späten Nachmittag hier zu gehen, oberhalb des Tales auf einem Bergrücken, der sich in eine Flussschleife vorschob. Drüben stand ein langes Schloss. Vor neun Jahren war sein Ostflügel ausgebrannt, und der Besitzer hatte ein anderes Schloss an den Staat verkaufen müssen, um dieses wieder aufbauen zu können. Ein Schloss weggeben müssen, um ein anderes zu halten, wäre dir schwer gefallen, sagte Eugen zu sich selber und war froh, kein Schloss zu besitzen. Du wohnst lieber in Stellwags ›Hotel zur Post‹.«

Durch die Täler, durch die Auen, und wenn du an einen Fluss kommst und hoch schaust, dann liegt da ein Bergrücken mit einem Schloss: Das ist noch heute wie vor 200 Jahren die Hohenlohe-Situation. Vom Bergsporn schweift der Blick den Rücken entlang, gleitet vom Habsburger Gelb vorn langsam zu den Karamell- und Brauntönen der Gesindegebäude und Wohnhäuser dahinter, die den Repräsentationsbau unmittelbar fortsetzen. So bieten sie sich alle dar, heißen sie nun, wie in der zitierten Stelle, Langenburg, oder heißen sie Kirchberg und Bartenstein. Überhaupt Bartenstein: »Überm Tal waren seine hellen Häuser wie eine Mauer ausgedehnt. Und Eugen kam es vor, als wären die Häuser in die alte Stadtbefestigung hineingebaut.« So dicht, so geschlossen, so umfriedet-gehegt und in der Enge zusammengewachsen mutet an, was sich im Hohenloher Land als Stadt und Städtchen präsentiert – eingeschnürte Idylle, bildschön oder schön nur als Bild?

Rezzo Schlauch jedenfalls und Joschka Fischer, Pfarrerssohn aus Bächlingen der eine, Metzgerssohn aus Langenburg der andere, sie werden wissen, warum sie – hast du was, kannst du was – die Heimat verlassen haben, um zu werden, was sie heute sind.

Doch Hermann Lenz, ein Literat, der sein erwachsenes Leben erst in Stuttgart, dann in München verbrachte, er, der sich gern als klassischer *laudator temporis acti* gab, der also zum Verklärer vergangener Zeit werden musste, um das grauenvolle 20. Jahrhundert zu überstehen, er wusste sehr wohl, was er an Hohenlohe hatte. Hohenlohe spielt als Chiffre der Selbstbehauptung eine tragende, wenngleich angemessen verborgene Rolle in seinem gesamten Werk. Und am wohlsten in Hohenlohe fühlen sich zwei seiner Figuren, nämlich sein alter Ego Eugen Rapp sowie dessen Schäferfreund Johannes Präg, am wohlsten fühlen sie sich dort, wo Hohenlohe am verwunschensten ist. So wurde Lenz zum Sänger von Schloss Bartenstein:

In der Allee am Rande des Hofgartens, / Wo zwei weißgestrichene Bänke / Unter die Blätter geschoben sind, / Begegnest du dem Hauslehrer, / Der du vielleicht einmal warst. // Sagt nicht, das sei überspannt. / Ich weiß schon, mir wird nichts geschenkt. / Von euch hab ich nichts zu erwarten. / Eher bekäm ich von einem Fürsten / Die Zeit für mich selbst, die ich brauche. // Was vergangen ist, hast du geliebt.

Die Fürsten und ihre Diener, die Fürsten und ihre Wappenmaler oder Hauslehrer, das ist die Rückzugs-Welt des Eugen Rapp alias Hermann Lenz. Und wenn seine Fans dabei vor allem an Wien denken, so unterschätzen sie gewaltig den Einfluss Hohenlohes auf sein Werk, wo sie einem auch heute noch begegnen, die hohen Herren, und zwar auf Schritt und Tritt, von einem Schloss zum anderen. Manchmal sogar in Personalunion mit dem Kutscher, denn Philipp zu Hohenlohe-Langenburg etwa, der auch einem Automobilmuseum vorsteht, verkörpert die Durchlaucht, die beherzt selber chauffiert. Wer sich mit ihm am Steuer in einem Alvis vom Baujahr 1938 vom Schloss zur Jagstmühle kutschieren lässt, kann die denkwürdigen Worte mit nach Hause nehmen: »Auch ich musste eine Bürgerliche heiraten. Ich bin ja allein über Queen Victoria elfmal mit mir selber verwandt.«

Da ist der Bartensteiner Fürst ein ganz anderes Kaliber. Auch er sagt zwar von sich: »Ich bin mein eigener Hausmeister«. Aber er sagt es mit verneinender Gebärde. Und wenn man dann auch noch erfährt, dass er die militärgeschichtliche Sammlung, welche einst sein Schloss beherbergte und die an die große Zeit unter Ludwig Aloysius erinnerte, jenen Heerführer gegen die Revolutionstruppen, der 1829 als Marschall von Frankreich starb und aus dessen »Legion Hohenlohe« 1830 die Fremdenlegion hervorging, wenn man das erfährt, dann wird einem klar, dass der Niedergang nicht nur pittoreske Seiten hat.

Aber trotzdem: »Was vergangen ist, hast du geliebt.« Zumindest, wenn man aus dem Überschuss der Gegenwart übers Vergangene sich beugt. Jener Hauslehrer, welcher der Dichter Lenz gern gewesen wäre und der Hohenlohes erster Dichter, der Frühdemokrat Karl Julius Weber (1767–1832), tatsächlich war, dieser Autor, der nur mit seinem »Demokritos« überlebt hat, er litt unter Hohenlohes Zurückgebliebensein und rächte sich, indem er in seinen »hinterlassenen Papieren« eine Phänomenologie der Lächerlichkeit entwarf und darüber verbitterte wie nur einer, den die Zeit nicht zum Zuge kommen ließ.

Da trafen es die beiden schreibenden Damen Hohenlohes besser. Jene Hofdame Eugenie John (1825–1887), die auf Schloss Friedrichsruhe (heute ein Fünf-Sterne-Hotel) zehn Jahre als Vorleserin die Fürstin Mathilde von Schwarzburg-Sondershausen zu betreuen hatte, die vor ihrem Mann aus Thüringen zurück zu ihrem Bruder Hohenlohe-Öhringen floh, langweilte sich dermaßen bei der bevorzugten Lektüre ihrer Dienstherrin, dass sie irgendwann selber zu schreiben begann. Vielleicht ist das das Geheimnis der alten Mamsell, die daraufhin als »die Marlitt« Karriere machte? Und Agnes Günther (1863–1911)? Mit ihrem historischen Roman »Die Heilige und ihr Narr« tauchte die Langenburgerin ganz ungebrochen vollständig ins Märchen ab und verzehrte sich in der Verklärung des Leidens, was allerdings Abertausende von schmachtenden Leserinnen ganz ungemein zu schätzen wussten.

Wir Modernen aber halten es mit Hermann Lenz. Mit Weggehen und Wiederkommen. Loslassen und Umschaffen durch die Erinnerung. Halten es auch mit einem Eugen Rapp, der im »Seltsamen Abschied« sinniert: »Niederstetten lag drunten im Tal. Sie sahen den Ort nicht. Gegenüber zogen gestrüppüberwachsene Steinriegel an den Hängen abwärts, die deshalb wie gestreift aussahen, und Eugen wunderte sich über die vergangenen 55 Jahre. So lange war es her, seit er die Steinriegel zum ersten Mal gesehen hatte. Und gern hier leben würde er, obwohl ...« Eben: Obwohl ...

Hermann Lenz

Zwei Frauen

Eugen fiel ein, dass Gertrud seiner Frau nicht recht gefallen wollte, weil Frau Uhl allzu direkt über Intimes redete, was ihm anfangs auch ein bisschen kurios erschienen war. Nun aber dachte er: warum soll die nicht anders sein als deine Frau? Und im Lauf der Zeit war ihm Gertrud zu einer habhaften Person geworden, allerdings nur in seiner Erinnerung, weil er sie lange Zeit nicht mehr gesehen hatte. Und dann der Schäfer Johann Präg, drüben in Bartenstein.

Eugen sah Johanns listiges Lächeln vor sich und hörte, wie er von »Ihm«, dem Tod, geredet hatte. Das gehörte zu Johanns Leben, denn er war einer, der in die Ferne schaute und nachdachte. Er war auch oft allein, und niemand konnte ihm etwas vorschreiben. Das war vielleicht das wichtigste für ihn. Nur wenn sein ›Chef‹ mit seinem dicken Mercedes in die Wiese hereinfuhr, wo er gerade weidete, sah und hörte er allein diesen ›Chef‹, den Herrn Fuhrunternehmer, der zehn oder elf Lastwagen laufen hatte und manchmal seinen Sohn schickte, den Johann den »Bua« nannte. Der vertrat ihn, wenn Johann von einer Frau, die ihm Wein und ein dickes Stück Kuchen, in Cellophanpapier verpackt, zu bringen pflegte, im Auto nach Bartenstein gefahren wurde. Und der »Bua« war dann in hochschäftigen Stiefeln, Kniebundhosen, einem Kittel mit Stickereien, wie ihn früher Fuhrleute getragen hatten, und einem flachen Hut wie eine Figur aus einer Operninszenierung mit einem langen Stock herumgegangen. Dies hatte zwar malerisch, aber unecht ausgesehen, nicht recht hereinpassend, sozusagen. An Johann aber in seinen abgewetzten Kleidern, die er geschenkt bekommen hatte, war alles echt gewesen. Und Eugen erzählte Bärbel und Karl, wie er ihm einmal einen dunkelroten Anorak gezeigt hatte: »Ist der nicht wie neu? Den habe ich drunten gefunden, dort im Wald. Einer hat dort einen Sack voll Kleider weggeschmissen.«

Dann gingen sie zum Auto. Hinterm Schafhaus, droben in den Feldern, sollte ein Judenfriedhof liegen, und den hätte Eugen gern gesehen. Also gut, dann machte man sich dorthin auf.

Es war nicht weit. Das Schafhaus hatte ein breites Dach. Von weitem sah es wie eine Scheune aus. Heu war darin gestapelt und ein Heuwender abgestellt. Dabei fiel Eugen ein, was eine dicke Frau im Omnibus gesagt hatte, gestern, als der Fluss sich lehmgelb in die Wiesen ergossen hatte: »Das gibt a dreckigs Heu.« Hier oben aber war das Heu sorgfältig aufgeschichtet, grün und sauber.

Das Schafhaus hatte graue Mauern und war alt. Eugen ging voraus, um den Judenfriedhof zu suchen, zu dem es nicht mehr weit sein musste. Der Weg war aufgeweicht, hatte aber in der Mitte ein Graspolster, wo man gehen konnte. Er stieg an, und oben, wo er wieder abwärts führte, sah Eugen den Friedhof als graues Mauergeviert liegen, das Bäume umschloss. Ringsum Felder, und in ihnen dieses grausteinerne Viereck mit Laubkronen, zu dem er mit Bärbel hinunterging, über die Mauer schaute und das eiserne Tor verschlossen fand.

Er sagte: »Hier wär ich gern beerdigt. Bloß Grasboden und einen grauen Stein. Die Inschrift kann niemand lesen. Den Namen lasse ich mir noch gefallen, aber sonst nichts.«

Unterhalb des Schafhauses wartete das Auto. Von dort fuhren sie in ein sanftes Tal hinein, dessen Grün Eugen milder, weicher vorkam als das auf der Hochfläche, wo es herber war. Oder das Licht war im Tal wärmer. Sanfte Hänge und ein Bach, der ungehindert floss, ohne künstliche Ufer. Hier konnten sich Gras und Bäume erholen.

Sie fanden ein Dorf, das unverändert schien seit hundertfünfzig Jahren. Eugen fiel die ungelenke Zeichnung des Pfarrers Mörike ein, der Dichter gewesen war und hier bei seinem Freund Hartlaub, einem Amtsbruder, manchmal logiert hatte. Die Zeichnung sei missglückt und müsse nochmals versucht werden: So hatte es in einem Brief gestanden. Anderswo, und zwar in einem Museum, hatte Eugen ein Aquarellbild der Kirche dieses Orts gesehen, sorgfältig ausgeführt von Mörike. Der hatte also sein Versprechen wahr gemacht.

Eugen stand vor der Kirche, die ein Mauerring umgab. Durch ein gewölbtes Tor ging's über Stufen in den Kirchhof hinauf. Dort hatten sich im Mittelalter manchmal die Dörfler verschanzt. Der Kirchturm hatte dicke Mauern wie eine Burg. Im kargen Kirchensaal war über dem Altar die Kanzel aufgebaut, und von ihr hing ein rotsamtenes Tuch herab. Auch gab es an der Wand schmale Zierleisten und Urnen, die golden glänzten, während das Altarbild von marmorierten Säulen eingefasst war.

Eine »Dichterstube« sollte im Pfarrhaus sein, aber dort blieb die Tür verschlossen. Wahrscheinlich war die Pfarrfamilie weggefahren. Karl schmunzelte und deutete auf ein Fenster bei der Tür: »Dort drin ist das Museum.«

Am Fenster stand ein Tisch mit einem Stuhl aus der Zeit um 1900, als Mörike schon fünfundzwanzig Jahre tot war. Daneben ein Regal, vollgestopft mit schwarzen Büchern, auf die vergilbte Schildchen geklebt waren. – »Alte Kirchenbücher sind schon interessant«, sagte Eugen und sah auf dem Tisch ein leeres Tintenglas, wie's noch in den sechziger Jahren zu haben gewesen war, wenn einer wie Eugen Schreibtinte für Stahlfedern gebraucht hatte.

»Jetzt haben wir zwei Mark gespart«, sagte Karl, und Eugen bekräftigte: »Auch was wert.«

Über grünliche Steinstufen ging's in einen verwilderten Garten hinein, und dort standen hohe Rosenstauden. Ein Fliederbäumchen hatte lila Blütendolden.

Wenig später und in einem andern Dorf sahen sie ein altes Haus mit Rissen in den Mauern, vor dem Kinder spielten. Das Haus war breit und erschien düster unter seinem hohen Dach. Karl fragte Eugen: »Aber wohnen möchtest du nicht drin?« – »O doch«, erwiderte Eugen und stellte sich vor, wie er über brüchige Treppen ging, während viele Menschen um ihn waren, auch solche mit spitzschnäbeligen Schuhen und in Kutten. Sehnsüchtiges und Schmerzliches und Fröhliches wäre aus dem Verputz herabgerieselt, und einmal hätte Eugen eine Handschrift unter einem Dielenbrett gefunden, ein dickes Buch, längst verschollen, aber jetzt wieder lebendig. Oder jene Phiole mit dem violett eingetrockneten Cyankalirest aus dem Besitz des Alchimisten, der hier über die Stufen geschlurft war, unter verrußten Balkendecken. Und nichts hätte installiert werden dürfen.

Nun, vielleicht doch eine moderne Wasserleitung. Und die Röhren fürs elektrische Licht waren auch rostig geworden. Nur gehörte dieses leere, abbruchwürdige Gebäude nicht einem gewissen Eugen, der es gepflegt hätte. Er zwinkerte Karl zu, dem elastischen, beweglichen, gummiballähnlichen mit der Glatze, der im Auto vorne neben Bärbel saß. Und sie war's, die bestimmte: »So, jetzt aber schnell zum Schloss!« – »Zu welchem?«, fragte Eugen und dachte wieder an das

Jägerhaus beim Wald. Von dort war's nicht weit zu einer stillgelegten Ziegelei mit hohem Kamin und jener Burg, in der jetzt der Maler Patzek mit Frau Locher hauste. – »Nicht zu deinem«, antwortete Bärbel, und Eugen fragte, seit wann er Schlossbesitzer sei. – »Aber du wärst's doch gerne«, fügte sie hinzu, und Eugen sagte: »Oh, ganz gewiss nicht!« Bärbel hob die Hand vom Lenkrad. Na schön, dachte Eugen und schwieg, weil's ihm lieber war, wenn Bärbel nur das Auto lenkte und nichts sagte (doch es konnte ihr der Wagen auch wegrutschen, wenn sie schwieg). Und sie erzählte von ihrem alten elterlichen Haus, in dem sie bis vor sieben Jahren gewohnt hatte: »Lauter muffige Winkel und brüchige Treppen, eigentlich zum Grausen. Deshalb wollte ich auf meine alten Tage alles ganz neu haben.«

Eugen erinnerte sich ihres Hauses mit den großen Fenstern, dem Garten ohne das winzigste Unkrautpflänzchen. Lauter seltene Ziersträucher standen dort. Im Haus aber hatten alle Stühle Sitzflächen aus roten Kunststoffschnüren, die Ecke bei den Bücherregalen, die sich, vollgepfropft mit neuen Büchern, bis zur Decke streckten, wurde von ledergepolsterten Sesseln und Sofas beherrscht. Die Gäste saßen darin tief und so bequem, dass Eugen einzuschlafen fürchtete, wenn er sich zurücklehnte.

Gut so. Bärbel redete von Gertrud, sagte, allmählich werde die absonderlich. Das könne auch nicht anders sein, wenn man immer nur weit abseits wohne. Und sie erzählte vom Maler Patzek, dem die Burg gehörte: »Einer wie ein Kleiderkasten!« Und sie streckte die Faust empor und machte Gertrud nach, die zu ihr gesagt hatte: »Anfangs ist's mit dem Patzek gutgegangen, aber dann hat die Frau, die mit ihm haust, gemeint, ich hätt etwas mit ihm, weil der bei mir manchmal ein Bier getrunken hat.« Wenn Bärbel sie einlud und zu ihr sagte, es kämen auch noch Leut, die sie von früher kenne, dann antwortete Gertrud wie schon oft: »Ja, ich komme, aber um halb vier muss ich meinen Wagen zum TÜV bringen.« Denn Gertrud wollte nicht mehr mit Menschen aus ihrem früheren Leben zusammenkommen. Befreundet sei sie nur noch mit einem Fuhrunternehmer, und im Februar und März fliege sie auf die Kanarischen Inseln. Aber das wisse Eugen längst.

»Na schön«, sagte er und wollte noch etwas von Gertrud hören. Bärbel sagte, woher sie das Geld für die weiten Reisen nehme, wenn sie allein fliege (ohne ihren Sohn), das wisse niemand. Auch spreche sie nie über Finanzielles. Früher habe sie aus dem Englischen übersetzt, aber von dem bisschen, was jetzt manchmal in der Zeitung von ihr drin sei, könne sie nicht leben. Doch gebe es für geistige Arbeiter jenseits sechzig, die nichts mehr verdienten und keine Altersversorgung hätten, Geldquellen genug. Und dass die sprudelten, dafür sorge zum Glück ihr Berufsverband. – »Übrigens hat sie ja das Jägerhaus. Das gehört ihr.«

»Warum sagst du ›geistige Arbeiter‹ und nicht ›Intellektuelle‹?«, fragte Eugen, und Bärbel erwiderte: »Das ist doch auch ganz schön. Oder arbeitest du nichts?«

Es in der Schwebe lassen, schließlich kam es nicht drauf an.

Eugen dachte an seine Schwester, eine Bäckermeistersgattin, die ihn als »Intellektüllen« zu bezeichnen pflegte.

Sie fuhren im Tal neben Böschungen mit Apfelbäumen, und Bärbel sagte: »Da stand früher eine Orchidee.« – »Du machst dir kein Bild, wie oft wir schon gehalten haben wegen einer Orchidee«, fügte Karl hinzu. Da hatte also Bärbel eine Schwäche für seltene Pflanzen, was ihrer geradlinigen Art zu reden widersprach.

Der Weg stieg an, und sie kamen zu einer Kirche. Die stand am Waldesrand als eine Wallfahrtskirche. Eichen und Ahorne umgaben sie. Die Kirche war fein gebildet, eine gotische mit zierlich gemeißelten Maßwerkfenstern und einem Chor, der den Wald hereinscheinen ließ, als ob die grausteinernen Fensterverstrebungen Zweige wären und die Blätter an ihnen festgewachsen seien. Dazu die Altarbilder, deren Farben sich einfügten wie ein Schmuck.

Von einem Seitenaltar flackerten Flämmlein in runden Näpfchen. Das waren Lichter, wie sie Eugen im Bunker damals im Krieg angezündet hatte, wenn er sich hinsetzte, um ins Notizbuch zu schreiben. Karl sagte: »Jetzt zünden wir wieder für Johann Präg ein Lichtlein an«, und hielt es an die Flamme eines andern. Und Eugen sah aufs Lichterflimmern, in dem nun auch das Flämmlein für den Schäfer brannte.

Sie fuhren weiter und kamen ins Tal, wo am Bahnhof der Ortsname wie in Blaufelden in eine helle Marmortafel eingemeißelt war, ebenfalls in zierlichen Buchstaben. Es war die alte Schrift, und Eugen freute sich, weil so etwas noch da war. Sie rissen's nicht mehr weg, wie man's noch vor zehn Jahren getan hatte; denn jetzt wurde das Alte wiederum geduldet. Dann kamen sie zum langgestreckten Schloss.

Es hatte gemeißelte Fensterumrahmungen in drei hohen Giebeln. Als ob es aus dem Park herausgewachsen wäre, so sah es aus; und überm moosigen Stein des Brunnens glitzerte ein Wasserstrahl am hellen Nachmittag zwischen niederen, sorgfältig beschnittenen Hecken.

Neben einem kiesbelegten Weg standen Bänke. Dort saßen sie im Schatten. Es war heiß geworden, und sie warteten ein wenig, schwiegen auch, und das tat wohl. Die meisten Leute trugen leichte Kleider, eine Seltenheit in diesem kühlen Juni, und Eugen freute sich an der Ferienstimmung hier. Beim Pförtner wählten Mädchen Ansichtspostkarten aus. Dahinter eine kopfsteingepflasterte Straße, wo ein barfüßiger Bub einem Auto gerade noch ausweichen konnte und dabei ein Eis schleckte. (…)

Dann kamen sie ins Dorf, wo Frau Stellwag aufgewachsen war und wohin sich Reiher zurückgezogen haben sollten, aber man sah keinen. Das Dorf lag höher als der Fluss und hatte alte Dächer. Das heimelte Eugen an. Und wenig später fuhren sie wieder durch jenes Dorf, wo das Denkmalschutzamt den Friedhof aufgrub. Karl und Bärbel interessierten sich nicht für Archäologisches und machten erst bei einer Sägmühle halt, wo unter einem Nussbaum Wein ausgeschenkt werden sollte, doch war das Haus verschlossen. Dann kam ein junger Mann und sagte, es sei jemand drin, aber wahrscheinlich schlafe seine Frau. Und eine alte Frau erschien, setzte sich dazu und erzählte von ihrem Sohn. Dessen Frau war aus dem Rheinland und hatte einen Buben in die Ehe mitgebracht. Sie rief zwei Katzen, eine schwarze und eine weiße, jede bei ihrem Namen, und beide folgten ihr aufs Wort. – »Die sind unser Fernsehapparat. Wir mögen das Natürliche«, sagte die Frau. Eugen fügte hinzu, er hätte gerne einen weißen Spitz, und die Frau erzählte, da sei einmal ein Boot die Jagst runtergefahren, und vorne drauf sei ein großer weißer Spitz gesessen: »Das war eine Pracht!« Und Eugen schaute zur Brücke hinüber, die noch ihre alten schiefen Bögen hatte und hineingewachsen war ins Tal.

Abends ging Eugen in die »Post«, aß und trank. Herr Stellwag brachte die Nickelplatte mit dem Spargel herein, setzte sie vor Eugen auf den Tisch und sagte: »In Ordnung.«

Herr Stellwag hatte noch etwas von alter Lebensart, nicht nur, weil er weit herumgekommen war; denn bei ihm entsprachen sich Außen und Innen. Immer war er korrekt gekleidet. Zu einem Grafen sagte er »Erlaucht«, und es klang selbstverständlich, ungespreizt.

Er gehörte hier dazu. In seiner Kindheit hatte das Schloss das Leben im Ort bestimmt. In der Art, wie sich Herr Stellwag gab, war die Kultur einer vergangenen Zeit zu spüren, weil er noch in der Zeit aufgewachsen war, als die Adligen allmählich vor denen hatten zurückweichen müssen, die nach oben gedrängt hatten. Und als Eugen gegessen hatte, setzte sich Herr Stellwag zu ihm und erzählte. Zwischendurch ging er in die Küche und trug erhobenen Kopfes drei Platten mit Essen auf dem Arm. Dies bewunderte Eugen, doch sagte hernach Stellwag: »Man hat's ja g'lernt«, legte eine Hand auf den Tisch und erzählte weiter.

Da gab es doch so viele Schlösser rings im Land: »In denen spukt's natürlich, das ist nichts Besonderes. Das Schloss hinter Braunsbach haben die Amerikaner – wahrscheinlich, weil es abseits liegt – beschlagnahmt und sich darin eingerichtet. – ›Die sind nicht lange drin‹, hat der Baron zu mir gesagt und am anderen Tag nebenbei erwähnt: ›Wir dürfen schon wieder hinein. Der Captain hat in der Badewanne aus der Luft zwei Ohrfeigen bekommen und ist nackt in den Hof gelaufen, hat geschrieen. Ja, so geht's …‹ Der Baron ist das längst gewohnt. Und so grob wie zum Captain ist zu dem natürlich kein Gespenst. Es geht vielleicht mal ein Schatten an ihm vorbei.« Und Stellwag deutete mit einer Handbewegung den vorbeiziehenden Schatten an.

Dann erzählte er von jenem Schloss, das sein junger Besitzer erneuert hatte. Frisch verputzt, mit einem tadellos renovierten Dachstock stand es da, und der neue Besitzer freute sich seines Eigentums. Richtete sich ein mit alten Möbeln, langen weißen Stickereivorhängen, kam aber mit seinen Gespenstern nicht zurecht. Er ertrug sie nicht, obwohl er zuvor gesagt hatte, das ganze Gerede über sie sei Mumpitz. Die polterten und rappelten hinter den Wänden, schlugen um sich, dass es krachte. Weshalb der Herr Baron sein Schloss an einen

Mächtigen aus der Industrie verkaufte, einen Mann vom Rheinland, laut und munter. – »Der sitzt noch drin, aber der ist zwischendurch auch lange weg. Der hat natürlich sonst noch Besitztümer. Ist er aber im Schloss, dann lässt er eine Party nach der andern steigen. Und wenn Sie am Burgtor auf die Klingel drücken, kommt eine junge Dame, die unterm Pelz nichts anhat, und schließt auf. Wissen Sie, bei dem ist soviel Krach, die merken's alle nicht, wenn die Gespenster poltern. Oder die Gespenster haben ihren Spaß an alledem, was der so treibt, und schauen still und schmunzelnd zu.«

Also war der Industriemann selbst ein Poltergeist und übertrumpfte die Gespenster. Doch machten sich die auch lautlos bemerkbar, und dies hatte den Baron heftiger belästigt als ihr Lärm. Stellwag streckte die Hand aus, machte eine nachgiebige Geste, als streichle er eine Mulde in der Luft, und sagte: »... Wenn man zu Bett gehen will und sieht, wie sich eine Mulde ins Kopfkissen drückt, als gebe es unter einem unsichtbaren Kopf nach, das ist halt nicht ganz heimelig. Dem Herrn Baron ist das Grausen gekommen.«

Stellwag schaute über Eugen weg, als sähe er in weite Ferne. Neigte sich dann wieder vor und sagte, solch ein Spuk überrasche ihn eigentlich weniger. – »Aber, wissen Sie, meine Martha und ich, wir waren damals beim Herrn Patzek, dem Maler und Designer, eingeladen. Der hat das Schloss Wildeck gekauft, und die Frau Uhl wohnt nahebei im Jägerhaus. Herr Patzek ist ein Hüne«, und Stellwag schaute an die Decke. »Also, wir sind bei dem Maler eingeladen, und es gibt ein herrliches Büffet mit Delikatessen: Sie hätten gestaunt ... Frau Uhl war auch dabei. Aber wie ich da zugreifen will – Kaviar natürlich –, schau ich an die Wand. Und dort hängt ein Bild: ganz genau gemalt, ein großes Kunstwerk, wie Herr Patzek glaubt, das aber nicht von ihm ist. Und darauf war nichts anderes zu sehen als ein Daumen, abgeschnitten mit dem Rasiermesser, und Sie sehen ganz genau den Knochen und das Fleisch im Querschnitt … Ich konnte nichts mehr essen. Meine Martha aber sagte: ›Guck doch weg und lass dir's schmecken!‹ Sie, ich musste geschwind an die Luft.«

Eugen konnte sich alles vorstellen, was Stellwag schilderte. Es schien ihm so, als ob manches hinter Stellwags Worten läge, was man lieber schlummern ließ, als es durch Fragen aufzuwecken. Jedenfalls mochte Herr Patzek eine originelle Figur sein. Und dass zum Geburtstag des Fürsten sogar Lady Mountbatton und englische Prinzen in Stellwags »Post« getafelt hatten, das gab er abends am Stammtisch zum besten. Erzählte auch gern von jenem Chauffeur, der im langen weißen Mantel bei ihm erschienen war und für seinen Herrn im Gasthof nach einem Zimmer gefragt hatte. Als Stellwag von ihm hatte wissen wollen, wer denn sein Herr sei, hörte er: »Der König von Dänemark.« Ferner jene feine Dame, die an der Theke gefragt hatte, ob der Herr Posthalter einen Safe habe, um ihren Schmuck aufzubewahren. Nein, das gab's hier nicht, aber Stellwag nahm trotzdem die Kassette in Verwahrung und ließ seine Frau wissen: »Martha, die legen wir heut nacht unter unsere Betten.«

Die Schillingsfürster Igelstupfer

1894 wurde der greise Fürst Chlodwig zu Hohenlohe-
Schillingsfürst Reichskanzler. Ein Berichterstatter des sozial-
demokratischen »Vorwärts« hat damals auf der Frankenhöhe
recherchiert.

Der Igel, Sau-Igel, bildet die wesentlichste Fleischnahrung
der armen Hausindustriellen dort, wo Deutschlands Kanzler sein Stammschloss hat! Stupfelpossert – ah, welch ein
Leckerbissen für die Ärmsten der Armen! Mit dem Hund
zur Seite und einem Sack über den Rücken, so ziehen die
Schillingsfürster hinaus in die Wälder, um dem stachligen
Igel aufzulauern, wenn er zur verschwiegenen Nachtzeit
den Bau verlässt und dem Fang nachgeht. Hat er sich, den
Angriffen des bissigen Köters zu wehren, in eine Kugel zu-
sammengerollt, dann wird er hurtig in den Sack gesteckt, ein
Festbraten für seinen Fänger. In der Nähe von Schillingsfürst
gibt es nur noch wenige Igel. Der unaufhörliche Hunger der
Korbmacher wurde ihr Verderben. Gehen die Jäger viele
Stunden weit bis über Ansbach hinaus, so kehren sie oft mit
20 oder mehr Stück von einem einzigen Ausflug zurück. Über
vierhundert Igel hat ein einziger Fänger schon in einem Jahre
heimgebracht; was er nicht selbst verzehren konnte, wurde
verschenkt oder verkauft; das Stück gibt etwa 60 Pfennig.
Aufs Schloss ist keiner davon verkauft worden!

Joschka Fischer

Die neue Ess-Klasse

»Was du tust, das tue besonnen!« Dieser Satz steht auf der ersten Seite des Rezeptbuches des Konditors Wibel, dem wir die Langenburger Wibele (...) verdanken. Es dürfte wohl übertrieben sein zu behaupten, der Genuss von Wibele habe in meiner Kindheit dazu geführt, dass sich der Leitspruch des über 200 Jahre alten Rezeptes – zumal mit einer gewissen Verzögerung – in mir entfaltete. Doch Rezzo Schlauchs Vater ist zuzustimmen, wenn er schreibt: »Sie könnten in Wien erfunden und in Paris hergestellt sein, soviel Charme und Esprit haben sie als Backwerk.« Jedenfalls könnten sie dazu beigetragen haben, dass ich Genuss und Qualität frühzeitig schätzen lernte.

Ich erinnere mich gern an meine Langenburger Zeit, auch wenn sie nur sechs Jahre dauerte. Zum Beispiel war es so, dass wir als Kinder von Langenburg mit dem Schlitten runter ins Tal nach Bächlingen fahren konnten. Die Bächlinger behaupteten immer, dass es ihre Bahn sei – wir Langenburger sagten, die Bahn gehöre dem, bei dem sie anfängt, und nicht, bei wem sie endet. (...)

Wenn ich an meine Kindheit zurückdenke (...), dann kommt mir vor allem ein Bild vor Augen: Heutzutage dauert es um die 30 Tage, bis ein Gockel auf dem Teller landet. Früher waren es 3 Monate, die der Geiiger – wie es in Hohenlohe hieß – auf dem Bauernhof umherlief. Im Ergebnis war er dann aber auch so groß, dass eine fünfköpfige Familie

174

davon satt werden konnte. Heute indes hat die technisierte Produktion von Ernährungsgütern so zugenommen, dass Geschmack, Qualität, Gesundheit und übrigens auch der direkte Kontakt der Konsumenten zur Landwirtschaft verloren gegangen sind. (…)

Die Botschaft ist so banal wie wahr: Ökologischer Landbau belastet die Umwelt weniger als konventioneller Landbau, und wer den Anteil tierischer Lebensmittel reduziert, tut etwas für die Umwelt. Wer schließlich regionale und saisonale Produkte bevorzugt, sorgt für einen verminderten Energie- und Rohstoffverbrauch und hat mehr Spaß am Essen. (…) So verstanden bringt uns »die neue Ess-Klasse« den Geschmack des Essens wieder näher.

Manfred Kurz und Rezzo Schlauch

Der Duft der großen weiten Welt

Hohenlohe ist historisch und kulturell ein reicher Landstrich, mit einer langen, bis in die Gegenwart hineinreichenden bäuerlichen Tradition in der Erzeugung hochwertiger tierischer und pflanzlicher Nahrungsmittel, die den Grundstock dafür bildet, dass Essen nicht auf den Akt der Nahrungsaufnahme beschränkt bleibt, sondern Teil der Kultur, Teil der unverwechselbaren Identität der Region und wichtiger Teil der Lebensqualität ist.

Hohenlohe birgt eine Fülle von Geschichte und Geschichten, von Kunst und Kultur, Märchen und Legenden. Die Spanne reicht vom mehr als 3.000 Jahre alten Ringwall der Bronzezeit bei Aschhausen bis zu den beiden Museen für moderne Kunst der Firma Würth: dem Museum in Künzelsau und der Kunsthalle in Schwäbisch Hall. Dazwischen finden wir keltische Siedlungsreste, den Limes, die Grenze des römischen Imperiums, der diesen Landstrich auf einer Länge von achtzig Kilometern schnurgerade durchzog, gesäumt von Kastellen und Wachtürmen, deren Reste noch sichtbar sind. In Unterregenbach im Jagsttal stand zur Zeit der salischen Kaiser eine vierzig Meter lange, dreischiffige Basilika, als das »Geheimnis von Unterregenbach« bezeichnet, da die Hintergründe ihrer Baugeschichte noch immer nicht zur Gänze erforscht sind. In stillen Seitentälern sind, oft legendenumwoben, Burgruinen verborgen, die bestenfalls den Bewohnern der Umgebung und dem Landesdenkmalamt bekannt sind.

Viel gäbe es zu erzählen, Geschichte und Geschichten, oder
»Gschichtlich«, wie es im Hohenloher Dialekt, einer Spielart
des Fränkischen, heißt. Über einen Grafen von Hohenlohe,
der Minnesänger, und über einen Fürsten, der ein bekannter
Alchemist war. Über den Kupferzeller Pfarrer Mayer, der
die Hohenloher Landwirtschaft revolutionierte, und über
die Philosophen Weber und Schlözer, in ihrer Zeit in ganz
Deutschland viel gelesene und geachtete Gelehrte. Der junge Beethoven wäre zu erwähnen, der mit der Hofkapelle
in Mergentheim bratschte, und Johann Heinrich Bach, ein
Neffe des großen Bach, der dreißig Jahre lang Stiftskantor in
Öhringen war; nicht zu vergessen der Pavillon im Schloss-
garten zu Bartenstein, wo Mozarts Zauberflöte erstmals in
Deutschland aufgeführt wurde. Auch Goethes Hohenloher
Vorfahren mütterlicherseits wären ein interessantes Kapitel.

Wir haben den Ehrgeiz, (…) mehr Menschen für die Zusammenhänge zwischen dem Geschmack des Essens und
den damit verbundenen Erfahrungen vieler Generationen
sensibel zu machen. Wir meinen, dass das Geheimnis guter
Gerichte oftmals im Zusammenspiel von Kreativität und dem
Rückgriff auf Erfahrungen liegt. Gutes entsteht nicht, wenn
man immer alles neu erfinden will, sondern wenn man den
Mut hat, sich zu Bewährtem zu bekennen und notwendige
Erneuerungen trotzdem durchzusetzen. (…)

Es muss nicht gleich so weit kommen wie im 19. Jahrhundert, dass das in der Region gezüchtete Bœuf de Hohenlohe
zum Markenzeichen der Feinschmeckerküche von Straßburg
und Paris wird.

Aber alle Akteure, Bauern, Metzger und Bäcker, Köche
und qualitätsbewusste Esser und Genießer sollten den Ehrgeiz haben, das WAS und WIE in Hohenlohe produziert,
verarbeitet und hier und anderswo gekocht wird, zum Aus-

hängeschild dieser Region zu machen, so wie es schon mit der Wiedererweckung und erfolgreichen Vermarktung des echten schwäbisch-hällischen Landschweines geglückt ist. (…)

Der Duft der großen weiten Welt – und das ist ein Widerspruch, der Sinn macht – verflüchtigt sich. Im Zeitalter der Globalisierung sind (wieder) der Geschmack und der Charakter der Region gefragt, und davon, glauben wir, hat Hohenlohe einiges zu bieten! Es ist der Reiz des nicht kopierbaren Terroirs, der uns antreibt und dessen Eigenständigkeit herauszustellen uns am Herzen liegt. Es ist der Boden, auf dem wir stehen und von dessen Früchten wir uns nähren, der bioenergetisch und bewusstseinsbildend mehr Einfluss auf uns nimmt, als es uns oftmals im Alltag gewahr wird. Es ist auch die Region, die uns in Wirklichkeit nie aus ihrer Bindung entlässt.

Oliver Storz

»Zu laut, viel zu laut«

Kein Foto von damals zeigt, wie im Sommer der Wind von
den Löwensteiner Bergen durch die Wiesen lief, in den Mühl-
hügeln Druck verlor und nur als ein Hauch hinunterfand
zum See. Dann rauschte am Westufer übertrieben das Schilf
auf, die Wasserfläche fröstelte in feiner Riffelung, doch schon
die Eichen in der Ostbucht machten kein Aufhebens mehr.
Dennoch war diese Luftbewegung an manchen Nachmittagen
das lauteste Geräusch im Ramsbacher Winkel.

Das Ausflugslokal »Zum Seewirt« stand noch nicht. Keine
Autobahn stieß vom Neckartal her ostwärts zur Jagst. Die
Ortschaften im Hohenlohischen lagen weit auseinander mit
viel Stille dazwischen. Kam ein Fremder, verständigten sich
die Hofhunde dörferweit. Wer über Land wollte, musste zu
Fuß gehen. Fahrradbesitzer wurden beneidet. Einmal am Tag
kam der Bus aus Solstett, stand zum Verladen der Post vor
dem Seiteneingang des Gasthofs »Zum Schwanen«, wo sich
hinter zwei niederen Fenstern die Posthalterei befand. Der
rote Kasten wartete meist mit laufendem Motor, denn wenig
kam herein, noch weniger ging hinaus. Dann umrundete er
unvermutet elegant die Linden mit dem fast zugewachse-
nen Denkmal für die Ramsbacher Gefallenen von 1914 bis
'18 und fuhr wieder zurück in die Kreisstadt. Ramsbach
war Endstation damals. Es ging dort nichts mehr weiter. Im
frühen Mai wurde der Mühlsee badewarm. Kochte der Juli
über in den August, schufteten Frauen und Gefangene in

den Kornfeldern. Irgendwo war Krieg. Es fehlten Männer und Maschinen. Mit Sensen wurde gemäht, mit Ochsen eingefahren. So zog sich die Ernte hin. Hoch fliegende Bomberverbände aus Westen in Richtung Nürnberg, Würzburg, Schweinfurt störten nicht.

Vom Mai an im vierten Kriegsjahr kam die Gegend zu Ehren und wurde demgemäß lauter. Im Fliegerhorst Windischried, seit Kriegsbeginn still geworden wegen Verlegung des Geschwaders nach Osten, Westen, dann wieder Osten, wurde ein neuer Jägertyp zur Erprobung stationiert, ein Produkt des Hauses Messerschmitt, ein Wunschkind des dicken Reichsmarschalls und seiner Generale, das Wunder tun sollte im deutschen Luftraum, den der Feind nun auch am hellen Tage mit großen Verbänden überquerte. Es war die Me 262, es war der erste Turbinenjäger der Welt. Der stürzte jetzt probehalber als ein grauer Raubfisch durch den Himmel und war nie dort, wo man hinsah, wenn man ihn hörte, sondern immer schon ein Stück weiter. Noch war er nicht schneller als der Schall, doch schneller allemal als Hohenloher Bauernohren. Man staunte immer wieder. Hatte man ihn lange unsichtbar in der Ferne rumoren hören, als langweile er sich irgendwo westlich über den Nestern um Öhringen, so hatte sich sein Pfeilschatten doch schon in der Stille angeschlichen und zog erst ganz in der Nähe mit zwei heulenden Triebwerken einen Doppelschnitt in die Luft, der noch offen stand, wenn der Graufisch schon wieder hinterm Horizont war. Der rückständigen Landschaft war die Me 262 jetzt schon ein Wunder und raste über uns als Botschaft einer Zeit, die da aus der Zukunft unterwegs war zu uns, aber noch nicht eingetroffen. Manchen schien sie am deutlichsten vorangekündigt in der Bugbemalung des Flugkörpers: Es war ein Drachenmaul.

Auch von ihm gibt es kein Foto. Keines von privater Hand. Niemand von uns hat es je fotografiert. Das Maul in der Luft war zu schnell, auf dem Boden zu geheim. Man hätte es lange beschleichen, ihm lange auflauern müssen, um ein Bild zu machen. So viel Film hatte im Ramsbacher Winkel im vierten Kriegsjahr keiner übrig außer dem Apotheker Abel, der in Friedenszeiten auch den regionalen Fotohandel betrieben hatte und noch über einen schönen Agfabestand verfügte. Doch war die Me 262 dem Apotheker kein Bild wert. Biber, Fischreiher, sogar Kreuzottern beschlich er, ja, es war ihm eine ganze Bildserie vom seltenen Wespenbussard gelungen, was kaum zu glauben schien, denn der Apotheker war stark kurzsichtig und betrachtete die Welt durch ungeheuerliche Gläser, hinter denen seine Augen blass und winzig waren, und in welchem Verhältnis das von ihnen Gesehene zu dem stand, was sie übersahen, wusste niemand. Sicher war hingegen, dass sein Gehör außerordentlich fein entwickelt war, und dies zu seinem Kummer, denn es wurde ihm leicht alles zu laut. Auch die politischen Zeitläufte beurteilte er vorzugsweise am Maßstab ihrer Geräuscherzeugung, und da war ihm die Entwicklung seit Januar 1933 ein Gräuel. »Zu laut«, sagte er, »viel zu laut.«

Dies galt auch für den Wunderjäger. Raste die Maschine so tief über die Ortschaft, dass dem Apotheker die Glasschränke in der Offizin schepperten, blickte er von der Kundschaft weg gen Himmel und sagte unhörbar, aber lippenleserlich: »Zu laut – wie alles, was sie machen.« Die Me 262 war ihm kein lichtbildnerisch würdiges Objekt, wohl aber zu manch düsteren Gedanken Anlass. Im »Schwanen«, wo er unregelmäßig erschien, aber zuverlässig erst nach dem Aufbruch des Ortsgruppenleiters Schöberle, äußerte er mehrfach, der Feind habe gewiss auch einen Geheimdienst und wisse längst

Bescheid, und er an Feindesstelle würde abwarten und ruhig zuschauen, wie die Maschine unter enormem Treibstoff-, Material- und Personalaufwand erprobt und ihrer Einsatzfähigkeit entgegengetrieben werde, dann aber, kurz vor der Vollendung, würde er, der Apotheker, an Churchills Stelle, mit einer ganzen Luftarmada herüberfliegen und alles zusammenschmeißen, den ganzen Winkel, ja, das ganze Hohenloher Land sicherheitshalber gleich mit dazu, das sei doch eine naheliegende Idee, und woher nehme man das Recht, den Churchill für dümmer zu halten als den Apotheker von Ramsbach? Solche Gedanken zu später Stunde, wenn der Schwanenwirt noch eine Flasche vom Gnadentaler hertat, wollten den Männern nicht abwegig erscheinen, doch wandte der langsame und logische Forstmeister Schlatter dann ein, das bedeute ja, rein theoretisch natürlich, dass der Hitler dümmer sei als der Churchill, genaugenommen sogar dümmer als der Apotheker von Ramsbach. Da hob der, als sei ihm dies nicht neu, die Arme vom Tisch mit nach oben gekehrten Händen und sagte: »Ja no ...«

Jürgen Bertram

Das Drama von Brettheim

10. April, früher Abend. Vor dem Brettheimer Friedhof trifft eine Gruppe von Hitlerjungen ein. Der SS-Mann Friedrich Gottschalk hat sie zu diesem Ausflug ausdrücklich ermuntert. Unter der Aufsicht eines Untersturmführers tragen sie aus der Nachbarschaft Tische, Stühle und Kisten zusammen. Sie befestigen Kabel an den Ästen der etwa 200 Jahre alten Linden, setzen sich, als sie ihre Arbeit getan haben, auf die Friedhofsmauer und spielen auf einer Ziehharmonika lustige Lieder. Nun traut sich in dem Dorf niemand mehr, ihnen Einhalt zu gebieten.

Immerhin fragt die ganz in der Nähe wohnende Frau des geflohenen Gemeindedieners Friedrich Uhl einen der Jungen: »Zu was wollt ihr denn eigentlich die Tische und die Kisten benutzen?«

»Ha, zum Leute aufhängen!«

»Was wollt ihr, Leute aufhängen? Ha, da geht ihr doch wenigstens raus in den Wald und nicht da bei uns.«

»Hajo, die kommen an eure Linden hin.«

»Ha, das leiden wir doch nicht, da geh ich erst noch zum Bürgermeister!«

»Ha, wenn Sie etwas dagegen haben, dann nehmen wir Sie auch gleich mit, dann kommen Sie auch gleich hin.«

Wilhelmine Uhl weiß in diesem Moment noch nicht, dass ihr eigener Mann, würde man seiner habhaft werden, der vierte Todeskandidat wäre. Auch über ihn hat man in Schillingsfürst in Abwesenheit die Höchststrafe verhängt. »Wer ihm Unterschlupf und Hilfe gewährt«, heißt es in dem Urteil, »wird ebenfalls mit dem Tode bestraft.«

Hanselmann, Gackstatter und Wolfmeyer werden im offenen Wagen von Schillingsfürst in Richtung Brettheim transportiert – vorbei an dem Obelisken, der an die Gefallenen des deutsch-französischen Krieges von 1870/71 erinnert. Unter ihren Namen wird in güldenen Buchstaben die Erfüllung der patriotischen Pflicht angemahnt: »Ans Vaterland, ans theure, schließ' Dich an! Das halte fest in Deinem Herzen.«

Wo die mit Kopfstein gepflasterte Strecke in der Mitte von Schillingsfürst in die »Romantische Straße mündet, beobachtet der Wirt des Hotels »Die Post« die Kolonne. Friedrich Haag, kein Freund der Nazis und daher auch nicht Mitglied ihrer Partei, ist entsetzt. »Ich habe eine böse Ahnung«, sagt er zu seiner Familie. »Da passiert was Schlimmes.«

Während eines kurzen Stopps schreibt der Familienvater Leonhard Wolfmeyer einen zweiten Brief an seine Frau:

M. lb. Lore! Nun mein letztes Wort: Weil ich Sonntagnacht nicht hart genug war u. nicht unterschrieb, darum muss ich sterben. Werde Du nun auch nicht weich. Geh zum Schulrat, dass du wenigstens eine Rente bekommst. Sorge f. uns. Lb. Kinder, f. d. kleinste im Mutterleib. Grüße und Küsse alle. Küsse s. 100-mal und denkt in großer Liebe an mich. Hoffentl. zerbricht Mutter in Blauf. nicht. Allen innige herzliche Grüße. Ich möchte Dich noch einmal sehen. In großer Liebe bin ich bis zuletzt Dein Leonhard.

Als die Kolonne Brettheim erreicht, spielen die beiden jüngeren Kinder des Bauern Friedrich Hanselmann gerade vor dem Haus. Ihr Vater grüßt sie aus dem vorbeifahrenden Auto. Der zwölfjährige Sohn Ernst glaubt, dass der Vater endlich nach Hause zurückkehrt. »Mama«, meldet er freudig seiner Mutter, »der Papa ist wieder da, er hat uns g'rad zugewinkt.«

Die Rückkehr des Papas nach Brettheim endet am Friedhof. Er ist der erste der drei Todeskandidaten, den der Sturmbannführer Friedrich Gottschalk noch einmal formgerecht mit dem Urteil konfrontiert: »Tod durch Erhängen.«

Zuvor hat Gottschalk, wie er nach dem Krieg zu Protokoll geben wird, selbst große Ängste ausgestanden. »Ich gab den Befehl, das ›Unternehmen‹ zu sichern, damit es kein Durcheinander gebe. Ich sagte: ›Hoffentlich läuft alles reibungslos ab.‹ Die Kraftwagenkolonne mit den Delinquenten verspätete sich. Das passte mit meinem Zeitplan nicht überein. Ich wurde nervös, weil ich warten musste, und stärkte mich mit Cognac.«

Ordnung muss sein! – Es ist das oberste Gebot des Untertanen und Technokraten, das die Haltung des Offiziers selbst in dieser schwarzen Stunde bestimmt. Artikuliert sich hier eine Eigenschaft, für die Deutsche damals besonders anfällig sind und ohne die auch der reibungslose Ablauf in den Todesfabriken der Konzentrationslager nicht zu erklären wäre?

Der Lehrer Wolfmeyer nutzt die Prozedur vor dem Friedhof zu weiteren Botschaften an seine Frau. Nachdem er seinen während des Transports geschriebenen Brief schon mit einer Grußformel abgeschlossen hat, besinnt er sich noch einmal seiner patriarchalischen Fürsorgepflicht. Dieser gedankliche Kraftakt im Angesicht des Todes verdeutlicht, wie tief dieses Denken in der bäuerlichen Gesellschaft Hohenlohes verankert ist. Der Lehrer schreibt:

Im Gefängnis habe ich noch die 300 Mark, die ich zuletzt bei Röhler holte. Du wirst nun jeden Pfennig brauchen. Ferner ist dort meine Pistole. Denke an das Geld bei der Beamtenbank. Es wurde gleichmäßig überwiesen bis zur Aufhebung der Bank. Ist also bedeutend mehr als im Buche steht. Ferner denke an die Lebensversicherung. Dann an die Töchterversicherung für Helga.

Der alkoholisierte SS-Mann Gottschalk befiehlt gegen 20 Uhr: »Wir schreiten jetzt zur Vollstreckung.« Der Hauptlehrer Wolfmeyer greift im letzten Moment seines Lebens nochmals zu seinem Block:

Ach ich danke euch nochmals. Am Körper habe ich noch meinen Brustbeutel. Und nun zum letzten Lebewohl. Noch kann ich's n-

Weiter kommt er nicht. Die Frau des geflüchteten Gemeindedieners Uhl, die das Geschehen aus ihrer Wohnung überblicken kann, schließt die Fensterläden.

Leonhard Wolfmeyer wendet sich an den Major Ernst Otto, der zum Exekutions-Kommando gehört. »Herr Major«, fleht er, »ich habe fünf Kinder, wenn Sie jetzt meine Frau sehen würden, dann würden Sie Gnade walten lassen.« SS-Sturmbannführer Gottschalk kommandiert: »Ausführen!«

Gottlob Haag

Kriegerdenkmal

ein Treffpunkt
für Hunde

alle
hier von Stapel
gelassenen Reden
haben kurze Beine

zu gerne
wird die Angst
als Heldenmutter
unterschlagen

um die Würde
der Toten zu wahren
wird gebeten
ehrlich zu sein

Ottmar Heinrich Schönhuth

Die eiserne Hand

Viellieber Leser!

Wohl magst du dich noch erinnern, wie im Kalender vom vor-
letzten Jahr (1842) von einem Freund und Bundesgenossen
des unglücklichen Herzog Ulrichs, von Götz von Berlichingen, dem Ritter mit der eisernen Hand und dem eisernen Sinn,
erzählt wurde, dass er so ritterlich die Grenzveste Möckmühl
verteidigte, bis seine Feinde die Maus selbst aus der Falle hol-
ten. (...) Damit aber auch der geneigte Leser erfahre, wie die
eiserne Hand beschaffen gewesen, von welcher der ritterliche
Mann seinen Beinamen führte, so will ich eine genaue Beschreibung derselben hier beisetzen, da ich sie selbst oftmals
gesehen und mit Fleiß betrachtet habe.

Götzens eiserne Hand, die sich in dem Archiv zu Jagsthausen befindet, ist hohl und einem Panzerhandschuhe nicht un-
ähnlich, nur dass die sonst gewöhnlichen Panzerhandschuhe
nicht ganz von Eisen, sondern von Leder, und nur auf der
Außenseite mit Eisen, wie mit Schuppen, belegt sind. Auch
schließt sich an Götzens Hand noch ein Teil vom Arm an.
Jedes Fingergelenk besteht für sich und hat eine Feder, durch
die es auf- und zuspringt. Die sehr verschiedenen Federn
werden durch einen Knopf an der linken Seite, der sich mit
einiger Anstrengung einwärts drücken lässt, und von selbst
wieder in seine Lage zurücktritt, festgehalten. Man kann jeden
Finger einzeln und so wenig als man will, und am Finger jedes
Gelenk wieder einzeln, und ebenso bis zur Faustkrümmung

biegen; das gebogene Gelenk, oder der gekrümmte Finger, so wie die ganze Hand, behalten die ihnen willkürlich gegebene Richtung und keine gewöhnliche Kraft vermag sie aus dieser zu bringen; wird aber der größere Knopf an der linken Seite niedergedrückt, so springen im Nu alle Finger, oder wenn nur einer gebogen war, der einzelne in die vorige Lage der untätigen Hand zurück. Jede noch so einzelne Biegung eines Gelenkes verursacht ein lautes Knacken, wie wenn der Hahn einer Flinte aufgezogen wird, und dies vervielfältigt sich bei größeren Biegungen auf eine angenehme Weise. Wird aber die Krümmung durch den Druck am Knopfe wieder aufgehoben, so entsteht ein starker erschütternder Laut, wie wenn man am Gewehre die Batterie vorführt, und die Gewerbe haben auch solche stufenweise Einschnitte und Erhöhungen, wie wir sie an der Nuss am Flintenschlosse bemerken. Um den Daumen, wenn er gebogen worden, wieder in gerade Richtung zu bringen, wird ein etwas kleinerer Knopf an der linken Seite niedergedrückt und sogleich springt er empor. – Es ist diese Hand jedenfalls ein Meisterstück in ihrer Art, und wurde nach Götzens eigenem Plane und Entwurfe verfertigt. Leider wurde in neuerer Zeit dieses schöne Kunststück in etwas verdorben. Ein gewisser Herr von Mechel, der durch eine Beschreibung dieser eisernen Hand ein so gutes Geschäft machte, dass er vermittelst der eisernen leicht eine güldene Hand machen lassen konnte, zerlegte dieses schöne Werk, um zu sehen, wie es auch inwendig beschaffen wäre. Aber er war nicht so geschickt, die Hand wieder gehörig zusammen-zubringen. Ein Finger der Hand wurde steif und ist es bis auf den heutigen Tag so geblieben: Er ist für die Neugierigen aufgehoben, die sich nicht mit dem Anschauen des Äußern begnügen, sondern überall auch ins innere Räderwerk gucken wollen.

Herbert Schöffler

Der Urgötz

Auf allen meinen Fahrten bin ich nirgend so grob angefasst worden wie wenige Kilometer vor Berlichingen. Wir hatten uns verfahren und waren schon einige Male aus dem Jagsttal ins Kochertal geraten und vice versa, und ein mitfahrender spottlustiger Freund fing an, uns mit variiertem Volkslied singend zu necken: Bald jagscht du am Kocher, bald kochscht du an der Jagscht …

Da überholten wir einen vom Felde heimfahrenden Bauern, hielten neben ihm und fragten, vom Conti-Atlas aufblickend, nach dem Weg nach Berlichingen. Grob kam es: »Die Herre hawe ja Karte«, er sah uns böse an, wir schauten verdutzt drein, und er fuhr weiter. Lebte also der Urgötz noch …

Max Eyth

Aus der Kinderzeit

Die Zöglinge zu Schöntal sind die heranwachsenden Geistlichen Württembergs. Lange ehe ich alt genug war, in das
Seminar einzutreten, lag es schon aus diesem Grunde in dem
Plan meiner Erziehung, dass ich den Weg beschreiten sollte, den Vater und Großvater gegangen waren und den jede
fromme Mutter ihrem Erstlinge wünscht. Die Wahl zwischen
Theologie und Philologie stand mir frei. Ich wusste es selbst
nicht anders, so sauer es mir fiel, die anfänglich so trockene
und steinichte Straße des klassischen Wissens emporzuklet-
tern. Bei diesem Punkte wird mir das Stillschweigen fast zur
angenehmen Pflicht.

Wie alles anders kam, als es die treue Fürsorge meiner Eltern
geplant hatte, gehört zu den Geheimnissen von Natur und
Leben, die noch kein Forscher zu ergründen vermochte. (…)

Ein schmaler, waldiger Bergrücken trennt bei Schöntal das
Jagst- vom Kochertal. Das nächste am Kocher gelegene Dörfchen ist Ernsbach, wo seit alter Zeit, von der Wasserkraft des
kleinen Flusses getrieben, ein Eisenhammer in Tätigkeit ist:
die einzige Spur industriellen Lebens, die weit und breit in
jener von allem Verkehr abgeschnittenen Gegend anzutreffen
war. Ich mochte neun Jahre zählen, als ich meinen Vater bei
einem Besuch des Besitzers jenes bescheidenen Hammer-
werks begleiten durfte und mit weitaufgerissenen Augen die
Wunder anstarrte, die mir dort zum ersten Mal entgegentra-
ten. Der dickköpfige, eifrige Hammer, das sprühende Eisen,

das geheimnisvolle, keuchende Zylindergebläse, das ganze Leben und Lärmen in der schwarzen Werkstätte erfüllte mich mit einem wunderlichen Gemisch von Schauder und Entzücken. Ich wusste nicht, was ich mit den wirren Gedanken in meinem kleinen Kopf und mit dem mächtigen, tatendurstigen Gefühl in meinem kleinen Herzen anfangen sollte und ging an der Seite meines Vaters, dem ich nicht erklären konnte, was ich selbst nicht verstand, schweigend durch den Wald, den wir auf unserm Heimweg zu durchqueren hatten. Er dachte wohl, dass dieser Besuch nicht wiederholt werden dürfe, denn beim Konstruieren von Cornelius Nepos am folgenden Morgen war ich vernagelter – dies war der übliche Kunstausdruck – als je.

Ich allerdings dachte anders. Vierzehn Tage später folgte auf eine hässliche Regenwoche an einem Sonnabend der erste sonnige Frühlingsnachmittag. Diese Nachmittage waren gewöhnlich den Vorbereitungen auf die Lektionen der kommenden Woche gewidmet. Mein guter, für meine körperliche und geistige Entwicklung stets besorgter Vater riet mir, den Cornelius Nepos mit in den Wald zu nehmen und dort, das Angenehme mit dem Nützlichen verbindend, die auf Seite 28 bis 33 unterstrichenen Wörter meinem Gedächtnis einzuprägen. Ich gehorchte mit verdächtiger Bereitwilligkeit, legte den Nepos unter einen mir wohlbekannten flachen Stein am Waldsaum, wo ihm nichts geschehen konnte, und lief gebückt, wie ein von Hunden gehetztes Rehböcklein, durch das Dickicht den Berg hinan. Es verfolgte mich niemand als das böse Gewissen, und selbst dieses gab die Verfolgung auf, als ich am oberen Bergrande aus dem Gebüsch trat und nun behaglich über Wiesen und Felder schlenderte, ja sogar gelegentlich stillstand, um die schmetternden Lerchen im Blau des Himmels zu suchen. Dann ging's wieder durch den Wald, fast eine Stunde lang. Den Weg hatte ich mir genau gemerkt und zögerte keinen Augenblick, wenn mir auch in einer Schlucht, wo der zum Versinken schmutzige Pfad einen rauschenden Bach kreuzte, etwas bange wurde. Der Wald war doch länger, wenn man allein ging, als ich mir in meinem Eifer vorgestellt hatte. Ich rannte zuletzt wieder, aus Besorgnis, das Ende nie zu erreichen. Doch endlich und plötzlich wurde es helle. Ich stand am Rand der mit schlechtgepflegten Weinreben bepflanzten, steil abfallenden Berghalde des Kochertals und dort unten, im Grün fast begraben, lag das Ziel meiner kindlichen Sehnsucht.

Ein liebliches Bild: das Dörfchen mit den braunen Dächern an dem kleinen, da und dort aufblitzenden Flüsschen, die schmale Talsohle in frischem Wiesengrün, jenseits die schroff ansteigenden Hügel, bedeckt von waldumkränzten Feldern, darüber am Horizont die blauen Langenburger Berge, aus unbekannter sonniger Ferne herüberwinkend. In der ganzen idyllischen Landschaft fesselte mich jedoch nichts als dort unten, am Ende des Dorfs, ein trüber, braungrauer Fleck – schmutzig hätten ihn andere wohl genannt –, hinter dem einige größere Gebäude kaum zu erkennen waren. Es war Rauch, der schwer und dick aus zwei plumpen kurzen Schornsteinen quoll, der Rauch meiner Hammerschmiede.

Ringsum lag alles in nachmittäglicher Stille. Man hörte die Grillen zirpen, und zwei Pfauenaugen tanzten am nächsten Steinriegel auf und ab, ohne mich zu reizen. Ich legte mich hinter einem Dornbusch auf die Lauer, ja ich drückte das Ohr kunstgerecht auf den Boden, wie ich's aus Indianergeschichten gelernt hatte. Doch blieb dieses Verfahren ohne Erfolg.

Plötzlich aber pochte es unten im Tal laut genug: »Tapp, tapp, tapp, tapp«, hastig, dumpf, zwei Minuten lang. Wie mich's rief und lockte! – Dann kam eine lange Pause, als ob mein Freund auf Antwort wartete. Hätte er hören können, wie mein kleines

Herz klopfte, der gutmütige, trutzige, dickköpfige Hammer! – Jetzt rief er wieder: »Tapp, tapp, tapp, tapp!« Diesmal nur kurz, wie wenn er vorhin etwas vergessen hätte. – Darauf folgte eine schier endlose Stille. War er mit allem fertig? Hatte er mir nichts mehr zu sagen, der arbeitslustige Geselle? – O nein; es ging wieder los: fünf ganze Minuten lang, als könnte er nicht mehr aufhören, wie toll vor Eifer: »Tapp, tapp, tapp!«

Er dachte wohl gar nicht mehr an mich; er war zu sehr beschäftigt! – Das war ein andres Schaffen, als wenn ich Wörtchen aus dem Cornelius Nepos klaubte, um sie wieder zusammenzusetzen wie in einem Geduldspiel. – Tapp, tapp, tapp! – Ein wenig einförmig, ja! Aber das Feuer, mit dem der brave Hammer draufklopfte, und das Wasserrad und das Zahngetrieb, die ihm halfen! – Wie der rote Eisenklumpen sich dabei dehnen und strecken mochte! Das konnte ich allerdings nur vermuten, aber ich sah es so deutlich wie den Hammerkopf, der vor Eifer so rot wurde wie das spritzende Eisen selbst. – Jetzt wird der runde Klotz viereckig, und der viereckige länger und länger: Er wird schon eine Stange, die man zu allem brauchen kann, was das Herz begehrt – zu einer Wagenachse, zu einem Blitzableiter, wer weiß zu was noch! – Das fühlte das Hämmerchen wohl; kein Wunder, es war so eifrig. Wüsste ich, zu was man den Cornelius Nepos brauchen kann, wer weiß, ob ich nicht ebenso eifrig wäre! Aber das konnte ja kein Mensch wissen! – »Tapp, tapp!«, rief ich laut dem Hammer in seiner eigenen Sprache zu. Sie war so viel leichter und lustiger zu erlernen als die des Nepos. (…)

»Tapp, tapp, tapp«, äffte eine raue, höhnische Stimme über mir, und eine schwere Hand legte sich auf meine Schulter. »Was der Kuckuck treibst denn du da, Bub'! Woher bist du? Wem gehörst du? Rede gestanden! Mit tapp tapp ist bei mir nichts zu machen.«

Ich war ein kleines erschrockenes Bürschchen von kaum neun Jahren, verschmiert und verspritzt bis über die Ohren, denn in den aufgefahrenen Waldwegen hatte das Wasser fußtief gestanden. Zitternd sah ich an einem »Landjäger« hinauf, der seinen fürchterlichen Schnurrbart drehte und das Gewehr klirrend auf den Boden stieß. Es wollte mir nichts einfallen. Auch fühlte ich, dass der Mann mich nicht verstanden hätte, wenn mir auch alles Erdenkliche eingefallen wäre, selbst wenn ich ihm gesagt hätte, dass von drunten im Tal mein bester Freund heraufsignalisiere und gerade jetzt aufs emsigste drauflos tappe.

»So – aus Schöntal bist du! Dem Professor Eyth gehörst du«, schnauzte der Mann. »Dummheiten gemacht! Durchgebrannt! Schon gut! – Auf dem Weg nach Schöntal bin ich selbst. Na, na! Gut, dass ich dich erwischt habe. Dein Vater wird dir schon die Lust an dem tapp tapp austreiben. Rechtsum kehrt! Vorwärts marsch!«

Der Unhold hatte kein Erbarmen. Wie ein ausgewachsener Verbrecher marschierte ich auf dem langen Rückweg vor dem Vertreter der Staatsgewalt her, manchmal leise schluchzend, streckenweise in stummem Jammer mein grässliches Schicksal betrachtend. Als wir in der Abenddämmerung Schöntal unter uns sahen, legte ich mich aufs Bitten: »Lassen Sie mich los, Herr Landjäger! Wenn mich die andern Buben sähen! Ich gehe ja schon von selbst heim!«

Es half nichts. Höhnisch lächelnd richtete er die Mündung seines Gewehres auf meine gefährdete kleine Rückseite und donnerte sein »Vorwärts marsch!« laut genug für drei Raubmörder. Unter dem Tor des Klosterhofs begegneten uns meine sämtlichen Schulfreunde, drei Mann hoch, jeder mit einem Cornelius Nepos unter dem Arm. Sie schlossen sich staunend, wenn auch etwas verschüchtert, der unerhörten

Prozession an. An einem wohlbekannten Fenster des Klosterbaus glaubte ich für einen Augenblick meine Mutter zu sehen, die aber, wie mir schien, mit einer Gebärde unsäglichen Schmerzes sogleich wieder verschwand. Natürlich, dachte ich, verzweifelnd, sie holt den Vater. »Vorwärts, vorwärts!«, brummte mein Henker.

Kein Wunder, dass mich das überwältigende Elend völlig betäubte. Ich lief jetzt, so dass der Landjäger Mühe hatte, mir zu folgen, und sah und hörte nichts mehr. Nur in meinen Ohren summte es lauter als je: »Tapp, tapp, tapp, tapp!« Es war ganz deutlich und tröstlich dazu. Wie wenn mein lieber neuer Freund mich in all diesem Jammer nicht verlassen wollte.

Als mich der Ortsvorsteher, Klostermüller und Bäcker zugleich, unter seiner Backstubentüre stehen sah, lachte er hellauf und hieß den Herrn Landjäger zu meinem freudigen Erstaunen ein Rindvieh. Zu mir aber sprach er: »Mach, dass du heimkommst, Büble, und lass dich waschen. Richt auch einen schönen Gruß an deinen Vater aus; er soll dich das nächste Mal besser hüten.«

Tapp, tapp, tapp! Wie ich lief! Mein Vater begegnete mir schon auf halbem Wege und ließ mir nicht Zeit, den Gruß auszurichten. Tapp, tapp, tapp! Nur eins freute mich heimlich, selbst in der Bitternis dieser Stunde: Mein Cornelius Nepos musste heute die ganze kalte Nacht unter einem Stein im Wald zubringen. Tapp, tapp, tapp!

Ob ich auf der Bergkante über dem Kochertal oder erst im weiteren Verlauf jenes Nachmittags Ingenieur wurde, weiß ich nicht genau. Aber an jenem Tag geschah's, und das tapp tapp meines fernen eisernen Freundes ist mir eine Art Wahlspruch geworden, der sich in guten und bösen Zeiten leidlich bewährt hat.

Gerd Gaiser

Abt Knittel und Ritter Götz

Jeder kennt die Erfahrung von der Kleinheit eines jeden Dings, das man lange Zeit später wiedersieht. Seltsamerweise zeigte sich in Schöntal alles größer, als die Erinnerung haben wollte. Als wir morgens durch das Marientor eintraten und dann unter dem Fischertor durch, wo herkömmlich erst die Klosterfischer und dann die Musiklehrer hausten, waren wir nicht auf die Maße gefasst, auf den Hochdrang der Turmflanken, die Frontecke von Dientzenhofers Bau mit der Abtsäule davor, auf das Eckrisalit der Neuen Abtei, das jetzt anspruchsvoll seinen Schritt vortat. Alles groß, nein, nicht das Klösterchen, wie es guckkastenhaft im Gedächtnis verwahrt lag, vielleicht hat in so viel Jahren die Erinnerung alles Bauwerk der Landschaft eingeglichen. Es ist kein Zweifel, dass die älteren, vorbarocken Teile der Anlage, die sanfte Vorhofkapelle zu St. Kilian, die Offiziantenbauten, die freundlich gediegene Alte Abtei den harmlosen, anmutigen Hügelformen gemäß sind. Sie fügen sich ihnen. Der neuere Bau, den der lebensvolle und mächtige Abt Knittel ins Werk setzte, überhebt sich ihnen selbstherrlich. Und hier also gingen wir als Knaben, als Seminarzöglinge, täglich aus und ein. Wir kannten alle die sprechenden Abtswappen, die uns begegneten, den Mohr, den Fuchs, den Brunnquell, den Hahn. Ob wir den Bau verstanden, weiß ich nicht. Aber wir mussten lernen, uns in ihm zu bewegen. In solchen Bauten kann man nicht gehen, wie man will, noch sich gehenlassen.

Im Treppenhaus der Abtei, wo die Aufgänge reigenhaft sich emporspielen, jagen die Schwalben. Sie jagen nicht anders, als schösse das Leben des Raums da und dort, unaufhörlich, zu zwitschernden Punkten zusammen. Sapientia und Scientia, Weisheit und Wissen, schirmen die beiden Ansätze der Treppen, die auseinanderschwingen, sich durchdringen, sich wieder teilen und endlich finden müssen. An den Sockeln die Inschriften: *Donum Sapientiae, Donum Scientiae.* – »Kannst do num oder kannst do num«, interpretierte der Bauer des stehenden Ortswitzes die Legende. Und das war denn gar nicht so dumm. – Nun aber im hellen Schlingwerk der Treppenwangen die dunklen Eber, so sah ich sie, schwarze Leidenschaften, wohl eingefangen, aber noch gefährlich im Spiel; in der Höhe, Ausweis der alten Reichsunmittelbarkeit der Abtei, der Adler mit der Devise *sustentat et ornat,* er ist Schutz und Zier. Jetzt der Kreuzgang, und inmitten einer langen Wacht vieler steinerner Berlichingen der Ritter Götz, Haudegen und Chronist, massig auf seine Eisenhand niedergekniet. Gänge und Treppen, hallend, weit, in was für elegischen Narreteien einst, ach, durchwandert, in welchen Bocksprüngen durchhopst, vorbei an so vielen Türen, von denen nur wenige offen und für uns betretbar waren, die meisten versperrt, zu unbekannten oder verbotenen Bereichen führend, zu was für Gängen, was für Kammern und Verstecken? Die Inschriften über den Türstürzen sagten es nicht mehr, jetzt waren sie Vexiersprüche, die bloß Rätsel raten ließen oder täuschten.

Gertrud Schubert

Lange Schatten in der Abendsonne

Lange Schatten werfen die Grabsteine auf dem jüdischen Friedhof von Hohebach in der Abendsonne. Im Licht: die deutsche Inschrift, knapp ein Name zu entziffern. »Straßburger«. Auf der Morgenseite nach Jerusalem weisend das Leben der Toten – gewürdigt auf Hebräisch.

Die Stelen schlicht, schief, verwittert. Ohne aufwändigen Zierrat ragen nach oben abgerundete Steinscheiben aus dem kurzen Gras. Keine Grabeinfassung, keine Blumen, kein knirschender Kiesweg, der den Schritt lenkt. Der jüdische Friedhof ist ein Ort der Ruhe und Unversehrtheit: Bet olmin – Haus der Ewigkeit. Für immer Achtung gebietend, noch immer schutzbedürftig. Auch mehr als 60 Jahre nach Vertreibung, Deportation und Ermordung der deutschen Juden sind die Friedhöfe vor Zerstörung nicht sicher. Auch in Hohenlohe.

Hohebach und Braunsbach, Berlichingen und Steinbach, Michelbach an der Lücke und Weikersheim, Crailsheim und Dünsbach… Zwischen Wiesen und Äckern, abseits der Straße, überraschend: der jüdische Friedhof. Selten liegt er erhaben in der Landschaft, selten so schön wie zwischen Dünsbach und Morstein. Der Blick schweift in die Weite, übers Jagsttal hinüber nach Gerabronn. Dort lebten viele der hier Beerdigten. Israel Landauer zum Beispiel. Sein Grab ist ungewöhnlich stattlich, bürgerlich, städtisch – Spiegel eines erfolggekrönten Lebens. Der Bankdirektor war im 19. Jahrhundert Motor der wirtschaftlichen Entwicklung, er hat die Genossenschaftsidee in das abgelegene Oberamtsstädtchen getragen. Am Friedhofseingang in Dünsbach ein Zeichen der Verbundenheit: Ein Auswanderer ließ sich unterm Kranz-Symbol der Ewigkeit ins Gedächtnis der in Gerabronn und Umgebung gebliebenen Juden einmeißeln: »Gestiftet Hirsch Steiner Schigago«.

Noch im 19. Jahrhundert lebten die meisten der 10.000 jüdischen Einwohner im Königreich Württemberg auf dem Land. In Hohenlohe hatten die absolutistischen Duodezfürsten und der Deutsche Orden – weniger aus Mitleid als vielmehr aus finanziellem Eigennutz – im 17. und 18. Jahrhundert die Ansiedlung so genannter Schutzjuden gestattet. Landflucht und Auswanderung ließen die jüdischen Landgemeinden im 19. Jahrhundert schrumpfen. Der Holocaust setzte dem jüdischen Leben in Hohenlohe ein brutales Ende.

Auf dem Friedhof von Hohebach bestatteten die jüdischen Einwohner von Dörzbach und Ailringen, Hohebach und Mulfingen ihre Toten von 1852 bis 1939. Die hebräischen Grabinschriften enden häufig mit dem Siglum: »Möge seine/ihre Seele eingebunden sein in den Bund des Lebens.«

Dieter Wieland

Juudakärchhoff

d groobschdaa
môôsich
un schräiche schroufa
in d wäld nei –
wär
wär funas iwwrhaabd
kou no
riigwärds leesa?

d mauar
di dofl am dôôr
un s groos
uff de greewr –
se schraiwa se
ladeinisch

da schliisl
za dem
was gwee isch
farlangd mr
uff daidsch

Agnes Günther

Schloss Schweigen

Die Fahrt nach Schloss Schweigen ist sehr schön. Es geht in das Tal hinunter, über die uralte bedeckte Holzbrücke donnert der Wagen, dann geht es in Windungen die steile Höhe hinauf, und man sieht die Türme und Giebel von Schloss Brauneck schön gegen den seidig blauen Herbsthimmel. Dann kommt der Hochwald, in dem die Räder leiser rollen, und der glüht in dunklem und hellem Gold und Purpur und Blaugrün. (…) Seelchen hält ein glühendrotes Ahornblatt in der Hand, das ihr in den Schoß gefallen, und hält es gegen den seidigen Himmel und muss es immer wieder bewundern und sich ausdenken, warum sich wohl das Blatt gar so herrlich zum Sterben anzieht. Nun kommen ein paar uralte kleine Giebelhäuser, ein großer Nussbaum, ein Hohlweg, in dem silberglänzende Waldrebendolden mit rotleuchtenden Hagebutten sich verspinnen, und plötzlich über den Kronen von zwei mächtigen Linden ein dunkler Turm: Schloss Schweigen.

»Rosmarie, freu dich, das ist Schweigen!«

»Wie seltsam«, sagt Mama, »das sieht man ja gar nicht, bis man daran ist.«

»Darum steht es noch. Es ist im Dreißigjährigen Krieg wohl gar nicht gefunden worden.«

»Gott, wie still«, ruft die Fürstin, »heißt es darum Schweigen?«

Sie sind ausgestiegen vor dem Försterhaus, das so freundlich am Eingang neben den beiden Linden steht. Über die innere Umwallung schaut hoch und finster in seinem grünen dichten Efeumantel der Palas hernieder und der düster schwarze Bergfried mit Mantel und Wehrgang. Unter den Linden rauscht und murmelt ein Brünnlein, und wie nun der Wagen hinuntergefahren ist zu den Ställen, so ist sein leises Plätscherlied der einzige Laut in der verzauberten Stille. Von der runden Umwallung der Linde aus sieht man auf herbstbunte Waldberge, ein Habicht kreist über der tiefen Klinge, aus dem Gärtlein an der efeuumsponnenen Mauer weht ein leiser Resedaduft. Der Fürst hat seine Tochter an die Hand genommen und zieht einen silbernen Becher aus einem Etui. Den füllt er an dem Brünnlein und sagt:

»Trink, Rosmarie, das muss man hier tun.«

Seelchen sieht zu ihrem Vater auf und trinkt aus dem Becher und bittet ihm in der Stille ihres Herzens ab, dass sie von ihm gedacht, er könne keine Feste feiern.

»Das hat mein Vater auch getan, wie ich zum ersten Male mit ihm hier war. Er sagte: Aus dem Brünnlein muss man trinken, wenn man ein rechter Braunecker werden will.«

Die Fürstin war auch herbeigekommen, sie hob ihr feines Spitzenkleid in die Höhe, um den Brunnen war es ein wenig feucht.

»Sag, Fried, ist das nun Familiensimpelei, wie deine Schwester Helen sagt, oder ist ein Aberglaube dabei?«

»Helen ist ein pietätloses Frauenzimmer und sollte ihre Zunge mehr im Zaum halten. Ein Aberglaube … ich wüsste nicht, eine Geschichte soll es geben von einem Braunecker, einem Brunnen und einer Fee, ich weiß sie leider nicht. Darf ich dir übrigens anbieten?«

Aber die Fürstin hat kein Verlangen nach kaltem Wasser,

sondern hofft auf einen Tee in dem verwunschenen Schloss da oben … »Wenn eure Andacht beendigt ist, natürlich: Rosmarie sieht aus, als wenn sie in der Kirche wäre.«

»Sie ist beendet. Rosmarie, hier hast du noch einen Lindenzweig zu deinem Ahorn.«

»Gehört das auch zum Zeremoniell? Gott, ist die Kleine feierlich, ein Glück, dass sie nicht ein Junge ist, sie müsste Pastor werden!«

Es geht eine Treppe hinauf zwischen Efeuwänden zum inneren Schlosshof mit Palas und Bergfried. Eine hohe Pforte, über der ein mächtiges in Stein gehauenes Wappen mit der Jahreszahl 1534 hängt. Eine düstere Halle mit geschnitzten Hirschköpfen mit riesigen Geweihen an hölzernen Säulen. Die Fürstin schauert ein wenig zusammen.

»Hu, wie riecht es da nach Geistern! Fried, ich bin überzeugt, dass es hier spukt, am hellichten Tage sogar. Du hast mir gar nicht gesagt, dass Schweigen ein solches Spuknest sei … Du willst doch nicht behaupten, dass man in dieser Luft leben könne, ein paar Tage lang.«

Der Fürst sagt etwas verlegen: »Nun ja, ein wenig altmodisch riecht es ja, nach unbewohnten Räumen … Vielleicht lüftet die Försterin nicht genug oder wird das Efeugespinst zu dicht. Oben wird es besser, du wirst sehen.«

»Diese Hirschköpfe überall mit den glotzenden Glasaugen, die Treppenfensterplätze«, klagt die Fürstin, »es ist ein Gespensterschloss aus einem englischen Roman.«

»Dass dir die Geweihe nicht gefallen! Sieh, an jedem Schildchen die Namen, sie sind alle in unsern Wäldern geschossen worden. Sieh den Siebzehnender! Und ich bin an einem guten Rehbock froh. Den schoss mein Vater; da war er, lass sehen, fünfzehn Jahre alt … Da mag er eine Freude gehabt haben! Und nun die Scherereien um die paar Böcke, – unsere Urenkel, wenn die sich einmal amüsieren wollen, müssen auf die Rattenjagd gehen.«

Die Fürstin biegt sich über die Treppe und ruft: »Da seid doch ihr Herren schuld! Mir sollten Anno 48 die Bauern gekommen sein und mir meinen Sport verdorben haben, auf die Ratten käme ich noch lange nicht!«

Oben öffnen sich altmodisch trauliche Stuben, die mit schönen Rokoko- und Empiremöbeln eingerichtet sind. Die spindeligen Empiretischchen sehen ein wenig sonderbar neben den uralten schwarzen Öfen aus. Und die Tapeten sind mit fürchterlichen braunen Quadratmustern bedeckt, die man nicht ansehen kann, ohne das Zählen zu bekommen. Die Fürstin kann nicht begreifen, was an diesen Zimmern, an deren Fenstern blau-weiße gestärkte Vorhänge sind, sein soll! Die grässlichen Tapeten, die Ungeheuer von Öfen, die alten rauen Fußböden! Selbst für den kleinen Erker, dessen Fenster genau nach Morgen und Abend orientiert sind und ein so liebliches Farbenspiel durch die Efeuranken hindurch versprechen, kann sie sich durchaus nicht begeistern. Der Lehnstuhl, der darin steht, ist steif und das eingelegte Tischchen davor wackelig.

Und sie fühlt deutlich, dass der Fürst etwas von ihr erwartet! Rührung oder Bewunderung? Er sieht sie eigentümlich an, und nun nehmen die Augen dieser wunderlichen Kleinen fast den gleichen Ausdruck an, dass Vater und Tochter sich plötzlich ähnlich sehen.

Dann sagt der Fürst leicht verlegen: »Ich kann natürlich nicht erwarten, dass Schloss Schweigen dir irgend etwas sagt ... Für uns Braunecker ist Schloss Schweigen nicht ein Schloss wie die andern! Es hängen allerhand alte Sagen daran ... Schon der seltsame Name ... Von Schweigen her soll uns unser Glück gekommen sein ...«

Margarete Hannsmann

Kirchberger Stadtkirche

Die Dornenkrone aus Stacheldraht
zweifach gewunden
hängt an der linken Hand
des Gekreuzigten
    Eine Leiter mussten die Kinder hinaufsteigen
    wie jene Männer vor zweitausend Jahren
    als sie die Nägel herauszogen
    um den Leichnam abzunehmen
Einer hielt unten fest
sah hinauf
bis irgendwann die Dornen ausschlugen
    Im oberen Drittel der Stacheldrahtkrone
    hängen jetzt Ähren herab
    kornfarbenschwer
Einen Augenblick lang
überließen sie mich dem Wunder
dann sagten sie BROT FÜR DIE WELT
    Meine Augen erkannten
    nichts mehr als Stacheldraht
    der schon so lang überwiegt

Friedrich Hummel

Des Weines toll und voll

Obwohl schon Markgraf Kasimir nach dem vom Württemberger Herzog Ulrich 1515 gegebenen Vorgang im Jahr 1524 in Heidelberg mit verschiedenen Kurfürsten und Fürsten den »Rezess getroffen« hatte, sie wollen das Fluchen und Zutrinken bei ihren Höfen abstellen und bei ihren Zusammenkünften nicht über acht Gänge zur Mahlzeit geben, kam 1537 *»ein wüst Zechen zu Crailsheim«* vor (…). Damals wohnte Markgraf Kasimirs Tochter Marie im Schloss in Crailsheim, die Schwester des nachmaligen Markgraf Albrecht Alcibiades von Brandenburg-Kulmbach. Als in Crailsheim ihre Vermählung mit dem Kurfürst Friedrich III. von der Pfalz gefeiert wurde »und die Stadt geladen war, da erhub sich im Schloss unter den fürstlichen Herrschaften ein wüstes Zechen also, dass sie fast alle krank lagen, so sehr wurde der Wein getrunken. Es blieben bei der Hochzeit neben dem Hofmeister Beck (…), dem Präzeptor des Markgrafen, noch ein Amtmann Knorring, sowie ein Kammerschreiber und ein Hoftrompeter von übermäßigem Trinken tot auf dem Platz. Der Prinz Albrecht kam einige Tage gar nicht zur Besinnung, so dass man an seinem Leben zweifelte, das bloß durch die Kunst des Arztes Leonhard Fuchs, der von Markgraf Georg von München berufen worden war, gerettet wurde. Selbst alle Kammerjungfern waren des Weines toll und voll und mussten in Krankenwagen nach Hause geschafft werden«. Das sind böse Beispiele gewesen. Die Bürger ahmten sie leider nach.

Peter Meroth

Der Kocher! gereinigt?

Auf der Hauptstraße schmolz der Teer zu schwarzen Pfützen. Wir Kinder mussten durchwaten, wenn wir zum Bach wollten. Natürlich versuchten wir anfangs drüberwegzuhüpfen. Aber man sah nicht immer genau, wo der Granitkies des Straßenbelags den zähen, schwarzen Kleber schon ausgeschwitzt hatte. Dann tauchten Ballen, Zehen und Fersen beim Abfedern plötzlich ein in den Asphalthonig. So heiß war der Sommer.

So kalt und klar war der Bach. Schon nach fünf Minuten, spätestens, waren die Knöchel käseweiß, wenn wir eisigen Gefühls gilfend und keuchend durchs Wasser staksten, um an der Quelle aus der zur Schale gewölbten Hand oder direkt mit den Lippen das funkelnde Nass zu schlürfen. Waren die Füße wieder trocken, liefen die Knöchel krebsrot an, so kalt war der Bach.

Der Unterwasserwald, diese blaugrünen, kristallgrünen Wedel wiegten sich im Geplätscher, umschmeichelten die Beine, streichelten die Arme, streiften am Bauch. Durch diesen frostigen Dschungel schwammen wir zum Wehr. Vielleicht traute sich Friedhelm aufzutreten im quatschigen Lehm, in der breiigen Algenwatte des Bachbetts, Friedhelm graute vor gar nichts. Der konnte mit der Hand mitten im Froschlaich nach einem versenkten Feuerstein wühlen. Ich legte mich auf das Wasser, machte mich flach, schob mich wie ein Brett zu der verbotenen Stelle.

Dicke Krusten eingetrockneter Wagenschmiere hingen auf den stählernen Zahnrädern. Moosflaum bedeckte die morschen Bretter. Rost blockierte die schwere Eisenkurbel, so sehr das plumpe Schneckengetriebe unsere Lust, am Rädchen zu drehen, auch reizte. Am Ufer versperrte Stacheldraht den Weg zum Wehr und den Forellenteichen. Deren Zufluss zweigte neben den dicken Eichenbohlen der Staumaschinerie ab. Damit die Fische in ihren betonierten Schwimmbassins auch in den heißen Sommern nicht erstickten, wurde das Wasser umgelenkt. Hier war der Bach so tief wie nirgends sonst.

Julia kletterte behend auf die Windwerksbrücke des Wehrs, turnte über das rostige Gestänge, die festsitzenden Zahnräder, balancierte auf den Eisenträgern, amazonenhaft, federte kurz durch und hechtete im Kopfsprung in das eisige Becken, zwischen die unheimlichen Schlingpflanzen, in den interirdischen Urwald. Strahlend tauchte sie auf.

Das war der *Kocher*. Das *war* er.

Dort, am Wehr, ist der Bach wahrscheinlich immer noch kalt, klar und sauber. Ob in den Büschen auch heute der Eisvogel nistet, wage ich nicht zu fragen. Kinder habe ich noch manchmal drin waten sehen. Ob auch in ihrer naiven Phantasie hinter den Hügeln rings um Ober- und Unterkochen das Meer beginnt? Freuen sie sich an der Vorstellung, dass unser Bach aus Oberkochen, an dessen Ursprung wir das Wasser schlürften, durch Amsterdam fließt, dass Hausboote darauf schwimmen? Im alten Erdkundebuch, auf Seite 84, links unten, war das Bild. Schließlich speist der Kocher, Baden-Württemberg, BRD, rechter Nebenfluss des mittleren Neckars, mit seinem Wasser den Rhein. Hundertachtzig Kilometer weit fließt der Bach unter eigenem Namen durchs Land, umkurvt den Nordostrand der Schwäbischen Alb, wendet sich nach Nordwesten, schwillt allmählich zum Fluss, durchschneidet das schwäbisch-fränkische Keuperbergland und das Muschelkalk-Fundament der Hohenloher Ebene und wird bei Bad Friedrichshall vom Neckar adoptiert. Das ist der Schulbuch- und Lexikon-Kocher.

Aber was das bedeutet, was sich hinter den dürren Daten an sinnlich erfahrbarer, rational erfassbarer Realität verbirgt, was der Bach, der Fluss durchmacht, wenn er mit seinem frischen Wasser unserem Spiel entronnen ist und bis er die bunten Hausboote vom Erdkundebild trägt (oder jedenfalls bis er in den Neckar mündet), das habe ich erst nach und nach begriffen.

Gesehen, gerochen, geschmeckt, analysiert – gelernt, wirklich *gelernt.*

Eine bittere Lektion: Der Kocher, schmutzigster Fluss im Land.

Carl Weitbrecht

Der Kalenderstreit in Sindringen

Als Ludowike eintrat, erhob sich Bilfinger erstaunt und mit klopfendem Herzen. Er sah ihr schweigend in die Augen – es war wieder jener stahlartige Glanz darin, den sie zu Zeiten zeigten.

»Herr Doktor«, sagte sie fest, »Sie müssen noch heute Sindringen verlassen!«

»Warum?«, fragte er, ohne viel dabei zu denken, nur ihrer Gegenwart sich freuend.

»Weil sonst Ihre Freiheit für immer verloren ist«, erwiderte sie und in ihrer Stimme begann doch einige Aufregung zu zittern. »Fragen Sie nicht weiter, glauben Sie mir: Es besteht die Absicht, Sie hier festzuhalten und morgen entweder in ein hohenlohisches Regiment zu stecken oder an Preußen auszuliefern. Wenn Sie aber auf offener Straße nach Stuttgart abreisen, so wartet zwischen hier und Öhringen der preußische Offizier auf Sie, den Sie kennen, der andere Ihrer einstigen Verfolger steht drunten im Städtchen unter den Musketieren. Sie müssen fliehen, sobald Ihnen die Nacht Schutz gewährt; der Himmel ist bewölkt, doch so viel Mondschein, dass Sie den Weg finden können.«

Bilfinger sah besorgt darein; doch nur einen Augenblick, dann sagte er ruhig:

»Ich habe dem Herrn Amtmann versprochen, zu bleiben.«

»Mein Vater lässt mir freie Hand!«, erwiderte Ludowike.

»Und Sie?«, fragte er.

»Ich bringe Sie bis an den Kocher hinunter«, antwortete sie, wieder fest und entschlossen. »Allein finden Sie den einzig sichern Weg nicht und niemand sonst kann Ihnen forthelfen. Im Kocher liegt ein Nachen, Sie fahren bis an die Mündung der Sall, dann noch hundert Schritte in der Sall aufwärts, dort lassen Sie den Nachen und gehen dem Lauf des Flüsschens entgegen bis zum Heiligenhaus. Das steht rechts droben auf der Höhe, es sind keine Heiligen mehr drin, nur ein alter Förster; den klopfen Sie heraus, ein Zettel, den ich Ihnen geben werde, sagt ihm, was er wissen muss, und er bringt Sie bis nach Mitternacht sicher über den Wald nach Öhringen. Vor Tag können Sie dann in Mainhardt sein und von dort sind Sie bald außer Gefahr auf württembergischem Boden.«

Sie hielt aufatmend inne. Bilfinger schüttelte den Kopf.

»Und Sie?«, fragte er wiederholt.

»Ich kehre um, sobald Sie sicher im Nachen sind. Für mich ist keine Gefahr dabei.«

»Und dann?«

»Dann möge Sie Gott behüten!«

»Und dann, wenn er mich behütet hat?«

»Dann will ich ihm danken!«

»Und dann?«, rief Bilfinger noch einmal mit dem bittern Tone schmerzlicher Leidenschaft, »dann stiften Sie eine Kerze oder eine Messe oder sonst etwas ins Kloster Schöntal und haben das Bewusstsein einer edeln selbstverleugnenden Tat! Lassen Sie mich, ich bleibe in der Gewalt des Herrn Hofrats! Dazu gehört kein Mut, mit dem ich prahlen könnte – mein Vetter Geheimrat in Stuttgart ist mächtiger als der Herr Hofrat in Bartenstein! Auch zum Gehen hätte ich nicht viel Mut nötig – ich riskierte höchstens mein Leben, denn die Waffe vom Christkindlein her nähme ich mit und wüsste sie im Notfalle zu brauchen. Sie, Mademoiselle Molitor, beweisen Mut:

Sie wären imstande, Ihr Leben bei dieser Affaire zu lassen für einen Mann, der Sie weiter nichts mehr angehen soll, sobald er in Sicherheit ist. Und doch habe ich keinen Respekt vor diesem Mut, denn er entspringt doch nur der Furcht!«

»Welcher Furcht?«, fragte sie mit zornigem Blick aber unsicherer Stimme.

»Der Furcht vor dem Urteil der Leute«, gab er zur Antwort. »Es fehlt Ihnen der Mut, sich offen zu dem Mann zu bekennen, der Sie liebt und den Sie lieben! Zeigen Sie diesen Mut, sagen Sie mir nur, dass Sie ihn haben, dass Sie ihn in Zukunft haben werden, wenn es gilt – dann will ich den Mut haben, auf meine Sicherheit bedacht zu sein!«

Ludowike senkte den Blick; einen Augenblick lag atemlose Stille zwischen beiden, vom Hofe herauf tönten militärische Schritte – die Wache drunten wurde abgelöst. Plötzlich richtete sich Ludowike hoch auf, dann warf sie sich an des geliebten Mannes Brust, heiß streifte ihr Atem seine Wange und zitternd flüsterte sie: »Ich bin dein, sobald du glücklich wiederkehrst, und will nach niemand mehr fragen als nur nach dir! Aber heute tu, was ich sage! Bleibe hier bis zur Nacht!«

Und schon hatte sie sich wieder aus seinem Arm losgemacht und eilte hinaus.

Nur wenige Minuten vergingen, dann tönten andere Schritte vor der Türe, der Korporal und ein Musketier traten ein. Sie hatten sich nur von der Anwesenheit des Arrestanten zu überzeugen, dann marschierten sie wieder ab. Bilfinger würdigte sie kaum eines Blickes, in seinem Innern stritt sich eine hohe Seligkeit mit auftauchender Sorge, ob Ludowike nicht zu viel wage. Wieder und wieder schritt er im Zimmer auf und ab, endlich kam die Dämmerung und die Nacht; er entzündete eine Kerze, damit nicht die dunkel bleibenden Fenster Verdacht erregen möchten, untersuchte das Schloss der Pistole, die ihm der Amtmann geschenkt, versiegelte den Brief an den Stuttgarter Geheimrat und ging wieder im Zimmer hin und her.

Endlich kam Ludowike zurück; ein weiter dunkler Mantel umhüllte ihre Gestalt, einen ebensolchen brachte sie für Bilfinger mit. Ihre Augen leuchteten unter der Hülle hervor, die sie über Kopf und Schultern gelegt hatte.

»Nun ist's Zeit«, flüsterte sie, »in einer Viertelstunde kommt die Wache wieder, inzwischen bist du überm Kocher. Vertraue mir und widersprich nicht!«

Sie reichte ihm Munition für seine Waffe, und während er dieselbe lud, prüfte auch sie die kleine Pistole, die sie zu sich gesteckt hatte. Bilfinger bemerkte es.

»Du fürchtest doch Gefahr für dich selbst!«, sagte er.

»Nein!«, erwiderte sie lächelnd, »das Ding hier würde auch nicht viel nützen – es ist nur so getan – mag's zurückbleiben!« Und sie legte ihre Waffe auf den Tisch. Dann aber fügte sie ernst und bestimmt bei: »Aber nun widersprich nicht mehr! Komm!«

Bilfinger gehorchte, als müsse er. Er warf den Mantel um und folgte ihr durch eine andere Türe als die, welche auf die Galerie führte. Als sie vor derselben im Dunkeln waren, ergriff sie seine Hand, sie führte ihn durch einen kurzen Gang, wieder durch eine Türe – »hier ist das Turmgemach«, flüsterte sie, »in welchem man dich betten wollte!« – dann ging's eine enge Treppe hinab, Ludowike strauchelte, er umfasste sie fest und bewahrte sie vor dem Sturz. Einen Augenblick hielten sie lauschend still, Herz am Herzen – dann weiter! Nun waren sie unten, Ludowike drückte eine Türe auf, deren Schloss sie vorher schon geöffnet hatte – sie waren im Freien und standen gleich darauf vor dem Mauerpförtlein, an dem sie schon einmal zusammen gestanden waren. Einen raschen Druck

ihrer Hand verspürte Bilfinger, dann schloss sie geräuschlos das Pförtchen auf – sie waren außerhalb der Stadtmauer,
wo der Berg anstieg. Sie eilten der Mauer entlang bis an die
nächste Ecke, dann ging's abwärts in der Richtung nach dem
oberen Tor. Durch die laublose Linde vor demselben fuhr
der Frühlingssturm, am Himmel zogen rasche, doch dichte
Wolken, nur matt vom Mondlicht durchstoßen. Dort links
in ungewissem Lichte stand die Mauer des Kirchhofs, ein
Nachtvogel schwebte geräuschlos über den Wasen hin, der
zum Kocher sich hinabzog, ohne Buschwerk oder sonstige
Deckung. Weiter!

Aufatmend standen sie am Flussufer, unter den Weiden
lag der Nachen angebunden. Kein Wort mehr wurde ge-
wechselt, schweigend drückte Bilfinger die Braut noch einmal ans Herz, dann sprang er in den Nachen. Schon hatte er
ihn vom Ufer abgestoßen, da scholl von der Richtung des
Tores her ein lautes »Halt«, ein hellerer Mondstrahl brach
aus den Wolken und beschien einige Gestalten, die in eiligem
Lauf über den Wasen kamen, voraus eine riesige Gestalt,
die Bilfinger kannte. Er hing die Ruder bei. »Fort, fort! Mir
geschieht nichts!«, rief Ludowike drängend, aber schon war
Bilfinger wieder am Ufer, er hatte die Ruder sinken lassen
und hielt die Pistole schussbereit in der Rechten. Da sprang
Ludowike in den Nachen, ergriff die Ruder, stieß ab und
mit wenigen Schlägen hatte sie den Nachen in den Schatten
der Uferweiden, getrieben, welcher hier für den Augenblick
Deckung bot.

»Still, lass mich! Du kennst das Wasser nicht!«, flüsterte sie,
als Bilfinger ihr wehren wollte, und kräftig mit den Rudern
ausgreifend, trieb sie den Nachen im Schatten flussaufwärts.
Die Verfolger standen unschlüssig am Ufer still, dann rannten
auch sie aufwärts. Eine Wolke zog über den Mond, im Dunkel

lag wieder der ganze Fluss und rasch wandte jetzt Ludowike den Nachen dem gegenüberliegenden Ufer zu.

Schon waren sie auf der Mitte des Flusses, da war die Wolke vorüber, grelles Mondlicht schien auf den Nachen und blitzte auf den Wellen und tropfenden Rudern. »Halt, halt!«, rief's wieder vom Ufer her, ein Schuss krachte und klatschend schlug eine Kugel dicht neben Bilfinger ins Wasser. Da warf Ludowike einen raschen Blick nach der lichten Uferstelle, wo jetzt die Verfolger standen, dann drehte sie blitzschnell die Ruder und hob sich hoch im Nachen, in der Schusslinie den Geliebten deckend.

Ein zweiter Schuss – die Ruder sanken aus ihren Händen ins Wasser, lautlos brach sie zusammen. Mit einem wilden Schrei fing Bilfinger die Sinkende auf, der Nachen schwankte, die Ruder schwammen im Wasser. Noch eine Kugel zischte über ihm weg, er merkte es nicht. Er fühlte mit der Hand den Blutstrom, der aus ihrer Seite quoll, er presste die Hand auf die Wunde, drückte den Mund auf ihren Mund – noch einige Atemzüge verspürte er, dann keinen mehr.

Ludwig Amandus Bauer

Brief an Eduard Mörike

Ernsbach,
den 26ten Dec. 1825.

Diesmal schreibe ich meinem Uchrucker und Buschak zugleich. Ich hatte bisher soviel zu tun, dass ich gar nicht ans
Schreiben denken konnte. Kaum war ich hier, von Stuttgart
zurück, als ich zu 3 Kranken musste, gleich am ersten Morgen, dann eine Betstunde, eine Leiche, ein Abendmahl von
100 Personen, mit Vorbereitungsrede, Beichte, Predigt und
Kinderlehre, am folgenden Tage wieder eine Leiche, dann
am Thomastage meine Investitur, und zuletzt noch die 3
Feiertage. Für deinen vortrefflichbesorgten Auftrag danke
ich herzlich. Narr, wie ich deinen Brief las, musste ich heulen wie eine Kuh, und sollte doch bald darauf in die Kirche,
ich hatte gar nicht gewusst, dass du so krank gewesen warst,
sonst hätte ich in meinem Briefe an dich nicht so kurios geschrieben. Werde mir nur wieder recht gesund, auf dass du
künftiges Frühjahr gewiss kommen kannst. Hier hat sich bis
jetzt nichts von Tübingen sehen lassen, auch der Hardegg ist
ausgeblieben. Ja und dann dem königl. Hofuchrucker soll
ich aus Auftrag und eigner Überzeugung einen Brief an den
Bengel beilegen, bei dem er ohnedies schon als 'illetendrucker
eingeführt ist, damit er Gelegenheit habe, einmal wieder in
sein Haus zu gehen. Und sei doch auch so gut, und schreibe
deiner l. Schwester, ich hätte aus Unachtsamkeit ein Geschenk
von ihr flegelhaftest liegen lassen, sie möchte es mir doch ja

schicken. Wirklich sitze ich an meinem eichholzenen Tische, der ist vor den Ofen gerückt, mein Stuhl steht am Ofen, gegenüber meine Schwester, die auch Briefe schreibt, drunten schreit der Nachtwächter zehne an, über der Kirche, die man links durch die Fenster sieht, steckt der kugelrunde Mond in aschgrauen Schneewolken, von den Fenstern vor mir her hört man den Kocher rauschen, die Eisenwerke stehen still, denn es ist Feiertag, und durch die Gassen hört man nur hie und da noch einen gehen, oder von andern Häusern her jemand reden, ohne zu wissen, was? Wenn ich zum Fenster hinausgucke, wenn ich so sitze, vorwärts, erblickt man hohe Berge, oben stehen Eichen, die Vorwachen eines weitverbreiteten Baumheeres, das auf Höhen über dem Kochertale, weiterhin auf Flächen und Vertiefungen bis dorthin campiert, wo in einem einsamen Tale das Heiligenhaus steht. Vor diesem sind die größten der Eichen wie ein Kreisrat versammelt, unter ihnen rauscht die Sall von Orendelsall herunter. In diesem Walde kann sich auch ein in der Gegend nicht unbewanderter Mann verirren: Es ist die Region des Groosmampflers, die Sall heißt in der Ursprache Elfskny, ein auf unsrer Karte nicht einmal angegebnes Nebenflüsschen der Wayla, die nach der verdorbnen Mundart der hiesigen Gegend Ingelfingen zuströmt: Es ist aber Orplid, die heilige Felsenstadt, an deren unterste Mauern jetzt der blaue See winterlich anrauscht, auf seiner Fläche spiegeln sich, sonderbar vermischt, der seit Jahrhunderten verstummte Mönch (der Bewahrer des Geheimnisses einer untergegangnen Nation), und zerrissne Wolken, die wie abgeschleuderte Taue eines gescheiterten Schiffes über die Palmenwälder dem Wartturme und der Hyäne zugeweht werden. Wenn ich 4 Stunden weit von hier immer aufwärts steige, so komme ich auf die Fläche des Häupfels: Südlich steigt über das Labyrinth der beeisten Gipfel, kaum erkenntlich dem Auge, das fernschauende Orplid empor, die Zinne des Schlosses, und die erhabensten Teile der Stadt. Du hast es vielleicht noch nicht erfahren, dass ich nun in (Ernsbach) Helmin wohne, ja du weißt vielleicht noch nicht, dass es ein Helmin gibt. Vorher wohnten hier nur wenige Leute, wo jetzt mehr denn 100 Häuser stehen; sie hatten Zelte von Baumrinde, mit Schilf geziert: Sie durften Hirsche schießen mit ihren Bogen, und Fische fangen, aber keinem Vogel nachstellen, denn er würde davonfliegen und es dem Männchen im Monde klagen, und auch keine Gazelle durften sie jagen, denn ihre Augen seien aus Diamant geschnitten, und wenn eine sterbe, so fallen sie ihr heraus; wenn aber der Herbst komme, so komme Moll (der Schatzmeister) herauf, lese alle fleislig zusammen und bringe sie an einen unbekannten Ort. So oft sie eine Sternschnuppe sahen, glaubten sie, es werde bald jemand sterben, denn für jeden Menschen brenne ein Licht im Himmel, und wenn er sterben solle, werde es ausgelöscht. Zu diesen Leuten kamen andre, die sich nach einem Schiffbruche an die Insel gerettet hatten, und so sammelte sich ein ziemliches Häuflein, die bauten Häuser, hieben Bäume um, bauten das Feld und pflanzten Weinstöcke. Besonders ist ein wackrer Schäfer hier, der mir die Gesellschaft des lieben Heinards ersetzt. Ich fragte ihn neulich, warum denn jenes Bächlein Elfskny heiße? Er antwortete mir: Weil sich die Elfen drin baden, und nur bis ans Knie in das Wasser stehen, denn um die Arme tragen sie kostbare Spangen, und nach denen allen trachtet der Moll. Ja, was ich doch töricht erzähle! Du weißt ja noch nicht, wie ich nur nach Helmin gekommen bin? Vor etlich Wochen nahm ich Abschied von dir, um, wie ich sagte, den nahen Ursprung des Lügenflusses zu erkundigen. Auf diesem Wege, der viele, jetzt überfrorne Sümpfe hat, kam ich bis an eine Stelle, wo ich ein abscheuliches Gequake hörte. Zuerst glaubte ich einen Baumstrunk zu erblicken, von welchem der erbärmliche Lärm herkam. Aber nein, es war der sichre Mann, der aus einem stinkenden Sumpfe watend alle Frösche aus ihren Winterquartieren aufgestöbert und ohne Gnade herausgezogen, auch mit Winden zusammengebunden und diese Stränge um sich hergehängt hatte. Dabei schrie er in einem fort: Ha di rall, hob's Wassermäntle g'laußt! Sumpfkrott wüschte, hob's Wassermäntle g'laußt! Ha di rall! Auf einmal aber muss er mich bemerkt haben, ich sah wenigstens, dass er sich keuchend bückte, und an seinem Stiefel etwas machte. Ich ging davon, kam in Wald, war verirrt, und langte erst bei Nacht in einem Dorfe an, ganz erstaunt, hier eines zu finden. – (Als ich mich erkundigte, wo der Wirt sei, hieß es, im Pfarrhaus. So? dachte ich, und ging hin. Der Wirt fiel mir gleich durch seine dürren Beine auf. Sind Sie der HE: Pfarrer? »Fleckenpriester, wir haben einen Markt hier!« Und auch zugl. der Wirt, HE: Fleckenpriester? »Stchja, die Hochzeit zu Cana – ä ä ä – ich wollte nur sagen – ä ä ä – eben dass, nemlich gerade dasselbe –.« Nun erkannte ich unter seiner weißen, mir ganz ungewohnten Zipfelkappe, den HE: Profeßer, der zufällig gehört hatte, dass die Leute einen Pfarrer verlangt, und sich nun im Namen des verlangten produzierte, auch vorgab, dass er Fremde bewirten, oder wie er sich ausdrückte, engoutieren wollte. Als ich zu essen verlangte, schrie er in die Küche, aus der ich aber niemand antworten hörte: »Franz, die Windschleife her!« Bald ging er selbst an den Herd, blies ein Feuer mit seinem (wahrscheinl. gestohlnen) Blasebalge an, und versuchte, ein Reh zu appretieren. An dem Schwanze aber ließ sich deutlich erkennen, dass es eine Katze war. Mir verging der Appetit, und als ich im Dorfe umherlief, nahm mich der Schäfer freundlich auf, und sagte mir, dass sie noch einen Jäger brauchten. Da ich nun schon lange Lust dazu hatte, und auch von Heinard so ziemlich instruiert war, kam mir der Gedanke, es einmal hier zu probieren. Besuche mich bald von Orplid aus. Grüße an Flad, Blumhard, Hofacker, Mährlin und er soll mir verzeihen, dass ich ihm noch nicht geschrieben habe. Adieu!

Ewig. Euer Louis.

N. S.

vom 27ten.

Eben sollte der neue Pfarrer zum ersten Male predigen: Aber statt etwas vernünftigs zu sagen, klöpfelte er immer auf seinen Text mit seinem Stöckchen, und krächzte: »Hier ist es eben – nemlich da«. Man hat ihn zur Kirche hinausgejagt, die übrigens bloß ein mit Pfählen eingemachter Platz unter einem Eichbaume ist, mitten ein Stein, auf welchen der HE: Pfarrer klöpfelte.). –

Das Eingeklammerte ist in meiner Abwesenheit von dem Verfälscher unsrer Briefe, der unsre Geheimsprache versteht, angeflickt worden: Er wollte ohne Zweifel zeigen, dass er den Profëßer kenne, und weil er hier so unschicklich von Pfarrern und Predigen dahergeschwatzt hat, ist uns dies ein neuer Beweis, dass er sich mit Theologie abgeben muss. Ich fahre fort, dir das Wahre zu erzählen. Ich habe wirkl. den sichern Mann gesehen. Überall gefrorne Seen, weitblinkendere Eise, drüber her in ängstl. wiederholtem Kreisen Schneegänse, Raben, die ihre Flügel weit ausbreiten, noch höher als die Adler, deren Augen schon hell von der Sonne sind, wenn die Einöde noch finster daliegt, wie das zurückgelassne Kleid der entflohenen Nacht; die Flüsse durch Eismassen gehemmt, die wie Grenztürme über die rastlosen Wandrer herschauen; im Forst krachende Bäume, Wölfe, die dem Raub nachheulen, und Stürme, die mit ausgespreizten Flügeln den Ruf ihres Beherrschers erwarten. Diese Schauer der Natur wecken die Wollust jenes Riesen, und sein unmenschlicher Gesang hallt lauter über die gekräuselten Locken des empörten Meergottes dahin. Glücklich, dass ich ihm entflohen war, fand ich noch überdies nach 2-tägigem Klettern über die wilden Gebirgshöhen bei dem Schäfer zu Helmin eine freundl. Aufnahme. Er sagte mir: Jeden Tag wird es gefahrvoller, in deine Heimat zu kehren; der Winter ist ungewöhnlich hart; und ich glaube, dass ein Unglück durch Sturm oder sonst so etwas bevorsteht. Ich habe ein Zeichen: Meine Schafe, statt dass sie sonst unter dem Schnee hervor das Gras suchen, fliehen immer in Felshöhlen, und fangen an zu zittern. Nun gefielen mir die Leute des Dorfes so wohl (ich werde sie dir bald schildern), besonders aber ein Mädchen, die Miris heißt, und man wünschte, dass ich ihnen sagen möchte, wie man schöne Häuser, wie Brücken baut, wie man das Eisen behandelt und die Diamanten glättet (denn es gibt viele in der Gegend) und ich weiß von dir, lieber Maty, manches darüber: deswegen beschloss ich, einige Zeit hier zu bleiben, bis die Leute vollends eingerichtet sind, und mir die Zeit geoffenbart hat, was ich zu hoffen habe. Ich will dir zwar nächstens unser Leben beschreiben, aber komme doch auch nächstes Frühjahr mit dem Heinard (Buschs.) hieher nach Helmin und siehe es selbst. –

Schreibe mir auch bald etwas von Orplid, es ist ja die Heimat unsrer Liebe, von dem lieben Orplid schreibe mir etwas! Wenn ich nur die Karte wieder einmal sehen könnte oder das Bild. Bringe es nächstes Frühjahr hieher nach Helmin, durch das Schicken könnte es verkrümpelt werden.

Ewig Euer Louis.

Karl Mündlein

Spuren in Forchtenberg

Lange taten sich viele Hohenloher schwer im Umgang mit »ihren« Widerstandskämpfern. Heute wird vor allem in den beiden Städten Crailsheim und Forchtenberg die Erinnerung an die Scholls gepflegt. So wurde im Crailsheimer Stadtteil Ingersheim die Ingersheimer Schule in »Geschwister-Scholl-Schule« umbenannt. Im Jahr 1998 gründeten engagierte Bürger einen Arbeitskreis »Weiße Rose«, der bis heute versucht, die Erinnerung an den Widerstand im Dritten Reich zu würdigen. In der Folge wurden in einem Neubaugebiet die Straßennamen nach den Männern und Frauen des Widerstandes benannt. Zum 90. Geburtstag von Hans Scholl im September 2008 enthüllte man eine Gedenktafel an dessen Geburtshaus in Ingersheim. Mit der Broschüre »Widerstand – Scholl – Grimmiger, Crailsheim und die Weiße Rose« gab der Arbeitskreis auch eine umfassende Dokumentation heraus. Daneben zeigt die Stadt Crailsheim in ihrem Rathaus eine kleine Wechselausstellung über die Familie Scholl.

Die Stadt Forchtenberg brachte 1969 eine Gedenktafel am Rathaus als Sophies Geburtsort an. In der Eingangshalle des Rathauses wurde 2004 eine Bronzebüste von Sophie enthüllt. Auch in Forchtenberg gibt es einen Arbeitskreis zur »Weißen Rose« um die Schwäbisch Haller Künstlerin Renate S. Deck. Sie hat im Würzburger Tor seit 2004 einen »Weiße Rose i-Punkt« eingerichtet. Mit zahlreichen Fotos, Dokumenten und Texten informiert sie ausführlich über die Scholls in Forchtenberg. Daneben bietet sie einen Stadtrundgang auf den Spuren von Hans und Sophie Scholl an. Weitere Dokumente findet man im Heimatmuseum der Stadt.

Ein sehr lebendiges Zeugnis ist der »Hans und Sophie Scholl-Pfad«, der 2005 zum 85. Geburtstag von Sophie Scholl eingeweiht wurde. Über den Pfad kann man das an Kocher und Kupfer idyllisch gelegene Städtchen Forchtenberg gut erkunden. Eine Informationsschrift, reich bebildert mit ausführlichem Text, zeigt auf zwölf Stationen die Kindheit von Hans und Sophie Scholl. Der Weg beginnt am Busbahnhof. Früher hatten hier die Scholls am Ufer des Kochers einen Gemüsegarten, in dem die Kinder ein eigenes Beet besaßen. Ein schmaler Weg führt durch die Stadtmauer zum Rathaus. Gleich gegenüber endet die Kirchensteige, früher ein steiler Weg, heute erleichtern Treppen den Weg zur Michaelskirche. Man kann sich gut vorstellen, wie in den zwanziger Jahren die Kinder im Winter bei Schnee mit den Holzschlitten von der Kirche die steile Gasse herunterschossen. In der Michaelskirche wurde Sophie 1921 getauft. Dort gingen die Scholl-Kinder sonntags ins »Kinderkirchle«, das gelegentlich auch von Mutter Scholl geleitet wurde. Oberhalb der Kirche befand sich der verwilderte Pfarrgarten, heute ein gepflegtes Stückchen Land. Doch zu Zeiten der Scholls war dies ein verzauberter Garten zum Theaterspielen oder Kinderhochzeit feiern. Ein paar hundert Meter weiter oben steht die mächtige Schlossruine. Zur Zeit der Familie Scholl war die Ruine in Privatbesitz. Dort durften die Kinder nur unter Aufsicht spielen. Der Pfad führt wieder hinab ins Städtle zur alten Schule. Zu Scholls Zeiten waren immer zwei Jahrgänge zu einer Klasse zusammengefasst. Die nächste Station: das Gebäude der Familie Kern, eine alteingesessene Forchtenberger Künstlerfamilie, das heute ein Museum beherbergt. Im Museum befindet sich eine Gedenkabteilung über die Geschwister Scholl. Nicht weit davon liegt die Kleinkinderschule, der Kindergarten, der von Hans, Sophie und anderen Geschwistern besucht wurde. Über die Posaunengasse entlang der Stadtmauer führt der Weg zum Würzburger Tor. Letzte Station des »Hans und Sophie Scholl-Pfads« ist das Wehr unterhalb der Stadt. Dort lernte die sechsjährige Sophie mit ihrer großen Schwester Inge schwimmen. Sophie, die das Wasser sehr liebte, ließ dort gerne flache Steine über das Wasser flitzen. Hans Scholl brach im Winter 1928/29 ins Eis ein und wurde von einem beherzten Forchtenberger gerettet.

Carlheinz Gräter

Das Geheimnis der Ingelfinger Dunkelgräfin

Zwischen Altstadt und Mariannenvorstadt fällt die Hofapotheke mit ihrem von Holzsäulen getragenen Portikus auf. Mit ihr verbindet sich das Mysterium der »Dunkelgräfin« oder Madame Royale. Im Herbst 1803 fuhr hier eine Kutsche vor, der eine tiefverschleierte Dame entstieg. In ihrer Begleitung befand sich ein Mann, der sich Vavel de Versay nannte, sowie ein Diener. Nur diese beiden hatten in den folgenden Monaten Zutritt zu der Dame; dem Hofapotheker Rambold war vom Fürsten strengste Verschwiegenheit befohlen worden. Von der Hausjungfer erfuhren die Ingelfinger, sie habe auf den fremden Wäschestücken drei Lilien erkannt. Der Sohn des Geheimrats Krauß sah die Dame auf einem Spaziergang am Schulklingenbach einmal kurz unverschleiert. Als er Tage später zufällig ein Porträt der 17-jährigen Tochter von König Ludwig XVI. sah, den man 1793 guillotiniert hatte, rief er: »Das ist ja meine Gräfin Vavel!«

Im März 1804 verschwand das seltsame Paar wieder aus Ingelfingen. Gleichzeitig berichteten die Zeitungen über die Entführung des Herzogs von Enghien aus Ettenheim und seine standrechtliche Füsilierung auf Befehl Napoleons. Dieser hatte den Herzog einer royalistischen Verschwörung verdächtigt. Die beiden Unbekannten tauchten in Hildburghausen wieder auf, wo sie, wie zuvor im Hohenlohischen, von Hof und Regierung in ihrer Anonymität gedeckt wurden. »Dunkelgraf«, so nannte erstmals der Schriftsteller Ludwig

Bechstein den Begleiter der geheimnisvollen Dame. 1852 wurde Apotheker Rambold in Esslingen ermordet, das Verbrechen nie aufgeklärt.

Viele, zu viele Indizien weisen darauf hin, dass die Ingelfinger Dunkelgräfin in Wirklichkeit die Tochter Ludwigs XVI. und der Habsburgerin Marie Antoinette war. Die damals 17 Jahre junge Königstochter Marie Therese Charlotte soll von einem ihrer Wärter im Gefängnis, dem berüchtigten Temple, ein Kind empfangen und geboren haben. Deshalb willigte sie kurz vor ihrer Auslieferung an den Wiener Hof ein, künftig inkognito und völlig zurückgezogen zu leben. An ihre Stelle trat bei der Übergabe in der Schweiz eine illegitime, fast gleichaltrige Tochter Ludwigs, Ernestine de Lambriquet, die als Spielgefährtin der Prinzessin aufgewachsen war. Der bis dahin impotente Ludwig XVI. hatte sie nach einer Phimose-Operation sozusagen probehalber mit einer Kammerfrau gezeugt.

Als Drahtzieher des Austauschs werden der spätere Ludwig XVIII. sowie der spätere Schwiegervater der falschen Madame Royale, Karl X., angesehen. Eine im Temple geschwängerte Bourbonin passte ihnen so wenig ins Konzept wie der Wiener Hofburg. Die Tochter Marie Antoinettes wurde als sanft, tierliebend, musikalisch geschildert, und Porträts zeigen ein weich geformtes Gesicht. Ihre Doppelgängerin, die spätere Herzogin von Angouleme, wies eine Hakennase auf, hasste Tiere, war unmusikalisch und lehnte jeden Kontakt mit früheren Vertrauten der jungen Madame Royale ab. Ihre Herzenskälte und Härte waren berüchtigt. Diese Wandlung erregte früh schon das Misstrauen vieler Zeitgenossen. Aber die wenigen eingeweihten Herrschaften respektierten den Wunsch der Königstochter und nahmen das Geheimnis mit ins Grab.

Die Deutung der Dunkelgräfin als Madame Royale bleibt ein Indizienbeweis. Sie lebte bis zu ihrem Tod 1837 zurückgezogen bei Hildburghausen im Thüringischen. Auf ihrem Grabmal steht »Hier ruht die Dunkelgräfin«. Ihr bis zuletzt verschwiegen treuer Beschützer verstarb 1845 und wurde später als der holländische Diplomat van der Valck identifiziert. Die 1892 gegründete Ingelfinger Weingärtnergenossenschaft, die sich 1966 mit den Criesbacher Kollegen zur Kochertalkellerei zusammentat, bietet die Neuzüchtung Hegel als Rotgewächs vom Hohen Berg, trocken ausgebaut, unter dem Namen »Dunkelgräfin« an.

Hermann Lenz

Eine Kindheit in Künzelsau

Endstation. Ein verschlafener Bahnhof. Irene sah sich um und sagte: »Nie mehr kommen wir hier raus.« Die war eigentlich mürrisch. Das Licht schien klar. Der Wald schaute herunter, und weiter drüben lagen diese weißlich grauen und geraden Hügel, manche mit Weinbergen; Baumstückle hatten sie hier also auch. – »Gut Wetter im Land!« sagte Hermann und streckte den Arm in die Luft. Es war hier so wie es sich ihr noch nirgends gezeigt hatte, abseitig und fast wie außerhalb, doch wohnlich, wie sie es gewohnt war. Hier konnte man doch leben… Und Frau Krumm dachte: Endstation… und erinnerte sich ihrer Krankheit, die sie mitgebracht hatte in ihrem Leib.

Sie gingen an einem Platz mit schattenkühlen Kastanien nicht weit von der Realschule und am Spritzenhaus vorbei. Hermann sagte, dort bänden sie ihre Rösser an, wenn Viehmarkt sei. Dann die Kanzleistraße hinunter, wo Dentist Brückner nicht weit von der Villa des Fabrikanten Naumann wohnte, denn Hermann kannte sich hier schon gut aus; Irene aber interessierte nur das Haus, wo sie jetzt wohnen sollte, wahrscheinlich weil's ihr davor graute. In der Hauptstraße ragte an einer Wirtschaft eine große Rose aus Kupfer am dornigen Stiel heraus. Das Rathaus stellte sich hier mitten in die Straße und ließ neben sich zwei Gassen frei. Zeiger und Ziffernblatt glänzten golden auf dem mit Schieferplatten ummantelten Glockentürmchen; es war ein Fachwerkhaus; davor stand ein gusseiserner Brunnen mit einem heidnischen Gott, der seinen Dreizack emporstreckte und einen Fisch auf der Hand hielt. Es plätscherte und rann, heute am Sonntag in der Hitze hörte man es deutlich, und an Metzger Schlörs Laden waren alle Rollläden herabgelassen. Bei Veigel hing eine Glastafel mit dem Bild eines Herrn im Frack, der eine Zigarette rauchte; darüber stand: ›Salem Aleikum – Für Feinschmecker‹. – »Also nicht für mich«, sagte Hermann und nahm die Pfeife aus der Tasche. Auch Tuchhändler Ledermann ließ nur Rollläden sehen. Und jetzt die Keltergasse, unten, wo sie breit wurde und linker Hand ›Weinstube von Wilhelm Metzger‹ stand, die Schrift mit Trauben und mit Laub verziert.

»Das ist's. Da, guck doch, Mama«, sagte Irene.

Das Haus war alt und hatte überm Türstock zwischen gemeißelten Wappen eine Inschrift, die Frau Krumm nicht lesen konnte. Hermann sagte, die Herren von Gleichen und Cranichfeld hätten es anno siebzehnhundertelf gebaut. Dann ließ er den Türklopfer pochen; der war fast so breit wie sein Kopf. Er zog am Messinggriff der Klingel und holte aus der hintern Hosentasche einen Schlüssel, spannenlang und blank. – »Damit kannst einem schon was zeigen. Der weicht aus, gelt Mäusle?« sagte er und hielt den Schlüssel so, dass er wie eine Waffe aussah.

»Wichtiger Moment!« sagte er dann und streckte den Zeigefinger hoch. »Also, wir gehen jetzt zum erstenmal ins eigne Haus hinein…«, obwohl er dieses Haus heut nicht zum erstenmal betrat und Irene es so gut kannte wie er; aber trotzdem hatte dieser Augenblick gewissermaßen einen hellen Hauch. Über der Tür war ein Emailtäfelchen mit der Nummer vierhundertachtundzwanzig festgemacht; eine Schwalbe schlüpfte aus einem der beiden Nester in der Ecke unterm vorgebauten ersten Stock, und links hinüber war ein schmaler Streifen Boden grau gepflastert; die Keltergasse machte sich zu einem Platze breit und hatte diesen weißen und feinkörnigen Belag, von dem Fäden Staubs aufflogen wie drüben beim Depot des Eisenhändlers Häußermann, das eine rostige Schwanenhalslampe in die heiße Stille streckte, während nahebei ein arg verstimmtes Tafelklavier angeschlagen wurde und ein Gaul vor einem Leiterwagen im Schatten der Weinstube Wilhelm Metzgers den Kopf senkte.

(…) Der Fluss war nahe. Der Bub ging dicht am Ufer. Unter seinen Schuhen schwappte Moos, das Schilf stand grün und gelblich; aus der Wiesenwärme rutschte ein Aal ins Wasser. Wenn sie sich umschaute, lag der Ort lang da, die Aumühle zur Linken und weiter hinten das braune Dach der Kirche wie ein Zelt aus Stein. Der hohe Himmel hatte von hier aus nach Osten zu schon Grünliches im Blau. So etwas war ihr früher auch nicht aufgefallen, doch sah sie's jetzt, weil all dies nur im Licht seinen Grund hatte, denn das Licht… Sie wusste nicht, was das Licht war. Oben war Licht und Luft und hier herunten Erdiges in allen Farben wie im dunkeln Flusswassergrün, in der scharfen Grasfrische, im Moosflechtenglanz der Steine einer alten Mauer. Und sie ging weiter, sah den Himmel nach unten rot werden, dort, wo Ingelfingen lag. Dorthin konnte sie auch vom Dachboden des alten Hauses durch die Fenster mit den Bleifassungen sehen, in die der Bub seine Nägel gedrückt hatte, weil das Blei weich war. Jetzt kam er hergelaufen und fragte: »Du, was sind die roten Streifen in dem weißen G'sicht?« – »In welchem G'sicht?« – »In dem auf dem Plakat. ›Wir beugen uns nicht‹ steht darunter.«

Sollte sie ihm sagen, dass es Striemen einer Peitsche waren? Aber dann fragte er, wer mit dem Mann auf dem Plakat gemeint sei, und darauf wollte sie ihm nicht antworten. Solch ein Plakat hing doch mit etwas zusammen, das ›Aufstand‹ oder ›Unruhen‹ hieß, sie aber konnte nicht dahinter schauen und sagte deshalb, dass sie es genauso wenig wie er wisse.

Es kam ihr vor, als freue er sich über diese Antwort. Ein Kind sollte sich von einem Plakat nicht quälen lassen. Und sie ging mit ihm in das Kleb hinein, wo Kalkfelsen, geschichtet und gezackt, neben der Flusskehre aufragten und Wasser heruntertröpfelte; es klingelte und klang. Auf dem Weg waren Pfützen dicht neben dem Schilf, und Abendschatten mischten sich mit schieferfarbner Luft. Der Bub beugte sich über eine Pfütze, wo Kaulquappen schwammen. Sie gingen weiter; die rinnenden Wasserfäden spielten, der Weg wurde schmal und hatte Farne; ihre Schuhe wurden nass, und hinter Apfelbäumen lag der Scheurachshof.

Dort fragte sie nach Milch. Eine Frau wollte sie ihr holen, als der Bauer aus der Tür kam und sagte: »Mach, dass du fortkommst! Eure Kinder sollen Kocherwasser saufen«, worauf Frau Krumm »Oh« sagte, vermutlich weil sie überrascht war.

Agnes Günther

Sommervakanz auf der Stöckenburg

Glücklich waren wir, plötzlich die malerische, hoch empor-
ragende Stöckenburg vor unseren entzückten Augen zu sehen. Stöckenburg besteht aus einer alten Kirche aus der Zeit
Karls des Großen, aus dem alten Pfarrhaus nebst Scheune
und Stallung und aus dem Friedhof. Der Berg ist mit Äckern,
Wiesen und leichter Waldung bedeckt, umflossen von dem
reizenden Fluss, der Bühler. Hundertdreiundneunzig Stufen
führen zum Pfarrhaus empor. Jenseits des Tales liegt hoch
und malerisch das Städtchen Vellberg, das Ziel so mancher
Künstler. Sieben Filialen gehören zu Stöckenburg. An das
Haus grenzt ein großer Garten mit mehreren prächtigen
Lauben. In diesem Garten blühen Tausende von Blumen.
Auf unseren Spaziergängen fanden wir Stuttgarter seltene
Blumen, die wir botanisch untersuchten. Auch fehlte es nicht
an Versteinerungen. Hier also durften wir sein. Herr Pfarrer
ist ehrwürdig; aber wie ist er so lieb und zart gegen uns: Wir
dürfen ihn alles fragen. Wenn wir in der Bühlerlaube ihm zu-
hören, da schauen wir im Geist den Mummelsee, da schweben
die Berggeister drüber her, da hören wir die Vögelein singen,
und die Blumen duften noch einmal so süß. Abends sitzen
wir mit Herrn Pfarrers unter der mächtigen Linde hinter dem
Pfarrhaus und sehen die Sonne hinabsteigen. Uns ist es wie im
Märchenland. Er erzählt uns manchmal von Eduard Mörike.
Das ist sein Freund. Wir waren heute bei einer Taufe. Herr
Pfarrer erklärte uns nachher, wie die heilige Taufe so wichtig

sei. Da bekommen wir ein Juwelenkästchen vom lieben Gott geschenkt mit drei Edelsteinen drinnen. Das mache uns unser ganzes Leben hindurch frisch und fröhlich. Ich habe mir's gemerkt, weil ich auch frisch und fröhlich werden will. Nun Frau Pfarrer. Vor ihr scheuten wir uns zuerst ein wenig. Sie ist so vornehm; aber bald merkten wir, dass sie ganz wie eine Mutter gegen uns ist, und eine Mutter hat man doch so lieb, wie wir Frau Pfarrer lieb haben. Und Fräulein Klara, sie ist die Blumenkönigin; ihr gehört der schöne Blumengarten. Für sie sind wir begeistert. Mit Fräulein Kretschmer und Fräulein Klara durchstreifen wir stundenweit die herrlichen Wälder. Wir fanden neulich zwölf Arten von Orchideen auf einer entzückenden Wiese, fast ringsum von blaugrünen Wäldern eingeschlossen. Fräulein Klara kennt alle die Menschen, die hier in der Ernte arbeiten. Sie spricht poetisch mit ihnen. So etwas haben wir in der Stadt noch nie erlebt. Wir durften nach Schwäbisch Hall. Bei Verwandten von Fräulein Kretschmer, bei Landgerichtspräsident von Steins, tranken wir den Kaffee. Die zeigten uns die Stadt. Sie sieht aus wie im Mittelalter. Auf der Komburg sahen wir einen riesigen Kronleuchter aus dem frühen Mittelalter mit zwölf Toren; die Tore sollen an die Tore des himmlischen Jerusalems erinnern. Er hat drei Reifen aus dreierlei Metall; das ist ein Sinnbild der heiligen Dreifaltigkeit. Auf dem Einkorn brachten wir einen angenehmen Nachmittag zu. Bei uns war ein Vikar mit Hund. Er redete mit Fräulein Klara von der Natur der Hundeseele. Sie erzählten, was Professor Friedrich Vischer am Polytechnikum zu Stuttgart über die Hundeseele schreibt. Im Pfarrhaus zu Altdorf bei Herrn Pfarrer Halms wurde musiziert; die sind sehr musikalisch wie die Pfarrleute zu Stöckenburg. – Herr Pfarrer Hartlaub geht Punkt 5 Uhr morgens in sein Studierzimmer. Um 7 Uhr wird im Garten gefrühstückt. Mit seiner Tochter spielt Herr Pfarrer vierhändig Mozart, Haydn, Spohr und Beethoven. Wir dürfen zuhören oder nicht, ganz wie wir wollen. Ich lausche in einer Ecke, schaue hinüber nach der Tannenburg, wo Rosa von Tannenburg gelebt haben soll. Herr Pfarrer kann nie alt werden; nach einem kurzen Spaziergang nach Tisch spaltet er das Tannenholz, das er sich eigens kommen lässt. Zum Pfarrhause gehört eine große Landwirtschaft. Frau Pfarrer hat unter sich Knechte und Mägde; Herr Pfarrer ist zu gelehrt, er will von solchen Dingen weniger wissen. Öfters nahmen uns die Schnitter mit hinaus auf die Kornfelder. Da durften wir beim Aufladen der Erntewagen helfen und unter Jubel, mit Kränzchen geschmückt, als Ernteköniginnen heimfahren. Einmal war im Pfarrhause großes Erntefest. Knechte und Mägde setzten sich zu Tisch, die Pfarrleute und wir warteten auf. Waren wir nicht voll berechtigt, an diesem Erntefest teilzunehmen! Täglich liest uns Herr Pfarrer Gedichte und allerlei Schönes vor; nachher sollen wir über das Gelesene mit ihm plaudern …

Rudi Kost

Steil und kurvenreich

Die Fahrt von Schwäbisch Hall nach Hohenberg zählt zu meinen Lieblingsstrecken. Erst geht es vom Kochertal hinauf auf die Hochfläche. Keine fünf Minuten vom Stadtzentrum fand ich mich schon zwischen Feldern und Wiesen. Die frisch gepflügten Felder glänzten satt. Weit ging der Blick über die Hochfläche in eine dunstige Ferne. Nichts ließ davon ahnen, dass hinter mir der tiefe Einschnitt des Kochertals lag. Ebenso wenig war zu vermuten, dass es schon einige Minuten später steil hinunterging ins Bühlertal, wo man in der Ferne die gewaltige Kochertal-Autobahnbrücke sah. Der kleine Ort Cröffelbach drängt sich in das enge Tal, und gleich geht es wieder steil und kurvenreich die Cröffelbacher Steige hinauf auf die nächste Hochfläche, die Ilshofener Ebene.

Den Flachlandtirolern aus dem Norden muss die Cröffelbacher Steige vorkommen wie ein Alpenpass, und bei Eis und Schnee ist sie wirklich ein Horror. Aber für meinen zitronengelben Porsche ist sie eine herrliche Rennstrecke.

Weil er der einzige zitronengelbe Porsche in meiner Region ist, kennt mich jeder. Was ja auch Sinn der Sache ist. Nur im Nachbarkreis habe ich mal einen Angeber in so einem Auto gesehen. Ich würde natürlich nie zugeben, dass ich den Wagen auch ausgesprochen gern fahre.

Gleich nach der Cröffelbacher Steige geht es links ab. Hohenberg ist ein Dorf von der Art, wie es sie selbst in dieser Gegend nicht mehr häufig gibt. Ein stiller Winkel, den nur die nahe Autobahn stört. Höchstens achtzig Einwohner.

Wer nur durchfährt, wähnt sich in einem Bauerndorf wie aus alten Zeiten. Ein geschlossenes Ortsbild. Fachwerkhäuser, teilweise schmuck herausgeputzt und im Sommer mit prachtvollen Geranien vor den Fenstern. Ein paar neue Häuser, aber kein Neubaugebiet. Die Misten vor den Ställen. Und wenn abends das Vieh von der Weide heimgetrieben wird, muss der Autofahrer viel Geduld aufbringen.

Ricarda Huch

Schwäbisch Hall

Natur hat diese Stadt gewiegt und Kunst sie gebildet. An zwei
Abhängen, die der Kocher durchbricht, steigt sie anmutig
prächtig auf, auch wo sie groß wirkt noch traulich wie die
Landschaft, der sie verschwistert ist. Jenseits erhebt sich wie
ein Fabelbau die ritterlich-kirchliche Comburg, und dahinter
der Einkorn, einst Träger einer Wallfahrtskirche, jetzt ein
dunkelgrün bewaldeter Kegel. Hier ist Burg, Strom, Insel,
Felsarchitektur, Auf, Nieder, Winkel und Bogen, alles so
glücklich benutzt und ineinander gewachsen, dass es wie ein
lobpreisender Auszug deutscher Welt vor dem überraschten
Wanderer liegt.

Die freigebige Natur, die jedem Ort etwas verleiht, womit
er sich nährt und woran er erwächst, schenkte hier zur Schönheit Nutzen in einer Salzquelle, die schon in geschichtsloser
Zeit von Tieren und Menschen aufgesucht wurde. (…)

Gemütlich und doch zugleich, seiner Bedeutung gemäß,
eine Hoheit darstellend, empfängt uns die Mitte der Stadt, der
Markt. Vom stillen Haalplatz durch die Haalstraße hinauf-
steigend, kommt man zur Rückseite des Rathauses, an dessen
Seiten Treppen zum Marktplatz hinaufführen. Dieser erste
Aufstieg ist Vorbreitung eines zweiten: Zur Michaeliskirche,
die den Markt bekrönt, leitet eine breitausladende Freitreppe,
die in den wesentlich mittelalterlichen Platz ein neues fest-
liches Raumgefühl glücklich einführt. (…)

Von der alten sind nur die vier unteren Stockwerke des

Turms übriggeblieben und die Vorhalle. Auf einer Konsole an der Mittelsäule, die sie stützt, steht im langen Gewande ein schöner Dämon, der Erzengel Michael, der das Schwert gegen den sich aufbäumenden Drachen richtet. Seine hochaufgestellten Flügel gleichen zornigen Flammen; seine Gestalt sowie die dunkle Vorhalle überhaupt haben etwas altertümlich Geheimnisvolles. (…)

Reizend belebt den Platz ein großer rechteckiger Brunnen, dessen Rückseite geschmückt ist durch drei Heroengestalten unter gotischem Baldachin: Simson mit dem Löwen, Sankt Michael mit dem Drachen und Sankt Georg mit dem Lindwurm. Das wehrhafte Mittelalter hatte eine Vorliebe für die kämpfenden Göttersöhne, Vorbilder des Kampfes gegen die Heiden sowohl wie gegen das Böse. Ein schmiedeeisernes Gitter mit kunstvollen Verschlingungen fasst den Brunnen ein, zu dem rechts der Pranger hinzutritt, ein hübsches Bauglied und zugleich ein Instrument der Justiz. Aus der Mitte des Brunnens speit ein abenteuerliches steinernes Ungetüm Wasser.

Dies schöne Reich beherrscht die Michaeliskirche. (…)

Reformator der Stadt war Johannes Brenz, nicht aus Hall, sondern aus Weil der Stadt gebürtig, wo sein Vater Stadtschultheiß war. Auf der Heidelberger Universität befreundete er sich mit einigen jungen Hallern, die ihn seiner der neuen Lehre geneigten Vaterstadt empfahlen. Brenz war unbedingter Anhänger Luthers. Sehr jung, mit zweiundzwanzig Jahren, wurde er Prediger an der Michaeliskirche und Ausgangs- und Mittelpunkt der reformatorischen Bewegung. Er war ein Mann von unbeugsamer Überzeugungstreue, tatkräftig, gewissenhaft und furchtlos, durch seine Sittenstrenge manchem unbequem. Als er im Jahre 1548 dem Stadtrat zuredete, das sogenannte Interim nicht anzunehmen, verlangte der Kaiser seine Auslieferung, was einem Todesurteil gleichkam. Der Rat musste schwören, von dem kaiserlichen Auftrage nichts verlauten zu lassen. Es wird erzählt, dass durch einen seltsamen Zufall einer der Ratsherren, Philipp Büschler, das Ratszimmer erst betreten habe, als der Eid schon geleistet worden sei. Er habe eilig auf einen Zettel die Worte geschrieben: fuge fuge Brenti cito citius citissime! und habe einen Boten damit zum Pfarrer Brenz geschickt. Brenz soll gerade mit Frau und Kindern beim Mittagessen gewesen sein, als er abgerufen wurde und von dem im Hofe wartenden Boten den Zettel empfing. Ohne noch einmal ins Haus zurückzukehren, ging er sofort dem nächsten Stadttor zu. Unterwegs, so heißt es, begegnete ihm der kaiserliche Kommissar und fragte, wohin er gehe? »In die Vorstadt zu einem Kranken«, antwortete Brenz; worauf ihn der Kommissar für den folgenden Tag zum Mittagessen einlud. »So Gott will«, soll Brenz erwidert haben. Er fand zunächst ein Asyl bei demselben Schenken Erasmus, der einige Jahre vorher die Limpurg der Stadt verkauft hatte. Seine damals schon schwindsüchtige Frau sah Brenz nicht wieder. Mit seinem Sohne starb die Familie aus.

Ulrike Schweikert

Die Tochter des Salzsieders

Anne Katharina ließ ihren Blick vom Marktplatz über die erst vor einigen Jahren errichtete, geschwungene Freitreppe zur St.-Michaels-Kirche hinaufwandern, deren gewaltiger Mittelbau sich gegen den bleiernen Himmel abhob. Der alte, trutzige Westturm mit seinen schmalen Bogenfenstern wirkte ein wenig verloren vor dem mächtigen neuen Mittelbau, den er nur um wenige Fuß überragte. Die auf beiden Seiten des Westgiebels vorstehenden Verzahnungssteine mahnten täglich den schon seit über fünfzig Jahren hinausgeschobenen Neubau eines modernen, hochaufragenden Turms an, doch nichts geschah. Auch der alte, rechteckige Chor, der nicht ganz zu dem neuen Mittelschiff passen wollte, war noch erhalten. Seine Tage waren allerdings gezählt, denn wie ein totes Gerippe ragten hinter ihm bereits die aufgestellten Gerüste empor und kündeten von dem ehrgeizigen Vorhaben des Baumeisters Scheyb aus Urach. Der Chor hätte mit seiner schwindelnden Höhe und seinem kunstvollen Gewölbe der nüchternen Kirchenhalle Glanz und Pracht verleihen sollen, doch durch den plötzlichen Tod des Baumeisters waren die Arbeiten am Chor vor fünf Jahren ins Stocken geraten (…).

Anne Katharina versuchte gerade, sich vorzustellen, wie die fertige Kirche aussehen würde, prachtvoll und ehrfurchtgebietend, zur Ehre des Herrn und seines Erzengels Michael, als Peter sie plötzlich kräftig in den Arm kniff und aus ihren Gedanken riss.

»Sieh mal, Anne Katharina, da steht eine Frau am Pranger. Komm mit, wir wollen nachsehen, ob wir sie kennen.«

Mit ausladenden Schritten überquerte er den Marktplatz, der, leicht abfallend, an der Nordseite in zwei terrassenartige Stufen überging. Über dem kastenartigen Marktbrunnen, der an der oberen Stufenwand lehnte, ragte, für alle gut sichtbar, der Pranger auf. Peter strebte auf die filigran verzierte Steinsäule zu, an der eine junge, hochschwangere Frau mit einem groben Halseisen festgehalten wurde.

»So warte doch!« Mit den Armen rudernd, schlitterte Anne Katharina Peter hinterher und rutschte fast in ihre Schwägerin hinein, die mit ihrem Gemahl unterhalb des Prangers stehengeblieben war.

»Das ist ja die Marie Wagner, das arme Ding«, rief Ursula entsetzt, und erst jetzt erkannte Anne Katharina in der armseligen Gestalt mit dem strähnig in die Augen hängenden, abgeschnittenen Haar und dem vor Kälte blau angelaufenen Gesicht die hübsche Magd wieder, die bis zum letzten Sommer im Senftenhaus gearbeitet hatte (…). Mit geschlossenen Augen stand die junge Frau wie erstarrt da. Nur das leichte Zittern der nackten Beine zeigte, dass sie noch am Leben war. Neugierig studierte Anne Katharina das Schild, das an dem um die Prangersäule laufenden Eisengeländer angebracht war.

»Der hochwohllöbliche Rat der freien Reichsstadt Hall hat die ledige Magd Marie Wagner der Unzucht für schuldig befunden. Also soll sie am Sonntag des heiligen Blasius zwei Stunden am Pranger stehen, dass jeder ihre Unzucht vor Augen habe, dann soll sie bis zum Tage ihrer Niederkunft im Hexennest eingesperrt werden. Ist das Kindlein zehn Tage alt, wird die Sünderin mit Rutenhieben aus der Stadt hinausgesetzt, auf dass sie das Haller Land für alle Zeit nicht mehr betrete.«

Gerhard Storz

Die Freilichtspiele von Schwäbisch Hall

Dem Spielort im Zentrum der Stadt entspricht der Ursprung des Unternehmens: aus der Bürgerschaft ist es herausgewachsen. Denn ohne die sofortige, weit ausgreifende Resonanz unter den Einheimischen hätte die Anregung eines Theatermannes nicht wirksam werden können. Dieser stand einer kleinen Schauspieltruppe vor, die damals, in den zwanziger Jahren, in Hall sommerliches Kurtheater zum Besten gab. Er las wohl von den Aufführungen auf dem Domplatz in Salzburg, hat vielleicht gar Hofmannsthals »Jedermann« dort gesehen, jedenfalls ging er alsbald, im Sommer 1925, daran, mit seinen Künstlern und mit Spielern aus der Bürgerschaft den »Jedermann« auf der großen Freitreppe aufzuführen. Es scheint, als hätten damals die Haller vornehmlich für sich selbst gespielt: erlebten sie als Laienspieler auf der Treppe mancherlei an Erregendem zugleich und zum ersten Mal – den Reiz des Rollenspiels, die Gewalt des alten Parabelstücks, aber auch die Wirkung ihres Marktplatzes? Wie immer, jedenfalls klangen die Schilderungen ehemaliger Mitspieler Jahrzehnte danach immer noch seltsam bewegt. Eine Bürgergemeinschaft, der Verein Alt-Hall, ließ es sich zusammen mit jenem Theatermann und seiner Nachfolgerin angelegen sein, dass Sommer für Sommer das Spiel auf der Treppe stattfand, bis ihm der Krieg ein Ende setzte.

Der Antrieb zur Wiederaufnahme nach dem Krieg ging abermals und nun eindeutig von der Bürgerschaft aus. Das geschah im Frühjahr 1948. Noch war man von Wohlstand weit entfernt, aber bereits hatten die Haller die in den letzten Kriegstagen gesprengten Stege über den Kocher in ihrer früheren Gestalt hergestellt: bald wusste man gar nicht mehr, dass sie einmal zertrümmert gewesen waren. Auch die steinerne Brücke stand wieder, und mehr als das: der Außenbau des zerstörten Rathauses hatte wieder sein früheres Aussehen gewonnen und dies zu einer Zeit, da sich in Stuttgart die Architekten noch darüber stritten, ob man das Residenzschloss und den Königsbau zugunsten moderner Bauten vollends abreißen oder ob man sie doch wieder aufbauen solle. Zur völligen Wiederherstellung ihrer Stadt schien den Hallern die Wiederaufnahme der Spiele auf der Treppe zu gehören. Dem Verlangen der Einwohnerschaft stimmte der Gemeinderat zu und beauftragte eine Kommission aus Gemeinderäten und Mitgliedern jenes Bürgervereins damit, die Spiele wieder in Gang zu bringen.

In den letzten Vorkriegsjahren war der Laienanteil an den Spielen auf eine schmale Komparserie zusammengegangen, ohne dass dieser Minderung auf der Seite der Berufsschauspieler eine Hebung der Qualität entsprochen hätte. Die Entscheidung für ein reines Berufsensemble war also durch die Fakten schon vorgezeichnet, es galt nur, sie entschlossen, grundsätzlich und mit einigem Anspruch in künstlerischer Hinsicht zu treffen. Kein Zweifel, am geistlichen Spiel mussten wir festhalten. Denn vor allem dieses geht sozusagen organisch, jedenfalls völlig überzeugend mit unserem gleichnishaften, aus sich selbst redenden Schauplatz zusammen. Die kolossalische Treppe, Umkehr des konkaven Stufentheaters der Griechen ins Konvexe, führt nun einmal in die Höhe, aber nicht irgendwohin, sondern sie zielt auf das Kirchenportal hin. Zu diesem schwarzen, von Steinbögen prächtig umrandeten Loch wird der Blick unwiderstehlich geleitet: dort oben ist so recht der Punkt, das Auftreten eines Verkündigungsengels oder der Frau Welt oder gar des Sensenmannes zu erwarten.

Aber zu der bedingenden Gestalt unseres Schauplatzes fügte sich das Gestimmtsein der Menschen in den ersten Nachkriegsjahren. Sie hatten erlebt, was selten einer einzigen Generation zugemessen ist: Verblendung, Rausch, Verstrickung in monströse Schuld, dann den Umschlag vom prahlerisch verkündeten Großreich in Zerstörung und Elend ringsum. Schließlich, in den letzten Kriegsmonaten, war es für jeden Einzelnen, auch für Frauen und Kinder, Nacht für Nacht, tagaus, tagein um Leben und Tod gegangen. Drum betrachteten sie das Überleben in Dürftigkeit dankbar als großes Geschenk. Soviel an Erschütterung schloss den Sinn für das Gleichnishafte des Vergänglichen auf.

Tatjana Kruse

Vorsicht: Stufen!

Die Große Treppe von St. Michael.

500 Jahre war sie nun alt, sah aber für ihr Alter noch verdammt knackig aus. Manch einen erinnerte sie an eine steingewordene Welle, deren Stufen in der Mittagshitze wie kleine Schaumkronen flirrten, andere sahen ein umgekehrtes Amphitheater in ihr.

Sie selbst war einfach da. Mächtig und ausladend. Und freute sich des Lebens. Es konnte ihr gar nicht umtriebig genug zugehen. Wenn sie spürte, dass Menschen voller Begeisterung und Leidenschaft ihre Stufen auf- und abliefen, dann fühlte sie sich glücklich.

Und ja, wer von der Rathausmauer aus nur lange genug auf die Stufen sah, der merkte: Die Treppe lächelte!

Es war am Freilichttheater Schwäbisch Hall nicht üblich, fremde Produktionen einzukaufen. Hinter den Freilichtspielen stand ein wohldurchdachtes Konzept, das allenfalls durch Co-Inszenierungen mit anderen Häusern ergänzt wurde, nicht aber durch Package-Einkäufe völlig fremder Produktionen.

Doch in diesem Fall hatte das Schicksal seine Hand im Spiel: Es ließ den für die ursprüngliche Produktion geplanten Regisseur schwer verunfallen (keine Sorge, nach dreimonatiger Reha geht es ihm mittlerweile wieder glänzend), und kaum war in letzter Minute ein adäquater Ersatzmann gefunden worden, erkrankte der vorgesehene männliche

Hauptdarsteller nach seinem Nigeriaurlaub an Malaria, die Choreografin bekam von ihrem Arzt wegen Komplikationen in der Schwangerschaft strikte Bettruhe verordnet und der weiblichen Hauptdarstellerin wurde ihre Liebe zu einem Bankräuber zum Verhängnis: Sie wurde wegen Beihilfe rechtskräftig zu sechs Monaten Haft verurteilt. Da war es einem Geschenk des Schicksals gleichgekommen, als ein befreundeter Festspielortleiter Lasker Schudrows Musical empfahl: witzig, spritzig, finanzierbar und wichtiger noch, für die Treppe in Hall geeignet. Dass es sich um ein Danaer-Geschenk handelte, trat erst ganz allmählich zutage. Allmählich, aber überdeutlich.

Nun stand Intendant Christoph Biermeier am Fenster des KBB, des Künstlerischen Betriebsbüros der Freilichtspiele, das im Clausnizer-Haus, einem der historischen Gebäude am Marktplatz untergebracht war, mit direktem Blick auf die Treppe von St. Michael. Der Intendant sah leicht gequält auf den ersten Probentag der *Zehn Gebote*, auf die rangelnden Hauptdarsteller und die Ordner rund um die Absperrung, die natürlich dazu da waren, für Ruhe zu sorgen, aber eben unter den Passanten und nicht unter den Darstellern.

Intendant Biermeier seufzte schwer. Nur die Ruhe, das wird schon noch werden, sagte er sich. Dann warf er ein Gummibärchen ein.

Bestimmt hatte es Gott seinerzeit genauso gehalten.

Eduard Mörike

An die kleine Agnes Hartlaub

Hall, den 10. Januar 1844

Liebe Freundin!

Seit 14 Tagen sind wir hier, und dieses wäre also der erste Salzbrief, welchen Du erhälst. Ich hoffe, dass er Dich bei besserem Befinden treffe, als ich Dich verließ. Gib mir doch bald Nachricht durch umgehenden Salzfrachtwagen!

Nachdem wir uns in unserem kleinen Quartier auf der Salzsteig eingerichtet hatten, ging ich mit Klärchen aus, die Stadt und ihre Sehenswürdigkeiten vorläufig zu betrachten. Es ist fürwahr ein merkwürdiger Ort, und kann wohl einer 100 Meilen reisen, ehe er dergleichen antrifft! Zwar ist darin nicht, wie wir es uns vorgestellt, alles von Salz, doch sind's die vornehmsten Gebäude als: das Rathaus, der große Marktplatz mit der Bildsäul von Lots Weib und besonders die prächtige Sankt-Michaels-Kirche, gleichsam ein ganz kristallines Naturwerk, weiß und glänzend, nur an der Wetterseiten etwas grau, welches ihr recht gut lässet. Man hat von ihr auch kleine Salzmodelle, die der Mesner verkauft; daran die allerkleinsten Teile von Bildhauerarbeit, als Laubwerk, Knäufe, Spitzen usw., sehr niedlich nachgebildet sind. Ich werde Dir ehstens eins schicken. Ich hörte gestern den Herrn Domprediger Salzmann in dieser schönen Kirche predigen.

Was die Privatgebäude anbelangt, so sein sie wohl mehrenteils von Stein. Wenigstens hab ich, auf meinem Umgang durch die Hauptstraßen etlich und 20 Häuser mit der Zungen betast und probiert, aber auch nicht den mindesten Salzgehalt vermerken können. Hingegen sonst ist dieser Gottesgabe ein unerschöpflicher Reichtum in dem Erdboden hier herum niedergelegt. Es werden – wenn Du mir noch diese kleine statistische Anmerkung vergönnen willst – alljährlich ich weiß nicht wie viele Zentner Salzes ausgegraben!!! Da lernt man sich recht beugen vor den Wundern der Schöpfung.

Jetzt lebe wohl, geliebte Freundin, und habe keine Sorge, dass ich etwan in der Gruben zu Wilhelmsglück in Lebensgefahr komme. Ich bin nunmehr fest entschlossen, nicht da hinabzufahren. Es ging mir selbst ein Gräusel auf, als ich gestern an diesem unermesslichen Salzkrater stunde!

Nochmals: Werde bald gesund und besuche mich nächstens!

Dein treuer Freund Märkle, Sanitätsrat

Dieter Wieland

Noochbrschafd

für Martin Blümcke

Wend an Wend
miidm Mörike
hobbe ghausd
eddlich Jôôr
in dr Gass

faichdalich
wôôr sei Loschii
wu d Sunn
nr middoochs
fär a Grissgodd
un Adee
iir Hend reiglangd hadd

im Duuschdr
hadds gschdriigd
sa Gläärle
sa Schweschdr
Bruuschdwärmr
un Scheel
un är hadd sinniird
iwwr a Lamb
a Wiindharf
un iwwr di aisrn
Wendldräbb

fun dr Schduwwa
in d Kammr –

nuff
za de fiinschdare Gedangga
boma Gooliachd
in de Neechd
ôône Schlôôf

wäärsch hald Bfarr wôrra
haasds als widdr
wenne bräddich
un mr lachd farschdoula
duubfd ans Hiira –
awwr noochds
wenne wachleech
in fiinschdare Gedangga
gääd mei Hausdiir
un s hiaschdld aas
daus im Äärn
un i
i fraab me
schdää uff
un holl Gleesr

Erhard Eppler

Hall

Liebe Lisa,

fast alles, was ich Dir aus meiner Kindheit und Jugend zu erzählen habe, spielt in Schwäbisch Hall. Erst der Militärdienst hat mich aus der stolzen Reichsstadt herausgerissen. Dass Deine Großeltern auf ihre alten Tage nach Hall zurückgekehrt sind, zeigt, wie sehr sie an ihrer Heimatstadt hängen.

Heimat – das klingt ziemlich altmodisch. Immerhin konnte sogar Ernst Bloch mit diesem Wort etwas anfangen. Auch für ihn war es vor allem das Land der Kindheit. Aber was heißt dies? Dass Häuser, Treppen, Gassen, Türme, Kirchen, Tore, Steine, Bäume zu uns sprechen, Erinnerungen wecken an die Kindheit. Auf dem Galgenberg, den viele Haller Friedensberg nennen – seit 1811 die Württemberger den städtischen Galgen abgerissen hatten –, verlaufen die Wege heute noch genauso wie 1935, als wir morgens durch das Wäldchen hinunter in die Schule rannten. Der Ahorn, den ich rammte, als ich Rad fahren lernte, ist zwar viel größer geworden, die Schramme ist nun viel höher, aber sie ist noch sichtbar. Das Rondell, wo wir Prellball gespielt haben, manchmal auch Fußball, ist noch genauso wie damals. Von den Sandkästen rund um die Linde in der Mitte des Rondells sind nur noch ein paar Randsteine zu sehen; einige davon haben die Wurzeln der Linde schräg in die Höhe getrieben. Aber wenn ich nur ein bisschen mit dem Schuh am Boden kratze, dann kommt der Sand hervor, in dem meine kleinen Schwestern ihre Burgen und Kanäle bauten.

In dem großen Garten, wo Dein Großvater jetzt Tomaten und Zucchini zieht, hat er kürzlich beim Umgraben die Sandplatten eines Weges entdeckt, den er vor mehr als fünfzig Jahren angelegt hatte – Archäologie in eigener Sache.

Und die Stadt selbst – für mich immer das, was innerhalb der Stadtmauer lag –, sie ist fast noch so, wie ich sie als Kind erlebt habe, nur schöner, denn inzwischen haben die Haller manches Fachwerk, manche Teile des Stadtgrabens oder der Stadtmauer wieder sichtbar gemacht, die dickfellige Beamte im 19. Jahrhundert hatten übertünchen, zuschütten oder überbauen lassen. Das barocke Rathaus, von dem nur noch die Fassaden standen, als ich aus dem Krieg heimkam, schaut wieder so stolz wie früher zum romanischen Turm der Michaelskirche hinauf, zu der Kirche, in der ich konfirmiert und getraut wurde. Dazwischen liegt der Marktplatz, wo die Bäuerinnen aus dem Hohenloher Land heute noch Dahlien und Herbstastern aus ihren Gärten feilbieten, was mich als Kind dazu veranlasste, die Mutter auf den Markt zu begleiten. Und oben am Marktplatz, zur Kirche hinauf, beginnen die 52 Stufen der Freitreppe, die wir einmal, als viel Schnee lag, mit dem Schlitten herunterfuhren – nur einmal, denn das Tempo war so beängstigend, dass wir nur mit Mühe links am Rathaus vorbei das Schuhbäck-Gässle hinabsteuern konnten.

Es klingt natürlich arg provinziell, wenn ich behaupte, ich hätte nirgendwo einen schöneren, geschlosseneren Marktplatz gesehen. Aber zum einen bin ich mit dieser Meinung nicht ganz allein, zum anderen hat das eben mit dem zu tun, was man Heimat nennt: Für mich gibt es keinen Platz, der mein Raumgefühl so befriedigt und überdies so exemplarisch Mittelpunkt einer Stadt ist: Denn nicht nur Rathaus und Kirche stehen sich ganz eigenständig gegenüber, das Rathaus im Westen, die Kirche im Osten, auch die Bürgerhäuser im

Norden und im Süden können sich gegen beide durchaus behaupten, sogar die jüngeren aus dem 18. Jahrhundert, die, wie das Rathaus, nach dem großen Brand von 1728 gebaut wurden. Der Pranger am Marktbrunnen erinnert mich an jene Neunhundertjahrfeier der Stadt, als, um Historie lebendig zu machen, ein geduldiger Haller sich die eiserne Halskrause anlegen und mit Tomaten und Eier bewerfen ließ.

Dass es im NS-Staat andere, brutalere Formen des mittelalterlichen Prangers gab, merkte ich dort ein paar Jahre später, es war wohl 1942, als ich über diesen Marktplatz ging: Da war gerade ein kahlköpfiges Mädchen dabei, seine Haare zusammenzukehren. Es war, wie eine Tafel verkündete, geschoren worden, weil es sich »mit einem polnischen Fremdarbeiter eingelassen« hatte. Das sollte abschreckend wirken, und das tat es wahrhaftig. Aber wovor? Dass dies ein widerliches Schauspiel war, spürten die meisten. Fast niemand blieb stehen und gaffte, alle, auch ich, drückten sich schweigend vorbei. An derselben Stelle saß dann im Mai 1945 der Kreisleiter, von den Siegern zur Schau gestellt.

Übrigens hat dieses Hall erst in der Nazizeit seinen offiziellen Namen bekommen: Die Stadt der Salzsieder war schon zu staufischen Zeiten das schwäbische Hall genannt worden, obwohl seine Einwohner Franken waren und ihren hällisch-hohenlohischen Dialekt bis heute pflegen, etwa bei den Siedersfesten. Aber es lag im Heiligen Römischen Reich am Nordrand des »Schwäbischen Kreises«. Diese Einteilung in Kreise blieb bis zum Ende des Reiches wichtig, vor allem, wenn der Kaiser Soldaten brauchte. Aber der offizielle Name blieb Hall – bis schwäbische Nazis fanden, es müsse offiziell Schwäbisch Hall heißen.

Und das soll so gekommen sein: Als Hitler auf einer Großkundgebung auf dem Cannstatter Wasen reden wollte, zwickten Arbeiter die Übertragungskabel ab. Es dauerte einige Zeit, bis der brüllende Führer bemerkte, dass nur noch wenige seine kostbaren Worte hören konnten. Aber dann packte ihn eine solche Wut, dass er es den Schwaben heimzahlen wollte. Das alte Württemberg sollte ausgelöscht, sein nördlicher Teil sollte einem Großgau Franken zugeschlagen werden, auch Hall und das Hohenloher Land. Um dem vorzubeugen, machten die Stuttgarter Nazis Hall offiziell zum Schwäbischen Hall. Auch solche Grotesken gehören zu den zwölf Hitler-Jahren.

Die Haller hätten ihre Stadt auch dadurch vor Verwechslung mit Hall in Tirol bewahren können, dass sie es mit dem Namen des Flusses verbunden hätten, an dem das fränkische Hall liegt. Der Kocher ist zwar kein so bedeutender Strom wie der Neckar, an dem Du aufgewachsen bist, aber doch einer seiner stattlichen Nebenflüsse, ohne den auch die Salzsiederei nicht floriert hätte. Denn auf dem Kocher wurde das Holz herangeflößt, von Süden, aus den Limpurger Bergen, mit dem in 111 Pfannen die Salzsole gesotten, verdunstet wurde, bis das kostbare Salz übrig blieb, das die Sieder bis nach Straßburg und Heidelberg verfrachteten.

Vielleicht war in meiner Kindheit ein Fluss noch etwas anderes als heute. Ich habe im Kocher schwimmen gelernt, denn ein Freibad mit einem Becken gab es erst später, als ein Haller aus Amerika seiner Stadt das Geld dafür spendete. Wie stolz war ich, als ich zum ersten Mal ohne Schwimmgürtel den Fluss überquert hatte. Dass er schon damals ziemlich schmutzig war, zumal die Abwässer weiter südlich einfach in den Fluss geleitet wurden, hat uns nicht gestört, auch nicht, dass wir wieder ganz verschwitzt waren, bis wir eine halbe Stunde zu Fuß von den Kocherwiesen über die Unterlimpurg zurück auf den Friedensberg getrottet waren. (…)

Besonderen Spaß machten mir die – allerdings seltenen – Stadtgeländespiele im Jungvolk, immer in der Abenddämmerung. Da sind wir durch Winkel der alten Stadt ge-
schlichen oder gekrochen, die uns bisher verborgen geblieben
waren, am Scharfrichterturm, am Winzerturm, im Weiler, im
Froschgraben. Später, als wir anfingen, Mädchen nachzu-
schauen, flanierten wir durch die Neue Straße. Alles, was in
Hall »neu« heißt, ist uralt. Die Neue Straße war nach dem
Brand von 1728 kerzengerade von der Henkersbrücke den
Hang hinauf in Richtung Marktplatz gebaut worden, sie wurde so etwas wie die Hauptstraße, die Geschäftsstraße, aber
auch die Straße, auf der man sich sehen ließ – so man es wollte.
Und wir, Pennäler von kaum vierzehn Jahren, wollten, vor
allem nach dem »Dienst« im Jungvolk. Die Ecken, an denen
wir uns den Titel »Eckensteher« erwarben, sehen heute noch
genauso aus wie damals, nur werden heute, wo seinerzeit eine
Metzgerei war, Süßigkeiten angeboten, wo der alte Helmreich
seine Bücher verkaufte, sind jetzt Kinderkleider zu haben.

So gehöre ich zu den wenigen Menschen, die nicht nur das
Glück haben, da aufzuhören, wo sie angefangen haben, sondern zu den noch selteneren, die ihren Heimatort noch so an-
trafen, wie sie ihn in Erinnerung hatten. Da gibt es natürlich,
auf der Höhe im Osten und im Westen, ganz neue Stadtteile,
und der Friedensberg, früher am Rande der Stadt, liegt jetzt
eher in der Mitte, aber der Stadtkern, die alte Reichsstadt im
Kochertal ist weder von Bomben noch von Bürokraten zugrunde gerichtet worden. Und diese Stadt spricht zu mir. Sie
spricht von meiner Kindheit, und je mehr ich mich in ihre
Geschichte vertiefe, auch von den letzten tausend Jahren.

Ludwig Uhland

Der Schenk von Limburg

Zu Limburg auf der Veste,
Da wohnt' ein edler Graf,
Den keiner seiner Gäste
Jemals zu Hause traf.
Er trieb sich allerwegen
Gebirg und Wald entlang,
Kein Sturm und auch kein Regen
Verleidet' ihm den Gang.

Er trug ein Wams von Leder
Und einen Jägerhut
Mit mancher wilden Feder,
Das steht den Jägern gut;
Es hing ihm an der Seiten
Ein Trinkgefäß von Buchs;
Gewaltig konnt er schreiten
Und war von hohem Wuchs.

Wohl hatt er Knecht' und Mannen
Und hatt ein tüchtig Ross,
Ging doch zu Fuß von dannen
Und ließ daheim den Tross.
Es war sein ganz Geleite
Ein Jagdspieß, stark und lang,
An dem er über breite
Waldströme kühn sich schwang.

Nun hielt auf Hohenstaufen
Der deutsche Kaiser Haus.
Der zog mit hellen Haufen
Einsmals zu jagen aus.
Er rannt auf eine Hinde
So heiß und hastig vor,
Dass ihn sein Jagdgesinde
Im wilden Forst verlor.

Bei einer kühlen Quelle,
Da macht' er endlich Halt;
Gezieret war die Stelle
Mit Blumen mannigfalt.
Hier dacht er sich zu legen
Zu einem Mittagschlaf,
Da rauscht' es in den Hägen
Und stand vor ihm der Graf.

Da hub er an zu schelten:
»Treff ich den Nachbar hie?
Zu Hause weilt er selten,
Zu Hofe kommt er nie:
Man muss im Walde streifen,
Wenn man ihn fahen will,
Man muss ihn tapfer greifen,
Sonst hält er nirgend still.«

Als drauf ohn alle Fährde
Der Graf sich niederließ
Und neben in die Erde
Die Jägerstange stieß,

Da griff mit beiden Händen
Der Kaiser nach dem Schaft:
»Den Spieß muss ich mir pfänden,
Ich nehm ihn mir zur Haft.

Der Spieß ist mir verfangen,
Des ich so lang begehrt,
Du sollst dafür empfangen
Hier dies mein bestes Pferd.
Nicht schweifen im Gewälde
Darf mir ein solcher Mann,
Der mir zu Hof und Felde
Viel besser dienen kann.«

»Herr Kaiser, wollt vergeben!
Ihr macht das Herz mir schwer.
Lasst mir mein freies Leben,
Und lasst mir meinen Speer!
Ein Pferd hab ich schon eigen,
Für Eures sag ich Dank;
Zu Rosse will ich steigen,
Bin ich mal alt und krank.«

»Mit dir ist nicht zu streiten,
Du bist mir allzu stolz.
Doch führst du an der Seiten
Ein Trinkgefäß von Holz:
Nun macht die Jagd mich dürsten,
Drum tu mir das, Gesell,
Und gib mir eins zu bürsten
Aus diesem Wasserquell!«

Der Graf hat sich erhoben,
Er schwenkt den Becher klar,
Er füllt ihn an bis oben,
Hält ihn dem Kaiser dar.
Der schlürft mit vollen Zügen
Den kühlen Trank hinein
Und zeigt ein solch Vergnügen,
Als wär's der beste Wein.

Dann fasst der schlaue Zecher
Den Grafen bei der Hand:
»Du schwenktest mir den Becher
Und fülltest ihn zum Rand,
Du hieltest mir zum Munde
Das labende Getränk:
Du bist von dieser Stunde
Des deutschen Reiches Schenk!«

Marie Niethammer

Mein Bruder Theobald

Dieses kleine Brüderchen, das am 14. Juni 1817 geboren wurde, erhielt den Namen Theobald, nach dem General Theobald, einem Freund des Vaters, der zugleich mit Ludwig Uhland und Karl Mayer des Knaben Pate war. Theobald war ein nettes, zartes Kind, an dessen Hals aber die Mutter zu ihrem Schrecken bald eine Geschwulst entdeckte, die große Ähnlichkeit mit einem kleinen Kropf hatte. Kröpfe waren in Gaildorf etwas sehr Gewöhnliches, und manches dort war vielleicht derselben Ansicht wie die alte Frau in Weinsberg, der man nachsagte, sie habe, als ein Fremder mit schlankem Hals durch Weinsberg gegangen sei und die Kinder ihn ob seines dünnen Halses verhöhnten, diesen zugerufen: »Seid still, ihr gottlosen Kinder, danket Gott, dass ihr alle euere Glieder habt!« Die Geschwulst war der Mutter eine große Sorge, aber der Vater machte nichts daraus, er war wohl sonst sehr beschäftigt, überzeugte sich vielleicht auch bald, dass nichts Bedenkliches dabei war, und schenkte der Sache nicht viel Aufmerksamkeit. Die Mutter in der Angst, ihr Theobald behalte ein Gaildorfer Anhängsel, beschloss auf Zureden von ihrer zur Hilfe anwesenden Schwester folgendes, von einer Nachbarsfrau angeratene, jedenfalls unschädliche Mittel anzuwenden. Es wurde mit dem Bäcker verabredet, dass das Dienstmädchen in der Frühe einen Wecken so heiß wie er aus dem Ofen kommt, unbezahlt und »unberufen« holen dürfe; dieser musste auseinander gebrochen und dem

Kinde auf die Geschwulst gelegt werden. Unterdessen wurde ein großer Hund eingesperrt und dieser sollte den Wecken, wenn er erkaltet wäre und seinen Dienst getan hätte, fressen. Die Sache war nicht so leicht als man glaubte. Das erste Mal begegnete dem Mädchen, so sehr sie auch eilte, doch eine höfliche Person, die ihr: »Guten Morgen, Jungfer« nachrief. Damit war der Zauber gebrochen und den andern Morgen musste wieder von neuem begonnen werden. Diesmal kam das Mädchen unbeschrieen nach Haus, und der Wecken wurde aufgelegt. Jetzt sollte der Hund den Wecken fressen, als man aber den Stall öffnete, brach der Hund durch und war nicht aufzuhalten. Zum dritten Mal musste die Sache vorgenommen werden, und ging nun glücklich vonstatten. Das Beste daran war, dass die Geschwulst bald darauf verschwand. Der Vater behauptete zwar, der heiße Wecken habe gleich einem Kataplasma heilsam gewirkt. Vielleicht hat aber das Nichtbezahlen, Nichtberufen und der Hund doch auch geholfen. Theobald behielt einen schlanken Hals und seine Geburtsstadt hat ihm nichts geschadet.

Öhringer Börde
und Keuperberge

Der gute und öfters billige Wein darf als die
Ursache für viele Excesse, namentlich von
Seiten der ledigen Burschen angesehen werden.
Überhaupt ist die Trunkliebe eine wohl seit alten
Zeiten herrschende Untugend, die jedoch, nach
dem Grundsatz der Toleranz bemessen, weniger
als ein moralischer Fehler, als vielmehr als ein
unüberwindlicher Naturfehler angesehen wird.
Beschreibung des Oberamts Oehringen, 1865

Vum Geddelschbächer kriechsch du d'Kränk
Wenn norr zwaa Mooß tuesch kaafe,
Nô horchelsch glai vum Stühl und Bänk
Und kousch gor nimme laafe.
Er läfft so lieblich dorch de Hals,
Dô hockt m'r wie oug'worzelt;
M'r läppert als und läppert als,
Uff aanmohl isch m'r borzelt.
Wilhelm Schrader, »Hoheloher Wei«

Wilhelm Schrader

Hoheloher Juwel

(1. Oktober 1894)

Soocht's norr jedem Zinkenischte,
Er söll jetz zum Fescht sich rüschte,
Söll vun jedem Torn rohbloose
– d' Madlich straae scheine Rose –
»Juweln söll hait iwerohl
Vun Hallbrunn bis Merchedohl
E jede Fraa und jeder Mou,
Wu Hohelohisch schwätze kou.«
Ja, bloost's norr roh von jedem Torn:
»Hail isch uns alle widerfohrn.«
Herrgott, wie stäht des Hoheloh
Jetz in dem ganze Weltall do!
Färscht *Chlodwich*, der isch Bismarck worde,
Kriecht noch de schwarze Adlerorde,
Raichskanzler isch er, sell isch wohr,
E Held mit fünfesiebzich Johr.
Färscht *Hermann*, der isch aa net wennich,
Im Raichsland driwe Vizekönich,
Statthalter jetz und General;
Und der Prinz *Gustav* Kardinal.
Im Staat, im Raich und in der Kerch
Isch Schillingsfärscht und Langeberch
Vorr alle andern owe drou;
Des fraat doch jede rechte Mou.
Wenn sou die Hoheloher sieche,

Nô miesse m'r en Krattel krieche.
Dô Excellenz, dort Eminenz
Und iwerohl Intellichenz!
Sou was gäht aam dorch Mark und Baan
In Mazzebach und Naiestaan.
Drum fraat se mit sam'm Bäwele
Vun Herze der alt Gäwele;
Die ruefe kraizfidel und froh:
Hurra! Die Färschte Hoheloh!

Albrecht Goes

Gartenwünsche

(…) Der Garten, ganz am Anfang: das war im Hohenloher Land der Pfarrgarten hinter der Dorfkirchenmauer. Da war der riesige Lebensbaum, die Jakobiäpfel wuchsen im großen Rondell, in Fülle auch die Gaishirtle, unscheinbar, aber köstlich; die japanische Quitte war da, das Pfirsichspalier am Haus, und draußen, nur durch die Hecke mit der kleinen Tür getrennt, das Wiesenland. Und was immer sich einer vom Gartenjahr wünschen mochte – dem Knaben wurde eins ums andere zuteil.

Die vollkommenen Tage. Da kommt jener erste Gartentag herauf mit dem Atem der Frühlingsfrühe, mit so viel Schon-wieder und so viel Noch-nicht, mit Ahnung und Erwartung, mit Szillalicht und Zitronenfalterlust. Leben uns zu Füßen, Leben in Kniehöhe, Leben vor den offenen Händen. Das zu unsren Häupten, das Leben in den Obstbaumblüten – noch schlummert es, aber durch diesen Schlaf vor dem Erwachen geht es schon längst aus der Melodie: wir kommen, wir kommen! Und dann der zweite Tag. Da ist das Land weiß ringsum und zartrot, ist nichts als Blüte, und der feurige Prunk der Pfingstrose regiert im Garten. Danach kommt ein Julinachmittag. Die schwarzen Johannisbeeren, die seltsam herben, sind schon fast abgeerntet, der Gemüsesegen schwillt in die Höhe und in die Breite, Schweigen liegt wie eine glühende Fessel über aller Kreatur, nur die Sommerschmetterlinge taumeln im Licht. Wir aber, die Söhne, haben uns in die dunkelgrünen Spielroben gesteckt und proben nun mit Feuereifer und mit verschmitztem Übermut unser Spiel, das Märchenspiel von des Kaisers neuen Kleidern, Andersen hat es erzählt, schön in Verse gesetzt ist es auch, und unser Teil ist das listige Lied der Weber. Wir singen das Lied, indes wir über den Gartenweg hin paradieren. Noch ist alles voll Lebensmut und voll Verwegenheit, aber insgeheim macht sich der Knabensinn schon auf, das zu suchen, was er hinfort in den Gärten des Lebens suchen wird: den Wandelgang zwischen den Hecken, die Steinbank, die Verborgenheit, das ganze »Laß, o Welt, o laß mich sein!« Und früh genug nennt er denn auch nicht Frühling und nicht Sommer, sondern den Herbsttag *seine* Zeit, die Stunde der klargewordenen Septemberluft, die Lockung der schwarzen Holunderdolden und den Duft der goldenen Quitten.

Ich habe den Garten der Kindheit wieder gesehen, viele Jahre nach jenen Jahren des allerersten Anbeginns, und es war ein wunderliches Wiedersehen. Wie war er klein! Und was war der Lebensbaum, dieser Gipfel vorn ersten Jugendstolz? Ein rechtes Bäumlein war das, mild nur und fast sittsam seinen Wipfel wiegend. Die Frühbirnen lagen im Gras wie vor alter Zeit. Ich schob mir zwei oder drei in die Tasche, brach einen dunklen, ernsten Thujazweig und schlich mich hinaus.

Soll man wiederkehren? Man soll nicht – sagt die Stimme einer leise klirrenden Enttäuschung. Aber die Stimme vom Danken sagt: man soll.

Dies der Anfang. Aber nun gibt es ja in unsrem geheimnisreichen Leben ein zweites Zum-ersten-Mal; das ist dort, wo wir mit unseren eigenen Kindern noch einmal an den Anfang gestellt werden, und auch diesen Garten, das Frühparadies unserer Kinder, vergessen wir nicht. Man bückt sich nach den Gänseblümchen und flicht einen kleinen Kranz, einem rötlichen Schopf zulieb. Sandplatz, Plantschbecken und Schaukel werden angelegt, und alles, was den Kindern not tut, wird sorgsam ausgesät und eingeerntet: Spinat und Karotten und die heilkräftige Kamille. Löwenzahn wuchert; wir müssen ihn stehen lassen solange, bis alle Goldaugen verblüht und alle Pustekugeln ausgeblasen sind. Eine Hecke wächst auf, dicht genug, dass nicht ein welteroberner Kinderschritt sie unversehens durchbreche, und doch offen auch für den Gruß der Nachbarn, die herzusehen: Grüß dich Gott, kleine Person im grünen Sammetkleid! Es ist ein anderer Garten, dieser Garten der Kinder, offen unter dem offenen Himmel, voll Wohlgeruch und Wohlgeschmack, Unschuld und Jauchzen. Ob er den Kinderaugen auch so unermeßlich groß erscheint wie uns einst der erste Garten?

Sie werden ihn ja verlassen müssen, auch sie den ihren, über kurz oder lang; wie gut, dass auch dann nicht aller Gartenwünsche Ziel und Ende gekommen ist. Denn nun hebt ein Neues an. Es gilt, den schönen Bildern vom seßhaften Leben den Abschied zu geben, und als ein rechter Gartenzigeuner zu sagen: alle Gärten sind mein! Die Bahnwärterhausgärten, an denen ich vorüberfahre, die oktoberlichen mit ihrer wilden, letzten Asternpracht … halten es nicht die Bahnwärter alle gerade mit den Astern? Die Bauerngärten mit ihrer Kapuzinerlustbarkeit und die Bürgergärten mit dem kleinen Springbrunn und dem Zwergengetümmel. Der Klostergarten – auf wen hat er gewartet, wenn nicht auf mich? Dass ich's gewahr werde, das Licht aus dem Magnolienbaum, wie es hin- und widerblitzt in der großen Brunnenschale. Zwölfmal schlägt die Uhr vom Klosterturm, und der Lebenstag glüht. (…)

268

E. Marlitt

Beim Wiederfinden alter Gedichte

Ich fand ein altes Buch. Die Ruhestatt
Darinnen meine Lieder lang gelegen!
Es quoll aus dem vergilbten, alten Blatt
Mir wahrer Maienblütenhauch entgegen.
Mein krankes Herz, vom steten Ringen matt
Durchbebte da ein längst vergess'nes Regen,
Es taucht' empor mein einstig Hoffen, Träumen,
Aus der Erinn'rung dunkelgrünen Räumen.

Es wallen Geister durch die Dämmerpracht
Von längst dahingeschied'nen Lebensplänen.
O junges Herz, in deiner Blütenpracht
Nahmst du für echtes Gold dies falsche Wähnen!
Es wandelt stets des Schicksals finst're Macht
Heimtückisch jeden Wunsch zu bitt'ren Tränen.
Die Jugendträume, lieblich und erhaben,
Ich hab' sie alle still und leis' begraben.

Carl Julius Weber

Den Fürsten noch sehr ergeben

Das Fürstentum Hohenlohe, das beinahe ein Drittel des Jagstkreises bildet, ist einer der schönsten Edelsteine in Württembergs Krone, ein Ländchen, das alles aufzuweisen hat, was man sich billigerweise wünschen mag. Es ist ein schönes Hügelland mit malerischen Tälern, auf der Sommerseite stundenlange Weinberge, auf der Winterseite fruchtbare Ackerfelder, und auf den Höhen herrliche Waldungen, leider nicht ohne zahlreiche wilde Bewohner! Feldbau und Viehzucht stehen hoch, was besser ist als Fabriken und Manufakturen; der Viehhandel brachte einst gewiss 1 Million Gulden in das Land. Die Bevölkerung ist ansehnlich, 80.000 Seelen, biedere joviale Menschen, deren Sprache mehr fränkisch als schwäbisch ist, und hübschen Schlages. Es ist mir mehr als einmal aufgefallen, wenn ich aus dem Odenwalde oder von Mergentheim her kam, dieser hübschere Menschenschlag und freundlichere Gesichter. (…)

Es gereicht den Fürsten zur Ehre, dass das Volk ihnen noch sehr ergeben ist und gerne von der alten patriarchalischen Verfassung und dem früheren Wohlstande spricht, denn die Fürsten waren meist wahre Väter ihrer kleinen Ländchen. Damals war noch kein verderblicher Krieg, Handel und Wandel nicht gehemmt, weniger Teuerung, weniger Auflagen, das Geld, das jetzt nach Stuttgart wandert, blieb im Lande; man hörte nie von Auswandern. In den 1790er Jahren spielten die Bauern, welche – jetzt Gott danken für württembergische

Sechser, mit französischen Laubtalern, die der Viehhandel brachte. Die Fürsten waren im Ganzen gute Staats-Haushalter und hatten das Glück, meist redliche Diener zu finden bei schmalen Besoldungen. (...)

Da Öhringen nicht nur die Hauptstadt Hohenlohes war, sondern auch der Fürst den bedeutendsten Stammsteil hatte, so war der Hofstaat so, dass sich Herzog Carl darüber wunderte; beinahe ein Dutzend Hof-Kavaliere, und noch weit mehr Räte, alle in geschmackvollen Uniformen, gegen hundert Grenadiere und Pagen, Husaren, Laufer, Heiducken, Tafeltrompeter und Hofpauker, nur Türken und Mohren fehlten noch im Adresskalender, wogegen die Haus- und Küchenmägde aufgenommen sind. Daher war es kein Wunder, wenn bei dem beliebten kleinen Ideenkreise im vielköpfigen Deutschland die Öhringer auf die andern Hohenloher blickten wie Pariser auf die übrigen Franzosen.

Nikolaus Lenau

Auf ein Fass zu Öhringen

Ich stand, der höchste, grünste Baum,
Vor Zeiten froh im Waldesraum.
Mir galt der Sonne erster Kuss,
Ich brachte, war sie schon geschieden,
Dem Wanderer zum Abendfrieden
Von ihr noch einen Purpurgruß.
Da sah mich einst der Küfer ragen,
Der kam und hat mich schnell erschlagen.
Ade! Ade! du grüner Hain!
Du Sonnenstrahl und Mondenschein!
Du Vogelsang und Wetterklang,
Der freudig mir zur Wurzel drang!
Die Waldeslust ist nun herum,
Ich wandre nach Elysium.
Ihr Bruderbäume, folgt mir nach
In dieses himmlische Gemach;
O nehmt das Los der Auserkornen
Von all den tausend Waldgebornen,
Das schöne Los, das große Los:
Tief in des Grundes kühlem Schoß
Ein Fass zu sein, ein Fass zu sein,
Nicht so ein still verlassner Schrein;
Ein Fass, dem lieben Wein ergeben,
Der Erde heil'ges Herzblut hüllend,
Ein Trunk das ganze lange Leben,

Den Zecher durch und durch erfüllend!
Komm, komm, bewegter Erdengast,
Und halte hier vergnügte Rast.
Mach' dir das Herz im Weine flott,
Schenk ein! trink aus! merkst du den Gott?
Braust dir der Geist durchs Innre hin,
Von dem ich selber trunken bin?
Er ist so feurig, süß und stark;
O schlürf ihn ein ins tiefste Mark! –
Nun Wandrer, wandre selig heiter,
Von Fass zu Fass forttrinkend, weiter!
Schon tauchen dir im Rosenlichte
Herauf gar liebliche Gesichte;
Manch teures längst verlornes Gut,
Die Träum' aus deinen Jugendjahren,
Sie kommen dir auf Weinesflut
Jetzt frisch und froh herangefahren.
Schenk ein! – du fühlst die alten Triebe
Zu kühner Tat hinaus!
Du gibst den Kuss der ersten Liebe;
Schenk ein! du stehst im Vaterhaus.
Wohl dir! wohl dir! schon bist du trunken,
Und Gram und Sorgen all versunken;
Wir schützen dich, hier packt dich nicht
Ihr freches, quälendes Gezücht,
Wir stehen Fass an Fass zusammen,
Wir lassen unsre Waffen flammen;
Und heimlich hinter unsern Bäuchen
Muss dir die Zeit vorüberschleichen.
Schenk ein, schenk ein, nur immer zu!
Und hat der Gott dich ganz durchflossen,
Lass tragen dich von flinken Rossen

Nach dem Hesperien Friedrichsruh.
Dort schwanke unter grünen Bäumen
Mit deiner Last von Himmelsträumen,
Und lausche dort den Harmonien,
Die durch den Zaubergarten fliehen.
Ein voller stürmischer Akkord
Nimmt dich an seinen Geisterbord,
Irrt weit mit dir von hinnen, weit,
Hinaus ins Meer der Trunkenheit!

Otto Borst

Öhringen

Die Straßenbilder in dieser Ecke der Stadt sind allerliebst.
Man sieht die Rathausstraße hinunter und spürt, dass der zierlich übereck gestellte Erker – die Wucht der Quadertechnik
am Rathaus war einst durch die offenen Arkaden merklich ge-
lockert – und die gräfliche Konsolfigur ganz auf diese schmale
Schlucht hin disponiert sind. Ist dieses ›bürgerliche‹ Öhringen
je richtig gewürdigt worden? Die Hirschgasse: grazile, aus
handfester Zimmermannskunst geborene Häuser, jedes ein
Lebewesen für sich und doch in generationenalter Solidarität
sich zueinander neigend, als wäre Leben nicht ein Ausfließen
in Individualität, sondern allemal Bewährung in Verbundenheit und Gemeinschaft. Das Wort ›Straße‹ will einem hier
nicht von der Zunge. ›Gassen‹ sind's, auf ein paar Meter um-
grenzte Bezirke, die dem Leben, dem ganzen Leben A und
O sein konnten, Anfang und Ende einer noch sehr einfach
geteilten Arbeitswelt: Pflastersteine, Haustreppen, Pfosten,
steinerne Untergeschosse und fachwerkgeschmückte Giebel,
die alles gesehen, alles empfangen und alles durchblutet haben, Arbeit und Spiel, Leben und Sterben. Jetzt ist ein wenig
Verlassenheit und ein wenig Verfall um diese Häuser. Aber
das Traulich-Familiäre ist geblieben. Und die unüberhörbare
Sprache des Künstlerischen. Wer genauer zusieht, hat ein
ganzes Panoptikum altfränkischer Handwerkskunst vor sich,
Haustüren und Fenstereinfassungen, die den Ehrgeiz haben,
mit dem Modischen wenigstens im Ansatz Schritt zu halten,

Türschlusssteine, die als Berufs- und Handwerkszeichen der alten Bewohner fungieren, Wetterfahnen und Fensterkörbe und Wirtshausschilder, einfache Dinge, aber auch solche, die für die Öhringer Schlosser beredtes Zeugnis ablegen. Das Öhringer Schmiedezeichen, das Schild zur Krone in Öhringen – wahre Meisterstücke ihrer Art, ein geistvolles Spiel durchschlungener Spiralen, das sich durch vergoldetes Laub und goldene Blechmuscheln hindurch in leichte, flackernde Bewegtheit auflöst. Wie eng begrenzt war dieses verschwenderische Schaffen! Da hat der Hofschlossermeister Popp 1747 um die Grabmale im Chor der Stiftskirche einen eisernen ›Crembser‹ gezogen, von leichter, dünner Phantasie, aber in einförmig-höfischer Würde und ohne die köstliche Ausgelassenheit des Rokoko. Und wie ernst ist die ›Kunstproduktion‹ dann geworden! Da halten über dem Eingang zum Stadtpfarrhaus an der Poststraße zwei gleichbewegte Engelkinder ein Spruchband:

Als bei Lescin(n)ski Wahl
Das Reich in Unru(h)n fällt
Hat ein onschul(d)ichs Stift
Dies Haus hieher gestellt.

Schlitzohriger hohenlohescher Humor ist das, wie die Herren der Öhringer Stiftsverwaltung ihre ›Ohnschuld‹ an den neuen Nöten des alten Römischen Reiches bezeugen. Drunten, auf dem Weg zur ›Altstadt‹, an Brunnen vorbei – Öhringen hat wunderschöne Brunnen, wie Betonungszeichen, deren Weglassen mehr als ein Fehler wäre –, trifft man auf ein Müllerwappen an der Ecke des Bäckerhauses vor der Altstadtbrücke: zwei brezelbeißende Löwen, ganz ohne den hochfahrenden Stolz der Potentaten. Bürgerliche Löwen, die – sich selbst belächeln.

Otto Rombach

Das Museum der Dynastie Hohenlohe

Nach der Wende von Wittenberg veröffentlichte jedoch bald ein Graf von Hohenlohe eine Streitschrift für die lutherische Sache, und die Verwandtschaft pflichtete ihm bei. Als dann in Holland der Befreiungskampf gegen die Spanier tobte, den Wilhelm von Oranien eingeleitet hatte, befehligte ein Hohenlohe die kühnen Unternehmungen der Niederländer, ein Schwiegersohn des Schweigers. Aus jener Zeit stammt der kunstreiche Schalenpokal, den die Bürger von Breda ihrem Befreier aus Hohenlohe verehrten und der im Neuensteiner Schloss zu sehen ist, ein schlichtes, bürgerliches Gegenstück zu jenem eleganten, herrischen Triumphgemälde des Velasquez, das im Prado in Madrid die Übergabe der Schlüssel von Breda an die damals noch siegreichen Spanier zeigt.

Man braucht nur jenes Neuensteiner Schlossmuseum zu durchstreifen, eine Flucht von Sälen in verschiedenen Geschossen, so wird durch viele der dort ausgestellten Stücke jeweils eine Anekdote der Geschichte wachgerufen, dann geht von ihnen, wie von der Anekdote in der Dichtung, ein bezeichnender Aufschluss aus.

Dort hält wohl jeder Bücherfreund im Kaisersaal, in dem einst Kaiser Maximilian und später Karl V. tafelten, vor jenen Bücherwänden aus Lederbänden an, die sich so unauffällig in den Zusammenklang der kassettierten Bilder an der Decke, der Gemälde, Jagdtrophäen und Türumrahmungen fügen, wie dies dem Geistigen gemäß ist. Hier wird es mit Sorgfalt gepflegt. In anderen Räumen findet er Bilder von Cranach und anderen Meistern, auch einen zärtlichen Tischbein darunter, der hier einmal Hofmaler war und der jedem Frauenporträt eine pastellzarte Anmut zu geben verstand.

Aber der unbeschwerte Gast ergötzt sich vielleicht lieber an den Raritäten, mit denen Sammler von einst ihre oft kunterbunten Naturalienkabinette und Kunstkammern füllten, aus denen jedoch manchmal richtige Museen wurden. Hier entzücken zuerst die feineren Werte, ein burgundischer Kristallpokal von Karl dem Kühnen, der ein besonderer Schatz unter allen den anderen ist, oder das zierliche, verliebte Schnitzwerk aus Elfenbein. Daneben zieht die gewundene Lanze eines Narwal-Zahnes das Auge auf sich, der den Glauben an das Einhorn unserer Märchenwälder überzeugend machte. Dann befreit sich das Staunen kindlicher Schüler, die ihr Lehrer geleitet, mit »Ah« und »Oh« vor einem bestickten Pantoffel der Maria Theresia oder vor dem breitkrempigen Reiterhut von Gustav Adolf, dem Schwedenkönig, begrifflich sichtbare Dinge aus dem Raum der großen Geschichte. Daneben zeugt der »Hermesberger Willkomm« in seiner Art für das Zusammenleben in alter Zeit. Denn dieses respektable Trinkgefäß, einen nobel geformten Hirsch in Augsburger Goldschmiedearbeit, mussten die Nachbarn als Buße stiften, weil sie gewildert hatten, und sicher trank man nachher gemeinsam daraus auf die teuere Versöhnung.

Wohin auch der Blick in diesem prächtigen Schloss fällt, das aus der ehemaligen Wasserburg nun hochgeschossig und mit vielgestaltigen Türmen emporwuchs, überall bieten sich in feiner Wahl zur Schau gestellte Dokumente dieses Landes an, ob wir vor herrlichen geschnitzten Möbeln mit Intarsien oder vor den Bildern alter Ofenplatten die bodenständige Handwerkskunst bewundern oder die Gemälde, die ein Herr aus

Hohenlohe einst in Kopenhagen malen ließ, Bild für Bild die Kameraden seines Offizierscorps in ihren roten Litewken.

(...)

Dann könnte der nächste Akt in der gewaltigen Küche mit ihren eindrucksvollen Geräten spielen, wo Gestalten wie auf den Bildern des Bauern-Breughel den Blasebalg ziehen und den Backofen schüren, einen Ochsen am Spieß oder ein ganzes Schwein im Trog, während andere wahre Klötze von Brotteig aus den Bäckermulden auf die Laibschießer setzen. Indessen muss das Gewölbe, wie einst, voller Würste und Schinken hängen, vom Holzkohlenrauch umspielt, und vielleicht sind Keulen von jenen Bären zum Nachräuchern dabei, die der Hausherr neben den Bisons und Luchsen, die uns im Vorsaal erschreckten, in den Karpaten erlegte.

In jenem geräumigen Koch-, Back- und Räuchergewölbe, das an die mächtigen Küchen von Hampton-Court bei London erinnert, wo man für Heinrich VIII. kochte, briet und sott, saß der Küchenmeister hoch über allen Tiegeln, Pfannen, Rösten und Zurichte-Tischen und dirigierte das von Duft umschwebte schlaraffische Bild.

Es gibt jedoch für die Rolle des dienstbaren Volkes kein packenderes Zeugnis als die Rüstung des Grafen von Helfenstein, den das aufrührerische Landvolk im nahen Weinsberg durch eine Spießgasse hetzte, mit ihm um die dreißig andere Ritter. Der Bundschuh auf der Stange, das Freiheitszeichen der Bauern, wurde auch durch das Hohenloher Land getragen, durch seine Herren kaum gehindert. Sogar Rothenburg, die stark ummauerte Hügelstadt, tat ihm freiwillig die Tore auf. Aber nach der verlorenen Schlacht beim nahen Königshofen, die auch zur Wende für Florian Geyer wurde, erschien ein einzelner Bauer kleinmütig hier im Wasserschloss und gab das unbehagliche Beutestück ab.

Friedrich Wilhelm Mader

Die Marsbewohner

Nach einer halbstündigen Wanderung war der Fuß der Berge erreicht. Nach einer weiteren halben Stunde die erste Anhöhe erklommen.

Der Ausblick, der sich hier unseren Freunden bot, überzeugte sie sofort, dass die Sage von den Marsmenschen keine reine Phantasie der Astronomen sein konnte; denn vor ihren Blicken öffnete sich ein Hochtal, das von einer ganzen Anzahl von Bauten erfüllt war, die zweifellos vernunftbegabten Wesen ihren Ursprung verdankten.

Auch diese Bauwerke hatten ihre auffallenden Eigentümlichkeiten: zum ersten waren sie schmal und hoch, turmartig aufgeführt; zum zweiten erschienen sie alle dreieckig, zum dritten sahen sie wie aus einem Guss gefertigt aus.

Der Professor, der für alles eine Erklärung suchte und auch gleich bei der Hand hatte, ließ sich also vernehmen:

»Die Marsbewohner bauen offenbar in die Höhe wie die New Yorker, jedenfalls auch aus demselben Grund: Sie müssen an Platz sparen. In der Tat erreicht die gesamte Oberfläche des Mars noch keine drei Zehntel der Erdoberfläche; da überdies die schrecklichen breiten Sümpfe einen großen Teil des Festlandes einzunehmen scheinen, so müssen sie an Bauplatz sparen. Dreieckig sind die Häuser aufgeführt, um den Orkanen und den Wasserfluten bei der Schneeschmelze wirksamen Widerstand bieten zu können; dass sie so glatt und ungegliedert aussehen, weist auf eine besondere Masse hin, mit der die Baumeister die Gebäude von außen gleichmäßig bestreichen, auf einen Mörtel, der vielleicht dem Mars eigentümlich ist.«

»Scharfsinnig, wie immer, Professor!«, lachte der Kapitän. »Aber gestatten Sie mir diesmal, den Zweifler zu spielen: Wir haben auf unserer ganzen Wanderung weder Dörfer noch Städte, ja nicht einmal angebautes Land getroffen oder auch nur von ferne erblickt. Also haben die Marsbewohner noch keinen Mangel an Bauplätzen; zum andern dürfte in diesem geschützten Tale kaum je ein heftiger Orkan wehen, auch ist es so hoch gelegen, dass keine Wasserfluten es bedrohen. Abgesehen von diesen Kleinigkeiten mögen Sie ja immerhin recht haben.«

»Na!«, sagte Schultze, »Sie oller Zweifler! Lassen wir das einstweilen dahingestellt und untersuchen wir die Häuser. Verlassen oder ausgestorben scheint ja die Stadt zu sein.«

Das, was Schultze eine »Stadt« nannte, waren etwa hundert zumeist gleich geformte Bauwerke von mäßigem Umfang. Sie leuchteten in allen Regenbogenfarben, eines blau, das andere rot, das dritte grün; einige schneeweiß, andere schwarz; daneben gelbe, braune, orangerote, violette Türme in allen Farbenabstufungen.

Im Innern erwiesen sie sich sämtlich ganz ähnlich angelegt; statt einer Treppe führte ein gewundener Gang empor, von schmalen Seitenfenstern erhellt. Ganz oben befand sich ein dreieckiges Gemach, in welchem auf erhöhten Matten – Leichen lagen.

Ja, nur Leichen!

»Eine Begräbnisstätte, ein Friedhof«, rief Heinz aus.

»Wenigstens eine Totenstadt«, entgegnete Schultze, »da von Gräbern und Begräbnis hier nicht die Rede ist.«

Die Leichen waren alle in lange Gewänder von einem eigentümlichen glatten und sehr schmiegsamen Stoffe gekleidet, der keine Fäden, kein Gewebe erkennen ließ. Entweder war dieser auf Erden unbekannte Stoff aus einer äußerst zähen Gummiart papierdünn gewalzt, wobei der Gummi jegliche Elastizität verloren hatte, oder er war aus einem nur den Marsbewohnern bekannten Material gegossen.

Die Gewänder glänzten auch in den verschiedensten lebhaften Farben. Die Körper unterschieden sich nicht wesentlich von menschlichen Körpern; sie waren aber alle sehr klein, schlank und zierlich und jedenfalls wiesen sie eine Rasseneigentümlichkeit auf, die auf Erden nicht zu finden war. Diese Eigentümlichkeit bestand im Wesentlichen in einer auffallenden Schädelform: Man hätte meinen können, jedes dieser Häupter trage eine Kappe; denn über der Stirne eingeschnürt, saß eine zweite mäßig gewölbte und dicht behaarte Schädelkammer.

»Zwei Stockwerke!«, rief Münchhausen in ehrlichem Staunen: »Ein zweistöckiges Gehirn haben diese Marsiten besessen! Nein, müssen die gescheit gewesen sein!«

Die rosige Haut des Gesichts und der Hände, so weich und zart sie aussah, erwies sich nichtsdestoweniger bei der Berührung als ungeheuer zäh, wie Leder oder wie die Haut eines Elefanten.

Schultze machte, nicht aus sträflicher Neugier, sondern aus wissenschaftlichem Interesse, einen Versuch, die Haut einer Hand mit seinem Dolche zu ritzen; doch als er schließlich auch alle Gewalt anwendete, es gelang ihm nicht, das Gewebe zu verletzen; das Messer hinterließ nur eine vertiefte Spur, die bald wieder verschwand.

»Die waren ausgerüstet für den Kampf ums Dasein!«, sagte er. »Die scharfen Hörner der wilden Tiere, die Klauen und Gebisse der Vögel und die blutsaugerischen Schnauzen des

Gewürms konnten ihnen nichts anhaben. Um so mehr dürfen wir erwarten, bald auf lebende Marsbewohner zu stoßen: Ein solches Geschlecht stirbt nicht aus!«

Der Professor kannte die Schrecken des Mars noch allzu wenig!

Flitmore fotografierte das Innere der Leichenhalle, sowie einige besonders charakteristische Mumien. Nach Verlassen der Totenstadt nahm er auch diese von einer Anhöhe aus auf; dann verließen unsere Freunde den Ort durch ein gewundenes, bergab führendes Tal.

Am Ausgang der Schlucht lehnte an der Bergwand ein niedriger, dreieckiger Bau aus »Gussstein«; denn so hatte Schultze das steinerne Material, das gleichmäßig glatt war und keine Lücken aufwies, benannt. Er vermutete, dass die Marsbewohner eine besondere Steinart wie Lava zu schmelzen verstünden, im flüssigen Zustand färbten und dann ihre Häuser in einem Block in Erdformen gossen.

Dafür sprach der Umstand, dass die Bauten in der Totenstadt eine beschränkte Anzahl von Formen aufwiesen, die in genau den gleichen Abmessungen immer wiederkehrten. Der Bruch einzelner beschädigter Steine zeigte, dass die Färbung den ganzen Stein durchdrang und dass tatsächlich nirgends eine Fuge vorhanden war, sondern alles aus einem Block bestand.

Vor dem neuentdeckten Hause nun saß ein steinaltes Männlein, dessen Doppelschädel den Eindruck machte, als trage er eine Mütze aus Eisbärenfell; denn schneeweiß war sein dichtes Pelzhaar, das zottig herabhing, jedoch nicht länger als es bei einem Tierpelz zu wachsen pflegt.

Ein ebenso zottiger kurzer Bart umrahmte sein Gesicht.

Mit den großen, gescheiten Augen betrachtete er die Ankömmlinge, offenbar sehr interessiert, aber durchaus nicht mit der Verwunderung oder gar dem Entsetzen, welche diese sich geschmeichelt hatten, bei dem ersten Marsbewohner zu erregen, der ihre fremdartige Erscheinung gewahren würde.

Als sie sich ihm nahten, erhob er sich langsam. Ein leuchtendes rotes Gewand umfloss seine schlanken Glieder.

Und nun zeigte Schultze den unentwegten Professor: Er redete den Marsgreis im elegantesten Latein an, das ihm zur Verfügung stand; denn er dachte, Latein sei eine Weltsprache, die von gebildeten Wesen überall verstanden werden müsse. Er bedachte nicht, dass die alten Römer, so unternehmungslustig sie waren, die Grenzen ihres Reichs doch nicht über den Erdball ausgedehnt hatten.

Übrigens war der Marsite stocktaub, wie er durch ein beredtes Berühren seiner Ohren und sein trüblächelndes Kopfschütteln zu verstehen gab.

Da er jedoch an Schultzes beweglichen Lippen erkannt hatte, dass dieser ihn anredete, mochte er meinen, die seltsamen Besucher sprächen die Marssprache; denn er ließ einige wohllautende Worte vernehmen, merkte aber bald an des Professors Kopfschütteln, dass man ihn nicht verstand.

Da deutete er auf die Gruppe, die ihn anstaunte, und erhob den Blick gen Himmel. Gleichzeitig streckte er den Arm empor und wies auf einen blassen Stern.

Das war die Erde!

Da die Erde dem Mars weit näher steht als die Sonne, und diese ihm infolge ihrer Entfernung nicht so blendend leuchtet, wie uns, konnte man die Erde hier bei Tageslicht am Himmel stehen sehen.

So sehr Lord Flitmore an Selbstbeherrschung gewohnt war, die Gebärde des Greises brachte ihn doch aus der Fassung.

»Allmächtiger!«, rief er aus. »Sollte man das für möglich halten? Dieser Marsmensch vermutet, dass wir von der Erde her kommen! Offenbar ist ihm das Vorhandensein von Menschen dort bekannt und man rechnete hier damit, eines Tages einen Besuch vom Nachbarsterne her zu erhalten.«

»Nein! Welche Hilfsmittel müssen diese Marsmenschen besitzen!«, meinte Schultze verwundert.

»Ich glaube fast, ihre Augen ersetzen ihnen das beste Teleskop«, bemerkte Heinz. »Sehen Sie doch nur, wie der Mann seine Augen weit heraustreten lässt, wenn er nach der Erde schaut, und wie tief er sie in die Höhlen zurückzieht, wenn er uns betrachtet.«

In der Tat bemerkten jetzt alle dieses seltsame Augenspiel, je nachdem der Marsite den Blick auf nähere oder entferntere Gegenstände richtete.

»Fragen Sie doch den Alten, wo wir noch mehr Seinesgleichen treffen können«, wandte sich Münchhausen ironisch an Schultze, der mit seinem Latein zu Ende war nach dem ersten vergeblichen und etwas törichten Verständigungsversuch.

Heinz Friedung aber bewies, dass er einer solchen Aufgabe gewachsen war: Er unternahm es, die gewünschte Auskunft zu erhalten.

Das griff der intelligente junge Mann folgendermaßen an:

Er wies auf die eigene Brust und streckte den Daumen der geschlossenen linken Hand empor; dann deutete er der Reihe nach auf Flitmore, Mietje, Schultze und Münchhausen, jedes Mal einen weiteren Finger der Linken ausstreckend.

Der Marsite folgte aufmerksam diesem Gebärdenspiel, das besagen wollte: »Wir sind fünf.«

Als Heinz dann seine Hand wieder schloss, zeigte der Alte, dass er begriffen habe und des Zählens mächtig sei; denn mit einer Handbewegung wies er auf die Gruppe und streckte dann fünf Finger aus, als wollte er sagen: »Das stimmt, ihr seid zu fünft.«

Jetzt zeigte Hans auf den Marsiten und streckte wieder

den Daumen allein vor. Das hieß: »Du bist nur einer.« Dann sah sich der junge Mann forschend und fragend nach allen Seiten um mit hilflosen Handbewegungen, aus denen der Marsbewohner sofort die Frage erriet: »Wo sind die anderen Bewohner des Mars?«

Da schüttelte er den Kopf und eine tiefe Traurigkeit überzog seine milden Züge: Eindringlich streckte er den einen Daumen empor, berührte seine Brust, wies dann mit dem Arm im Kreise umher, immer kopfschüttelnd und zugleich die Hand verneinend schwenkend, als wollte er sagen: »Ich bin allein da! Sonst ist nirgends mehr jemand vorhanden.«

Erstaunt glotzten unsere Freunde ihn an; da winkte er ihnen, ihm zu folgen.

Er führte sie an den Rand des Hügels und deutete in den Sumpf hinab.

Da sahen sie schaudernd die Spitzen von Gebäuden aus dem schwarzen Schlamme emporragen und die traurigen Gebärden des Greises sagten: »Alle sind verschlungen von den Wassern, alle modern im Sumpf oder dienen den Sumpfwürmern zum Fraß.«

Dann raffte sich der Alte auf, deutete auf seine Gäste und dann hinauf zur Erde, ihnen mit heftigen Handbewegungen begreiflich machend: »Fliehet, fliehet! Sonst ereilt euch das gleiche Schicksal!«

Dieses grässliche Geschick verdeutlichte er noch dadurch, dass er wieder hinab in den Sumpf zeigte, dann die Handfläche waagrecht über den Boden hielt und sie ruckweise am eigenen Körper immer höher steigen ließ, bis er sie hoch über den Kopf hob.

»Er will andeuten, dass die Gewässer plötzlich steigen und hoch über unsere Köpfe weggehen können«, erklärte der Lord.

»Allerdings«, bestätigte Schultze. »Die Astronomen haben des öfteren derartige Katastrophen auf dem Mars beobachtet: Das Land wird urplötzlich vom Meere verschlungen, und die Verteilung von Kontinenten und Meeren nimmt eine ganz neue Gestaltung an.«

»So werden wir hier nicht mehr viel zu entdecken haben«, meinte Münchhausen. »Der Mann kennt sich jedenfalls am besten aus auf dem Mars und wir werden gut tun, seine Warnung nicht in den Wind zu schlafen.«

In diesem Augenblick dröhnte der Klang der Sirene von der Sannah durch die Lüfte.

»Halloh! Das ist ein bedenkliches Zeichen!«, rief Flitmore.

»Was mag da los sein?«, fragte Mietje besorgt.

»Jedenfalls gilt es, schleunigst umzukehren«, mahnte der Kapitän.

Heinz fasste den Marsiten bei der Hand und wies ihm das in der Ferne hoch aufragende Weltschiff, ihm bedeutend, er möge mit ihnen flüchten.

Der Mann aber schüttelte bloß traurig das Haupt und schwenkte die Hand gegen den Sumpf hinab. Da war nichts zu machen: Dort lagen alle seine Lieben, bei ihnen wollte er sein Grab finden!

Flitmore unterließ nicht, den letzten Zeugen einer ausgestorbenen Menschenwelt zu fotografieren; dann schieden unsre Freunde bedauernd von dem Greise und beeilten sich, die Sannah wieder zu erreichen (…).

Richard Lauxmann

Silberrausch im Mainhardter Wald

In Murrhardt lebte damals der berühmte Theosoph und Prälat Friedrich Christoph Oetinger, den man auch den »Magus des Südens« nannte, und der in seinen Mußestunden mit großem Eifer sich dem Studium der Naturwissenschaften hingab und sich mit chemischen und physikalischen Versuchen beschäftigte. Es war ihm dabei nicht darum zu tun, den »Stein der Weisen« zu finden, mit Hilfe dessen man ein unedles Metall in ein edles verwandeln zu können glaubte, oder gar das »Universale«, das jeden Stoff zu verändern vermochte, sondern er brachte seine Studien in Zusammenhang mit seinen theosophischen Gedanken. »Chemie ohne Betrachtung der Werke Gottes«, sagte er, »ist eine Küchenarbeit.«

Zu Oetinger kam nun ein gewisser Friedrich Ziegel von Neufürstenhütte und brachte »dem guten Herrn Prälaten« einige Erzproben von der Pfaffenklinge zwischen Wüstenrot und Stangenbach mit dem Bemerken, dass vor 200 Jahren ein reiches Silberbergwerk dort gewesen sei. Oetinger hatte damals Besuch. Der Herr »Bergrat Riedel aus Sachsen« war bei ihm (…). Riedel hatte zur Zeit keine Beschäftigung und war schon 13 Wochen mit seiner Frau und einer Adoptivtochter bei dem Prälaten. Ihm kam die Sache gerade recht, und er überredete den Prälaten, an der Stelle ein Bergwerk zu betreiben und zu diesem Zwecke eine Gewerkschaft zu sammeln. (…) Da Riedel »als Fachmann« behauptete, in jedem Zentner Erz aus jener Grube stecken 23 Lot Silber, auch etwas echtes Gold, und das verspreche einen großartigen Gewinn, so meldeten sich zahlreiche Liebhaber, Beamte, Bürger aus Wüstenrot und Umgegend, sowie aus den Oberämtern Murrhardt, Backnang und Winnenden, selbst von Stuttgart und Herrenberg (…). Oetinger setzte eine Eingabe an die Landschaft auf, ging selbst nach Ludwigsburg, um bei Serenissimus dies Lehen nachzusuchen. Dies wird ihm auch erteilt; das Bergwerk erhält den Namen »Unverhofftes Glück« und wurde in 128 Kuxe und 4 Freikuxe (1 für die Herrschaft, 1 dem Bodenbesitzer, 1 dem Heiligen und der Schule und 1 dem Pfarrer für sein »zu verrichtendes« Gebet) eingeteilt, und Oetinger nahm selbst 7 Kuxe, die andern meist 2.

Riedel gelingt es, Offiziere und Soldaten in Ludwigsburg zu veranlassen, neben dem Stollen »Unverhofftes Glück« noch einen weiteren in Angriff zu nehmen unter dem Namen »Soldatenglück«. Lehensträger der Offiziere ist der Hauptmann Johann Kaspar Schiller, der Vater unseres Dichters. (…)

Viel Kohlen werden verbrannt, die Schmelzöfen verdorben, und vergebens wartet man auf den »Silberblick«. (…) Riedel wendet alle Kunstkniffe an, um den Leuten Sand in die Augen zu streuen. Er erklärt, dass er in Steinsfeld nicht nur Silber gefunden habe, sondern es gebe dort auch viel Gusseisen; in 4 Wochen seien alle Schulden getilgt, oder der Teufel solle ihm die Seele aus dem Leibe reißen. Allein die Leute glauben ihm nicht mehr, sie verkaufen ihre Anteilsscheine, oder sie verzichten feierlich auf dieselben. (…)

Zuerst ging das Bergwerk in Neulautern ein; das Schmelzwerk in Liemersbach war mit dem Schmelzen der Eisensteine verdorben worden. Auch das Eisen war untauglich, es war zu schwefelhaltig und dazu brüchig. Jetzt wurde dem Bergrat Riedel Bergsiegel und Bergamtsgegenbuch abgenommen, und schließlich wurde er in Löwenstein verhaftet.

Anton Apin

Die Waldenburger Fastnacht 1570

Anno 1570, den 7. Februar ist zu Waldenburg übel hergegangen, hat sich ein leidiger Fall begeben, da hat der leidige Satan aus Gottes Verhängnis eine schreckliche Tragödie und Spektakel angerichtet, und als ein arger Schadenfroh sein Mütlein nach Lust gekühlt. Darum soll man ihn nit über die Tür malen, noch zu Gast laden, denn er kommt wohl von ihm selbst, oder wo er gleich selbst nit hinkommt, da schickt er seine Boten hin.

Damals waren zu Waldenburg in der Fastnacht neben den Grafen und neben denen von Adel beieinander neun Gräfinnen, deren etliche vermummten sich mit einem englischen schönen Habit, gingen daher in gar weißer Kleidung mit weißen papiernen Flügeln, wie man die Engel pflegt zu malen, und trugen auf ihren Häuptern weiße papierne Kronen, darinnen kleine Wachslichtlein brannten und leuchteten. Dagegen vermummten sich die Herren und der Adel mit einem scheußlichen Habit, ließen an ihre Hosen und Wammes, Arm und Beinen, dick Werg von Flachs mit Faden stark annähen und knüpfen, dass sie hereintraten zotticht und zerlumpt, wie man die *Cacodaemones* und schwarze Höllhund pflegt zu malen. Indem sie nun nach gehaltenem Tanz bei nächtlicher Weile um 10. Schlag auf dem obern Saal bei dem Licht kniend einander ein Mummtanz bringen, und mit dem Licht nicht vorsichtig umgehen, da gehet vom brennenden Licht das Werg unversehens an. Bald da wird auf dem Saal ein großer Tumult und Auflauf, ein großer Schreck, Schreien und Klagen: Kuntz von Vellberg gibt bald die Flucht, und also vermummt springt er die Schnecken ein, dass er unversehrt davon kommt, und von den andern nit angesteckt wird, aber Veltlin von Berlichingen und Simon von Neudeck, auch Graf Albert von Hohenlohe (Neuenstein) verbrennen so hart, dass sie etliche Wochen zu Bett liegen müssen.

Graf Georg von Tübingen empfängt das Nachtmahl den 22. Februar. Danach am 5. März (…), da ihm unversehens ein anderer und neuer Zufall zum Brand geschlagen, stirbt um 8 Uhr vormittags und wird danach den 7. huius mit seines Gemahls großem Leid, Schmerzen und Wehklagen begraben zu Oeringen in der Stiftskirchen, da ich dann ihm eine Leichenpredigt getan (…).

Mein gnädiger Herr Graf Eberhard verbrannt so hart, dass man ihm hernach den 21. und 22. Februar alle Finger an beiden Händen musste vorne abschneiden, empfing doch zuvor den 29. (…) das hochwürdige Abendmahl, tat gar eine schöne christliche Bekenntnis, daran ich einen sonderlichen Gefallen hatte. Hernach den 9. Martii, vier Tag nach seines Herrn Schwagers Graf Georgen Abschied, stirbt in der Frauenzimmerstuben um 10. Schlag Vormittag in meinem Beiwesen, wird den 11. Tag huius zu Oeringen in der Stiftskirchen neben seiner Frau Mutter und neben Graf Georgen christseliger Gedächtnis begraben, da ich dann ihm eine Leichenpredigt getan. Den 14. Martii ließ sich Graf Albrecht wieder heim nach Neuenstein fahren, und ist mit Rat und Hilf seiner Frau Mutter wieder aufkommen.

Theodorich Schwabe

Ein Gang um Waldenburg

An einem klaren, windlosen Tag stiegen die drei Freunde vom Kochergrund über die Hohenloher Ebene hinauf nach Waldenburg. Sie sagten sich: An einem solchen Tag um die Mauer, »um den Hag« des Bergstädtchens zu gehen und in die Tiefe und Weite zu blicken, gehört zu den feinsten Genüssen unseres arbeitsvollen Lebens; wir sehen im engen Kochertal nur an den steilen Talwänden empor, nun freuen wir uns, die Welt auch einmal wieder von oben betrachten zu können.

Unterwegs legten sie sich die kulturgeschichtliche Frage vor: Ist es nicht unbegreiflich, dass einst auf dem Gipfel eines Bergausläufers eine Stadt gebaut wurde? In der Tat, das ist kaum mehr verständlich für – uns. Wohl aber für die ersten Siedler. Für den mittelalterlichen Menschen galt es, zunächst das Leben zu sichern. Siedelte sich einer auf einem Berg an – aus guten oder schlechten Beweggründen –, so war er geborgen. Die Burg und der »Hag« (später die Mauer) schützten ihn. Und Kanonen und Pulver gab's noch nicht. Der Burg folgten dann Wohnungen anderer Anbauer von selber.

Als die Gäste oben ankamen, lasen sie am ersten Haus: Dieser Weg führt um die Stadt. Den gingen sie. Wie biblische Leute einst drohend und lärmend um Jericho zogen, so mag man auf einem schmalen Sträßchen friedlichen Umgang halten um Waldenburg.

Zuerst wollen die drei in die Ferne ausschauen. Sie staunen, da die gähen, rebentragenden Abhänge und das weite

Hohenloher Land mit seinen Städten und Dörfern und kaum zählbaren Weilern, seinen Wiesen und Fruchtfeldern ihnen zu Füßen liegen. Und welche Schau darüber hinaus! Der einsame Berg im Norden ist wohl der Katzenbuckel im Odenwald? Und leuchtet nicht von Nordwest der Königstuhl bei Heidelberg herüber? Deutlich fällt der Höhenzug nach Heidelberg und in den Neckareinschnitt ab. Und weiter südlich im Badischen steigt die Pyramide des Steinbergs. Wären die Besucher gar an einem Sondertag gekommen, dann hätten sie jenseits des Königstuhls und des Rheins die pfälzische Hardt erblickt.

Welche Wunder kann man da oben erleben, nach dem Sturm und den Wolken! Das große Wunder, wie die Ebene unten aus dem winterlichen Schlaf erwacht, wie die ungeheuren Kräfte der Sonne in wenig Tagen das Land grün färben, während der Berg sich noch kühl zurückhält – ein uraltes Schauspiel, und doch immer wieder jung und schön. Bis eines Tags die Kirschen aufbrechen und bald auch der Berg ringsum in Blüten schäumt.

Sie wandern weiter. Auf dieser Höhe, wo Haus an Haus sich eng zusammenschmiegt, wo der Platz so karg ist, ein Sträßchen zum Spazierengehen – sieht das nicht aus wie Luxus? Ein Stadtschultheiß (…) hat den Weg einst mit Bedacht angelegt. Er gibt den Kindern und den Alten Freude, den Fremden wundervolle Sonnenauf- und Untergänge und den Malern seltene Farbenspiele.

Wie ehrwürdig macht sich rings die alte Stadtmauer mit ihren dicken Quadern, ihrem eisenharten Mörtel, ihren malerischen Törchen, mit ihrem dunklen Efeugehänge! Mit den Häusern, die altersschwer sich auf sie, die Starke, stützen! Mit den wohligen Gärten, die zwischen Mauer und Hagweg reiche Früchte zeitigen!

Was hat diese Mauer nicht schon alles erduldet! Jedes Jahr
ficht sie heftige Kämpfe aus mit einem besonderen Feind,
mit dem Sturm. Wie Meereswogen braust er den Berg herauf, greift an, weicht zurück und rast aufs Neue. Erbittert
brüllen und donnern die Geister, die ihm den Weg weisen, sie
jagen toll durch die Gassen, sausen um die Türme, machen
die Balken der Dächer sich ducken, werfen Platten auf die
Straße – der alten Mauer vermögen sie kein Leid anzutun, sie
lächelt ob all des nutzlosen Eifers. Lächelt seit Jahrhunderten.

Nun blicken die Fremden in die Tiefe. Rasch fällt das Ge-
lände im Norden, Osten und Westen etwa 150 Meter. Da
unten weiden in einem Gehege braune und weiße Hirsche:
es gingen drei Jäger wohl auf die Birsch... Über dem Park
ruhen in einem Waldfriedhof die lieben Toten. Bei ihnen hält
die älteste Kirche von Waldenburg treue Wacht.

Sie wenden sich um. Hoch über ihnen ragt wie ein dräu-
ender Vorweltriese der alte Lachnersturm, ein Teil der Be-
festigungen des Städtchens. Jahrhunderte lang spielte sich
auf ihm das Leben einer Turmwächterfamilie ab, zu Anfang
des vorigen Jahrhunderts das des Stadtzinkenisten Lachner.
Alle Kinder dieser Familien waren von Natur aus »Hochge-
boren«. Der gewaltige Turm hatte für die ganze Gegend eine
Bedeutung: Ereignete sich in der Gegend etwas Besonderes,
brach ein Brand aus, so zeigt es der Wächter durch Schüsse
aus Doppelhaken und Böllern an. In den alten Gemeinde-
rechnungen kehrt öfter die Ausgabe wieder: »Pulver zum
lerm machen bei ausbrechenden Feuersbrünsten«. Also ein
Fernsprecher alter Art!

Die drei Freunde waren an den Südteil des Städtchens gelangt, der ebener Erde zum Schwäbischen und Mainhardter
Wald weiterführt. Da breitet eine urgroßmütterliche Linde
ihre Äste so weit aus, dass sie mit vielen Pfosten gestützt

werden muss. Sie reicht, wie ein Stich Merians aus dem Jahr 1648 zeigt, über den Dreißigjährigen Krieg hinaus und hat, wie ihre noch ältere Freundin, die Stadtmauer, schon vielerlei erlitten, ist aber jung und frisch geblieben.

Im Süden ist die schmalste Stelle des ganzen Bergvorsprungs, kaum fünf Schritte breit. Die Einfahrt war einst gesperrt durch zwei Tore, zwei Brücken und ein Vorwerk, die »Schanz«. Wenn diese südlichen Tore und das nördliche, das am Schluss der einzigen Hauptstraße stand, geschlossen waren, konnte kein Wagen mehr in die Stadt kommen. Tor und Wächter sind nicht mehr, und das Tortürmchen wartet vergebens auf verspätete Fuhrwerke. Aber die Fremden malen sich's wenigstens aus, welche Reden wohl noch spät zwischen Wächter und Fuhrmann gepflogen wurden. Sie ahmen in altmodischer Sprache den Knecht nach und reichen zum Fenster hin einige Heller. Und siehe – der Balken, der das Tor absperrt, wird zurückgezogen, und die beiden Flügel gehen auf.

Die Freunde erkannten, wie trefflich der Platz für eine Burgstadt gewählt war. Sind es Raubritter oder ehrliche Leute gewesen, die zuerst da oben siedelten – sie wussten, was sie taten. Die Anlage ist ganz ähnlich der in Langenburg, Bartenstein und Schillingsfürst: Am Ende eines Bergvorsprungs steht die Burg, daran anschließend die Niederlassung; Tore oder auch noch Festungswerke riegeln sie ab. Waldenburg aber war ihnen allen überlegen, so dass der alte Merian um 1648 drucken konnte, Schloss und Städtlein liegen »so sehr vest, und wann man oben das Wasser haben könnte, sie für gleichsam unüberwindlich gehalten würden«.

Der freundliche Tag neigte sich zu Ende. Bei funkelndem Waldenburger Wein gedachten die drei Freunde des Dichters Uhland, der im Oktober 1815 zu Waldenburg übernachtete und in sein Tagebuch schrieb: »Erwachen im Glanz der aufgehenden Sonne, Besteigung des Turms und Spaziergang um das Städtchen«. Man glaubt es diesen Worten anzufühlen, wie zufrieden Uhland auf diesen Tag zurückschaute. Es war auch für ihn ein seltener Tag gewesen.

Otto Borst

Waldenburg

Waldenburg, die uneinnehmbare, mit Türmen und Türmchen, und Toren und Törlein. Klein-Rothenburg muss das gewesen sein, in der Silhouette mit Wimpfen am Berg konkurrierend, eine wunderschöne Stadt, droben, den Horizont beschließend, würdig wie diese ganze hohenlohische Landschaft heute noch, eine Stadt wie eine Krone.

(…) In Wirklichkeit war die »Stadt Waldenburg« nur ein Wurmfortsatz von »Schloss Waldenburg«. Die Älteren, denen die Zeit vor 1945 noch geläufig ist, wissen, dass das auch im architektonischen, im städtebaulichen Wortsinne gilt. Eine einzige Straße gab's in der Stadt. Erst nach 1945 hat man die »Hauptstraße« geschaffen und sie von der »Schlossstraße« getrennt, die bis dato allein die Hauptstraße auf das Schloss-portal zuführte und dort erblindete. (…)

Die gute alte Zeit? Das Leben hier oben war auch eine Schinderei, durchzogen von mancherlei Heiterkeit und Humor, durchtränkt aber auch von der Gewissheit des Bibel-worts, dass das Leben, wenn es köstlich war, Mühe und Arbeit war. Natürlich hat die Tatsache, dass man im Windschatten des Schlosses sein Leben verbrachte, auch die Menschen und die Generationen geformt. Man hat sich zu erziehen verstanden, man ist nie, wie man sagen könnte, aus dem Ge-sicht gefallen, man hat Formen zu respektieren gelernt, im öffentlichen, im kirchlichen Leben. (…) Wir Buben haben noch, wenn der Fürst mit seinem Auto durch die Hauptstraße fuhr, schleunigst auf die Kandel zurückgesprungen, unseren »Diener gemacht«, das war eine ganz selbstverständliche Sache. Ein Alters- und Zeitgenosse aus Mannheim oder Gelsenkirchen hätte das nicht verstehen können und wird es wohl nie verstehen.

(...)

Die laute braune Herrlichkeit ist nirgendwo so jämmerlich, so total zusammengebrochen wie in Waldenburg. Was die Stadt in diesen fünf Tagen zwischen dem 13. und 17. April 1945 hat erleiden müssen, kann man nicht sagen. Mehr als ein halbes Jahrtausend Geschichte wird weggebrannt, in ein paar Stunden. (...) Tatsächlich kamen einem die Weiber und Kinder, in Tücher, in Lumpen gehüllt, wie Gestalten der mittelalterlich-zeichnerischen Visionen vor. Und mittelalterlich mutet an, wenn man erfährt, dass die amerikanisch-polnischen Erstürmer der Waldenburg über diese Leitern in die Stadt kamen, die zur Rettung der Bevölkerung bei Brandfällen an die Mauer gelehnt worden waren.

Georg Ferdinand Forstner

Grabspruch für Johann Friedrich Mayer

Treu dem frühesten Geschäft, das einst die Sterblichen trieben,
Lehrer und Landmann zugleich, bautest Du Herzen und Feld.
Darum belohnet Dich nun die gütige Mutter, die Erde,
Da Du sie also geehrt und ihre Kinder beglückt.
Anderen gibt ihr Schoß nur toten Marmor zum Denkmal,
Dir sich verjüngende Au'n und fröhliche Menschen darauf.

Dieter Wieland

Schiefertafel und Tiefflieger

Der Wechsel in die Landschule fordert von Manfred die
Rückkehr zur Schiefertafel. In der Haller Volksschule waren für einen Drittklässler längst Schreibhefte im Gebrauch
gewesen, aus geringwertigem Papier, ganz der Endzeit des
Tausendjährigen Reiches entsprechend, aber immerhin Hefte.
Doch selbst Schiefertafeln sind seit über einem Jahr kaum
noch zu bekommen.

Der nächste Laden, der auch Schulartikel führt, ist in Mainhardt. Der Händler dort soll noch welche haben. Tante Male
beschreibt den Weg, der durch Acker, Wald und Wiesen
führt und gibt Manfred noch einen Einkaufszettel für die
ebenfalls in Mainhardt tätige Gewürzmühle Sautter mit.
Auch Gewürze sind jetzt Mangelware geworden. Mutter ist
es nicht recht, dass ihr Sohn allein ins Unbekannte geschickt
wird, zumal die amerikanischen Jagdbomber, die Mustangs
und die Thunderbolts, das Landleben unsicher machen. Doch
Male wischt alle Bedenken beiseite.

Der ist doch groß! Der soll was riskieren! Der soll sich halt
hinschmeißen, wenn's gefährlich wird! Ihr Stadtleute seid viel
zu ängstlich und überhaupt keine Draufgänger! So kommt
man nicht weiter!

Tante Male scheint den Krieg als eine sportliche Disziplin zu
sehen, in der der Waghalsige gewinnt, wenn es ihm gelingt,
den Gegner auszutricksen.

Nach dem Mittagessen macht sich Manfred auf den Weg. Sonne liegt über dem welligen Hochland, und die ersten Märztage geben dem Winter keinen Raum mehr. Zwischen den Äckern, aus denen erstes Grün sprießt, zieht der Feldweg dem Wald zu und senkt sich steil ins Brettachtal hinunter, begleitet die erlengesäumten Windungen des Baches, der hier schon zu breit ist, als dass ihn Manfred überspringen könnte. Dann geht es die pollerflankierte Steige hinauf ins Dorf. Im duftenden Sautterschen Kontor übergibt er Tante Males Wunschzettel und erhält sogar einige Tütchen ausgehändigt, und im gegenüberliegenden Kramladen packt ihm der Händler die schöne, orangerot gerahmte Schiefertafel ein, dazu den roten Gummischwamm, den hölzernen Griffelkasten und einige Schiefergriffel, die mit buntem Sternchenpapier umhüllt sind.

Auch Milchgriffel? fragt der Ladner.

Nein, damit sollen wir nicht schreiben.

Glück hast, dass ich so Sächelchen überhaupt noch dahabe. Von woher bist?

Er spricht mit klapperndem Gebiss.

Aus Hall, aber wir sind seit den Bomben in Hegenweiler bei Onkel Knorr und Tante Male.

Soso, beim Michel vom Tannhof. Richt einen Gruß aus vom Rieger, aber nicht vergessen! Ich merk schon: du gehörst zu den Stillen im Lande!

Als er den Wald hinter sich lässt und über den Feldern die roten Dächer von Hegenweiler leuchten sieht, ist es später Nachmittag geworden. Manfred rastet auf einem Stück Langholz, das Auf und Ab des sechs Kilometer weiten Fußmarsches hat ihn müde gemacht. Er freut sich darauf, zuhause seine Anschaffungen auf dem Küchentisch ausbreiten und froh betrachten zu können.

Er erhebt sich, und als er in ein Obststück mit uralten Birnbäumen tritt, vernimmt er das helle Kreischen eines Tieffliegers, der sich unvermutet aus dem Tal heraufgeschwungen hat und jetzt genau auf Manfred zustößt. Der wirft sich in einen flachen Wiesengraben. Sein Paket ist ihm entfallen. Die erste MG-Garbe rattert und steppt haarscharf an dem Liegenden vorbei. Gras und Erde spritzen hoch. Überm Dorf fliegt der Pilot eine weite Kurve. Ehe er wieder heran ist, hat Manfred einen mächtigen Birnenstamm erreicht, hinter dem er sich birgt.

Ein Regen von zersplitterten Ästen folgt dem nächsten Angriff. Jetzt zieht die Maschine steil hoch und dreht Runde um Runde um Manfreds Rettungssäule. Würde er nicht vor Furcht keuchen und zittern, könnte alles beinahe einem scherzhaften Spiel ähneln, der kreisende Jäger und der den Stamm umrundende Gejagte. Aus schräg geneigter Kanzel starrt der Pilot, scheint zu grinsen, während seine Handschuhhand lässig winkt und die rotgeschwänzte Maschine über die Waldwipfel hinweg ins Tal drückt. Am Horizont tauchen zwei weitere Thunderbolts auf, drehen aber ab. Vielleicht suchen sie den Dritten im Bunde? Fernes Flakfeuer knattert und wirft komische Rauchflöckchen in den Himmel, die rasch verwehen.

Langsam gelingt es Manfred, ruhig zu werden. Das Paket? Wie ein zerzauster Vogel liegt es ein paar Meter weiter im Gras. Manfred rupft es auf. Seltsam – der hellrote Rahmen ist heilgeblieben, doch die schwarze Schieferplatte ist in winzige Scherben zerschlagen. Der Griffelkasten ist gespalten und sein Inhalt verschwunden. Nur der Schwamm lacht froh aus dem jungen Grün, und über allem liegt der Duft einer neuartigen, sehr exotischen Gewürzmischung.

Kurt Oesterle

Der Fernsehgast

Kein Buch und auch nicht das Leben nötigten einem je so viel Dankbarkeit ab wie das Fernsehen. Wie dessen Bilder sich für einen abstrampelten! Man meinte, sie schnaufen zu hören. Und wie sie liefen und rannten, hopsten und hüpften! Manchmal so sehr, dass sie Knitterfalten und Laufmaschen bekamen wie die Sonntagsstrümpfe meiner Mutter. Das Fernsehen bemühte sich um einen, ja um jeden, nein um alle – wie ein Missionar oder eine Krankenpflegerin. Niemanden gab es jemals auf, sondern sprach mit Brummen, Dröhnen, Rauschen, Knistern allen allezeit vergnügt Mut und Lebenskraft zu. Der Aufwand, den es für die Menschen trieb, wurde mir vollends bewusst, als bei uns im Dorf die Schwestern Meermann ihren ersten Fernsehapparat erhielten. Ein Händler aus der Kreisstadt lieferte ihn an. Als er ihn, in ein Stück Zeltplane gehüllt, aus dem Auto hob, stellte ich mich wie einige andere schaulustig dazu – vermutlich war ich sogar der Schaulustigste von allen, was aber durch leicht verengte Augen zu verheimlichen war – und überlegte, ob ich die beiden Schwestern sogleich in meine Fernsehgastgeberrangliste aufnehmen sollte. Eine schwierige Entscheidung: Sie hatten das Gerät wahrscheinlich für ihren Bruder Fritz angeschafft, der als unheilbar krank galt und den ganzen Tag im ersten Stock seines Hauses hinter einem geschlossenen Fenster saß, um die Passanten auf der Straße mit irren Grimassen und Handzeichen zu grüßen und von ihnen meist nicht minder verrückt zurückgegrüßt zu werden. Doch wieso bekam er einen Fernseher?

Mein Vater hätte wohl gemeint: »Dass er eine Unterhaltung hat.«

Und meine Mutter hätte vermutlich mit ihrer ganzen Treffsicherheit gesagt:

»Was kann *dem* noch schaden!«

Ich für meinen Teil schloss nicht aus, dass sich die Schwestern für ihren Bruder vom Fernsehen eine gewisse Heilwirkung versprachen, vielleicht ähnlich wie durch eine Rheuma-Bestrahlungslampe, deren Birnen vom selben Blau waren wie das Feuerwehrblaulicht. Vielleicht war auch das zarte und schmeichelnde Blaulicht des Fernsehens in Wirklichkeit gar nicht schädlich, sondern außerordentlich heilsam und gesund.

Doch der Händler, den Apparat ächzend und in enger Umarmung an sich drückend, stolperte auf der ersten Stufe der steinernen Treppe, musste das Gerät loslassen, um nicht selbst zu fallen – und es zerschellte vor unser aller Augen und Ohren. Staunend beugten wir uns über das nun offen zu Tage liegende Innere: Da war kein Figurenkabinett aus Männchen und Weibchen, die bei Sendebeginn geschniegelt nach vorn traten und drauflos spielten. So behaupteten nämlich manche, wenn auch nur in überdeutlichem Scherz; denn genau wie ich wussten sie, dass nur Bilder den Apparat erreichten, und zwar durch Funkenflug in der Atmosphäre, mitunter auch Äther genannt. Wenn es in einem Fernseher überhaupt ein Hinter-den-Kulissen gab, dann nur in dieser Gestalt: als namenloses und undurchschaubares Gedrahtel, Gekabel und Geröhre, an dem jedoch auch der Dümmste auf den ersten Blick erkennen konnte, welch einzigartig komplizierte, verschlungene Errungenschaft – und vor allem, welch ein Segen! – das Fernsehen sei. Dass in dieser Kiste so viel Böses und manches Seelenübel wohnen sollte, wie meine Eltern glaubten – unvorstellbar. Selbst der Händler aus der Kreisstadt unterbrach sein Klagen und Fluchen und schaute mit uns voller Staunen in den Bauch jener Welt, die sich unentwegt um uns verdient machte; dann sagte er in die Stille hinein:

»Einer, der das wieder zusammensetzt, ist noch nicht geboren, he!«

Als Fritz Meermann wenige Tage darauf sein Fernsehgerät ganz und unversehrt doch noch erhielt, verschwand er vom Fenster. Für immer. So lange er dort gesessen, mit fahler weißer Hand gewinkt und lautlos aus einem großen schwarzen Mund gelacht hatte, war er allen, auch mir, ein vertrauter Anblick gewesen. Zu seinen Füßen, drunten auf der Dorfstraße, hatte sich unser Leben abgespielt, und niemand war am Haus der Schwestern vorübergegangen, ohne das Fritzle zu grüßen. Jetzt, da er sich in die Fernsehhöhle zurückgezogen hatte und man ihn nicht mehr sehen konnte, wurde er fremdartig und fürchtenswert. Ich schaute, die Hand aus Gewohnheit schon halb zum Gruß erhoben, oft hinauf zu dem leeren, unbesetzten Fenster, und in der Erinnerung wollte das Gesicht des abwesenden Fritz mir zur Fratze werden. Ich behielt mir vor, ihn und seinen Fernsehapparat einmal zu besuchen. Zugleich behielt ich mir vor, es doch lieber nicht zu tun; in meiner Fernsehgastgeberrangliste setzte ich ihn an den unteren Rand und in Klammern: außer Konkurrenz, wie sonst nur noch ein Selbstmörderhaus in der so genannten Siedlung, die auch »Vorstadt« genannt wurde, obwohl wir nur ein Dorf waren.

Georg von der Vring

Römersteig

Am Walde beim Römersteig
Hebt seine Blüten der Fingerhut,
Tuba bei Tuba, Zweig an Zweig
Reihn sie sich in der Juliglut.

Aber sie hauchen aus
Die Stille und atmen sie ein;
Röte schimmert ins Tal hinaus,
Hügelzüge blauen herein.

Hier, wo wie bald auch
Die Tollkirsche schwillt und sich schwärzt,
Rührt nur der tonlose Hauch
An das tönende Herz.

Nachwort

Anmerkungen zu einer entlegenen Literatur-Landschaft

Wo und wie beginnen, wenn es um den Versuch geht, einer bis in die Nachkriegszeit hinein weithin ländlich strukturierten Literatur-Landschaft so etwas wie Kontur zu verleihen, im Widerspiel heimischer Autoren und zeitweiliger Prominenz, die hier entweder Jugendjahre verbracht oder zeitweilig gelebt hat oder sich nur auf der Durchreise von Land und Leuten beiläufig anregen ließ? Die chronikalische Ordnung bietet sich an, also eine Art literarischer Entdeckungsgeschichte.

Die Teppichwelt der Territorien zwischen Elz und Bühler, Tauber und Ohrn schuf mit ihrer Burgendichte und Vielfalt von Duodezresidenzen eine noch immer beglückende Vielzahl repräsentativer Bauwerke, blockierte zugleich aber auch jede zentrale Herrschaftsbildung mit Akademie oder Musenhof. Die Manessische Handschrift hat eine Handvoll Lieder heimischer Minnesänger überliefert, neben Albrecht Pilgrim von Buchheim etwa den Schenk Konrad I. von Limpurg mit seinem erfrischenden »Sit willekomen, Frou Sumerzit, sit willekome, Her Meie«.

Den Chronisten, etwa der Reichsstadt Hall am Kocher, blieb literarischer Ehrgeiz eher fremd. Zu den Humanisten lässt sich der Haller Georg Rudolf Widman mit seiner 1599 erschienenen »Wahrhaftigen Historie von den gräulichen und abscheulichen Sünden und Lastern« des historischen Dr. Faustus kaum zählen. Und der 1489 in Mergentheim geborene Lorenz Fries, der seine »Würzburger Bischofschronik« und die »Geschichte des Bauernkriegs in Ostfranken« in unprätentiös kernigem Deutsch statt Gelehrtenlatein verfasste, blieb als Archivar, Diplomat und Geheimsekretär dreier Fürstbischöfe auf das Hochstift Würzburg eingezirkelt.

Umso wirkungsreicher geriet die bis ins 18. Jahrhundert nur handschriftlich überlieferte, vom Ritter mit der Eisernen Hand diktierte Lebensbeschreibung des Götz von Berlichingen. In Goethes Gefolge hat sie der Bühne eine Unmenge blechklappernder Ritterschauspiele beschert, Freigeister wie Willibald Alexis inspiriert, den frisch entlassenen Bismarck in Sorge um seine Reichsgründung zu einem staatsmännischen Aphorismus verführt, und ist noch einem Gelehrten wie Herbert Schöffler unverhofft aufgestoßen. Mit geistlichen Traktaten hat unser Band die Leser verschont, obwohl beispielsweise der Öhringer Reformator Kaspar Huber allein mit seiner Trostschrift für Kranke und Sterbende europaweit 125 Auflagen erlebt hat.

Ein Kapitel für sich hätte das literarische Echo des Bauernkriegs in Franken ergeben, dessen politisch-rechtliche Kernforderung hier klar wie sonst nirgendwo formuliert worden ist: »Es sollen auch all die Geistlichen und Weltlichen, Edle und Unedle hinfüro sich des gemeinen Bürger- und Bauernrechts halten und nit mehr sein, dann was ein ander gemeiner Mann tun soll«. Mehr als ein Vierteljahrtausend vor Jeffersons vielgerühmter Erklärung der Menschenrechte 1776, lange vor den Parolen von Freiheit, Gleichheit, Brüderlichkeit 1789, haben im Mai 1525 die namenlos gebliebenen Programmatiker im Bauernheer »dieser ganzen fränkischen Nation« das Prinzip der staatsbürgerlichen Rechtsgleichheit, der einzig praktikablen Gleichheit, proklamiert.

Die meisten der zahllosen provinziellen Florian Geyer-Dramen oder melodramatischen Bauernkriegsromane sind leider literarisch belanglos geblieben. Dies gilt, von Hans Dieter Schmidts Stück »Der kurze Sommer des Hans Beheim« abgesehen, auch für die poetischen Bemühungen um den 1476 auf dem Scheiterhaufen geendeten Hirten Hans Böhm; das blutjunge Pfeiferhänsle von Niklashausen am Unterlauf der Tauber hat als der bis heute rätselhafteste Sozialrevolutionär Deutschlands so radikal wie nie zuvor seine Untergangsvision der mittelalterlichen Hierarchie gepredigt.

Die Trinklieder und Scherzweisen des 1572 in Hall geborenen Weikersheimer Hofkompositeurs Erasmus Widmann werden bis heute gesungen. Und der sonst so trockene Textautor der Merianschen Topographia Germaniae, Martin Zeiller, hat den Franken ins Stammbuch geschrieben: Im ganzen Teutschland werde allein ihr Land »edel und frey genannt«. Für die Lebenslust eines fränkischen Prälaten sprechen im Kloster Schöntal an der Jagst die weinseligen Reime des Abtes Benedikt Knittel, eines »karpfenhaft laichenden Versifex«, so Gerhard Nebel. Bauinschriften und Fasswidmungen des Laudaer Winzersohnes und Barockabtes klingen neben aller kunstreich verschnörkelten Latinitas auch so: »So Wein als Milch stehn wohl beisammen:/ Die vollen Fässer sind Säugammen./ Die Zapfen sind die Dutten,/ Die Kannen sind die Lutten;/ Von dieser Milch kaum Einen Mann,/ Noch Weib man abgewöhnen kann.«

Im Geiste praktischer Aufklärung schrieb der Kupferzeller Pfarrer Johann Friedrich Mayer nicht nur knapp drei Dutzend zukunftsweisende Schriften zur Reform der Landwirtschaft; sein fiktives Journal »Romanj, eines edlen Wallachen landwirtschaftliche Reise« überrascht mit poetisch angehauchten Landschaftsschilderungen. Mayers Wirken und der Einsicht der hohenlohischen Fürsten war es zu verdanken, dass Christian Friedrich Keßler von Sprengseysen

1791 im »Fränkischen Magazin« dem agrarischen Hohenlohe das überschwängliche Kompliment machen konnte: »Die natürliche Lage des Landes ist so vorzüglich gut, daß, wenn man dieses wie China mit einer Mauer umfasste, daß weder Luxus noch Modejournale über die Grenze kommen können, es die ganze übrige Welt würde entbehren können, so einen Überfluß besitzt es.«

Der 1739 in Obersontheim an der Bühler geborene Christian Friedrich Daniel Schubart, die eindrucksvollste Figur des Sturm und Drang im Südwesten, hat kaum eine Spur in der Heimat seiner frühen Kindheit hinterlassen. Sein Leben, Leiden und Wirken ist mit den Reichsstädten Aalen und Ulm sowie dem Herzogtum Württemberg verknüpft. Dafür hat sich der gebürtige Mainfranke Johann Wolfgang Goethe mit dem geheimnisvollen Kuss von Hardheim ins fränkische Literatur-Album eingetragen. Thomas Mann hat diese erotische Episode aufgegriffen und in seinem Roman »Lotte in Weimar« altersweise bedacht.

Ein Solitär der volkskundlichen und germanistischen Forschung blieb, von Jacob Grimm als unmäßig eitel zerzaust, der 1768 in Hall geborene Friedrich David Gräter, der das Pech hatte, sich mit dem romantischen Zeitgeist seiner Zunft anzulegen. Er fühlte sich als Weltbürger der Wissenschaft, konnte als Patriot aber auch sarkastische Töne anschlagen: »Der Teutsche wirkt mit Kopf und Hand;/ Ihm fehlt nur bloß – sein Vaterland«. Als Solitär ragt aus der Literatur-Landschaft der Goethezeit auch der geheimnisvoll düstere Wilhelm Friedrich Meyern hervor, allenfalls noch literarischen Gourmets und Arno Schmidt-Adepten ein Begriff. Er kam 1759 in Frauental an der Steinach, einem Seitengrund der oberen Tauber, als Sohn eines markgräflich-ansbachischen Beamten zur Welt. Sein Hauptwerk war der bis hin zu Nietzsche untergründig wirksame Staatsroman »Dya-Na-Sore oder Die Wanderer«.

Wenn es einen Repräsentanten des literarischen Hohenlohe gibt, mit dem heute noch Staat zu machen ist, dann Carl Julius Weber. Seine kargen Lebensdaten – geboren 1767 in Langenburg, gestorben 1832 in Kupferzell – täuschen über die Weltläufigkeit dieser polyglotten Spottdrossel des Biedermeier hinweg. Aufklärerische Lektüre und skeptische Erfahrungen impften ihn frühzeitig gegen romantische Infektionen. Nach gescheiterten Karrierehoffnungen an Duodezhöfen zog sich der Hofrat früh aufs Land zurück. Im Sommer reiste er, aus winterlicher Langeweile schrieb er kulturhistorisch pikante Wälzer über Mönchtum, Papsttum und Ritterwesen.

Sein Hauptwerk »Demokritos oder hinterlassene Papiere eines lachenden Philosophen« geriet ihm zu einer farbig-galligen Menschenkunde, zum skeptisch frivolen Panoptikum eines Moralisten. Das 6.000 Druckseiten starke Lieblingsbuch des liberalen Bürgertums, von fremdsprachlichen Zitaten mehr überwuchert als gewürzt, erlebte bis 1927 respektable 15 Gesamtauflagen. Eine zeitgemäße Auswahl im Originalton ist greifbar.

Was Weber für die fränkische Literatur-Landschaft doppelt bedeutsam macht, ist sein monumentales Deutschland-Buch, das, aus landeskundlicher Lektüre und eigenem Erleben als Wanderer und Postkutschenpassagier geschöpft, 1855 die letzte Gesamtauflage erlebt hat. Hier wie im »Demokritos« hat er immer wieder Erinnerungen und Anekdoten aus dem heimatlichen Franken eingeflochten. Etwa, wenn der Langenburger Hofprediger Koch dem Konfirmanden Weber ein Heft »voll dogmatischen Sauerteigs« diktierte, 958 Fragen und Antworten, die der Primus auswendig lernen musste. Zumindest regionale Neuauflagen hätte das Opus verdient, das den gesamten Bereich des damaligen Deutschen Bundes samt der Donaumonarchie beschreibt.

Die Romantiker haben unsere Literatur-Landschaft meist nur flüchtig gestreift: Joseph von Eichendorff mit seinen Tagebuchnotizen auf der Fahrt ins Heidelberger Studium im Mai 1807 Tauber und Bauland, Ludwig Tieck mit seiner 1835 erschienenen Novelle »Eine Sommerreise« die Jagst, Nikolaus Lenau mit seinem Gedicht auf das Große Fass im Fürsten-keller Öhringen. Im Leiningschen Hoftheater zu Amorbach wurde 1812 Helmina von Chézys Singspiel »Eginhard und Emma« uraufgeführt, von dem nur das Lied »Ach, wie ist's möglich dann, dass ich dich lassen kann« geblieben ist. Auguste Pattberg in Neckarelz hat für die Volksliedersammlung »Des Knaben Wunderhorn« gesammelt, wobei »Es steht ein Baum im Odenwald« ihr selbst zugeschrieben wird, und Augusta Bender fand mit ihren aus Oberschefflenz über-lieferten Volksliedern zu Lebzeiten mehr Beachtung als mit ihren erschütternden Memoiren.

Der Frühpensionär Eduard Mörike, dessen namengeben-der Ahn seit dem späten 17. Jahrhundert in dem Kocher-städtchen Neuenstadt an der Linde bezeugt ist, hat sich in seinen fränkischen Jahren in Cleversulzbach, Wermutshau-sen, Hall und Mergentheim wohl gefühlt, gehörte sogar zu den Gründungsmitgliedern des Historischen Vereins für Württembergisch Franken. In Hall lebte seine Begeisterung fürs Petrefaktensammeln wieder auf, tauchte er erstmals in mittelalterliche Atmosphäre ein. In Mergentheim entstanden neben der »Idylle vom Bodensee« so kostbare Gebilde wie »Bei der Marien-Bergkirche«, »Götterwink«, »Neue Liebe«, »Auf eine Lampe« oder »Auf einer Wanderung«. Letzteres mit der Eingangszeile »In ein freundliches Städtchen tret ich ein« ist freilich nicht, wie noch oft behauptet, der ehemaligen

Ordensresidenz an der Tauber, sondern Neuenstadt an der Linde gewidmet.

Mörikes Gedicht »An Wilhelm Hartlaub« hat das Pfarrdorf Wermutshausen seines Urfreundes in die poetische Topographie eingebracht. In Wachbach amtierte damals der rastlos publizierende, ums volkstümliche Geschichtsbewusstsein verdiente Pfarrer Ottmar Schönhuth, der nach mancherlei Enttäuschungen kurz vor seinem frühen Tod so stolz wie verbittert sagen konnte: »Und doch hab ich für vaterländische Geschichte, Sage und altdeutsche Literatur mehr getan als Hunderte.«

Ungleich gewichtiger, von der zeitlosen Einsicht wie vom literarischen Gehalt her, blieben freilich die Landschaftsbilder des Wanderprofessors Wilhelm Heinrich Riehl. Etwa wenn er in seinem 1865 veröffentlichten »Gang durchs Taubertal« zur ehemaligen Ordensresidenz Mergentheim, damals noch Wohnsitz des Forschungsreisenden Herzog Paul von Württemberg, anmerkt: »Man hat die Schwächen unserer Kleinstädterei oft und grell geschildert, allein aus den kleinen Städten gingen unsere meisten großen Männer hervor, und die unendliche Fülle mannigfaltigster Bildungsstoffe auf engem Raum und im verjüngten leicht erfassbaren Maßstab ist ein Vorzug der deutschen Kleinstädte, um welchen uns andere Nationen beneiden können. (…) Man betrachte dieses Mergentheim: Es hat Kirchen und Klöster aus dem Mittelalter und der Rokokozeit, ein Renaissanceschloss innerhalb der Mauern, eine Burgruine nahe vor dem Tor, ein merkwürdiges Archiv, ein berühmtes Naturalienkabinett, reiche alte Spitäler und Pfründnerhäuser und ein modernes Mineralbad (…), eine Lateinschule und Realschule, einen öffentlichen Park, die Stadt beherbergt zuzeiten einen Hof (…) und zählt doch nur 3.000 Einwohner.«

Und Riehl schließt: »Es gibt in Deutschland Kleinstädte, welche bloß große Bauerndörfer sind, oder große Fabrikkolonien, es gibt aber auch und namentlich in Mitteldeutschland«, zu dem er auch Franken zählte, »Kleinstädte, die sich von der Großstadt nur mehr quantitativ als qualitativ unterscheiden, Großstädte im Taschenformat, und ein guter Auszug eines Buches ist oft lehrreicher als das dicke Original.«

Die Mundartpoesie in Tauberfranken und Hohenlohe hat ihre Ahnen mit Wilhelm Schrader aus Neuenstein, dem Tauberbischofsheimer Josef Dürr und Heinz Sausele aus Weikersheim. Dagegen hat der 1831 in Oberlauda geborene Geistliche Johann Martin Schleyer mit seinem Volapük noch vor dem Esperanto die erste praktikable Universalsprache und die Interlinguistik als akademische Disziplin geschaffen. Eine Vokabel für Krieg gab es in seinem auf Völkerverbrüderung zielenden System nicht.

Anspruchsvoller erscheint ein literarisches Damenquartett, halb bodenständig, halb von außen schauend. Da wären einmal die Gesellschaftsdame und spätere Verfasserin der Gartenlaube-Romane Eugenie Marlitt in Friedrichsruhe und Öhringen und die Städteporträtistin Ricarda Huch mit ihrer klassischen Eingangszeile für Hall am Kocher: »Natur hat diese Stadt gewiegt und Kunst sie gebildet.« Die schwäbische Dekansfrau Agnes Günther hat in Langenburg und Hohenlohe ihre Seelenheimat entdeckt. Was mit dem erstaunlich frühreifen Brief der Zwölfjährigen aus dem Pfarrhaus der Stöckenburg begann, endete mit ihrem Jugendstil-Bestseller »Die Heilige und ihr Narr«, von dessen Heldin, der Fürstentochter Rosemarie, genannt Seelchen, wohlmeinende Zeitgenossen meinten, der Protestantismus habe hier eine Heilige gefunden. Auf Schloss Eberstadt im Madonnenländle schließlich schrieb Juliana von Stockhausen ihre historischen Romane und ihre anschaulichländlichen Erinnerungen »Auf Immerwiedersehen«, die leider nur bis zum Ende der Monarchie gediehen sind.

Sehr unterschiedliche Autoren aus dem Ländle, geeint nur durch gediegene Bildungstradition, waren Friedrich Alfred Schmid Noerr, Wilhelm Weigand, der Haller Theatermacher Paul Wanner, der für die Freilichtbühne übers Land hinaus Maßstäbe gesetzt hat, der 1879 in Eberbach an der Jagst geborene Kulturphilosoph Theodor Haecker, der Vergil und Kierkegaard übersetzte, und Hans Heinrich Ehrler.

Das Herzwort des gebürtigen Mergentheimers Ehrler hieß Heimat: »In eine Heimat werden die Menschen geboren./ In eine Heimat sterben sie wieder hinein./ Und was dazwischen? – Ist es verloren?/ Es ist die Reise vom Schein in das Sein.« Der Konvertit Haecker, ein vergessener Mentor der Weißen Rose um die in Forchtenberg aufgewachsenen Geschwister Scholl, bekannte in seinen 1947 posthum veröffentlichten »Tag- und Nachtbüchern« der Kriegsjahre: »Ich habe nicht die Macht zu verhindern, dass heute das Gesindel die Welt regiert, aber gegen eines kann ich mich Gott sei Dank doch wehren, so schwach ich auch bin, dass mir nämlich Gesindel die Welt erkläre.«

Ein ins heimatliche Weinfranken wie in die weite Welt verliebte, Zeitungsannoncen, Mädchennamen und die kleinen Dinge des Alltags zu poetischen Miniaturen verdichtende Troubadour war Anton Schnack. Der 1971 verstorbene Bächlinger Pfarrer Rudolf Schlauch hat nach dem letzten Krieg sein geliebtes Hohenlohe vielen Lesern fast schon hymnisch nahegebracht. Kryptisch dagegen, mit grüblerischer Konterbande schrieb der Lyriker und Erzähler Konrad Weiß, 1880 unterm Einkorn geboren. Am ehesten nähert man sich ihm über seine Reisebücher »Deutschlands Morgenspiegel« und »Wanderer in den Zeiten«.

Der Alemanne Hermann Eris Busse, dichtender Troll unterm Hansjakobhut, hat als Protagonist des Landesvereins Badische Heimat Tauberfranken gewürdigt und dem Madonnenländle den Namen gegeben. Aus Adelsheim im Bauland stammte der in Wertheim wirkende Lyriker, Erzähler, Reiseschriftsteller und Tagebuchschreiber Hans Dieter Schmidt.

Gerhard Nebel, der temperamentvoll-streitbare, schlechterletzt totgeschwiegene Konservative, einer der Letzten, dem Mythos und Dichtung des alten Hellas Lebenselement waren, sah in der lebendigen Reichsruine Hohenlohe, seiner Wahlheimat, ein Refugium vor der schleichenden Apokalypse der technisch-materiellen Zivilisation: »Vielleicht lebt es sich hinter dem Walde heutiger als vor ihm.«

Carlheinz Gräter

Raum für Projektionen

Hohenlohe und Tauberfranken und einige angrenzende Gebiete gehören heute zur Region Heilbronn-Franken. Der prosaische Verwaltungsjargon mag Raumordnungs- und Planungsgrößen definieren, die Konturen einer geschichtsträchtigen Kultur- und einer lebendigen Literaturlandschaft vermag er nicht zu skizzieren. Trotz napoleonischer und neuzeitlicher Flurbereinigung ist diese Landschaft noch geprägt von politischer Kleinstaaterei und konfessioneller Grenzziehung, die zusammen mit regionaltypischen Arbeits- und Lebensweisen auch Mentalität und Kultur modellieren.

Die Kleinkammerigkeit zeichnet sich aber ebenso durch die Einheit in der Vielfalt aus, und fränkische Identität bestimmt sich letztendlich aus der Abgrenzung von (Alt-)Württemberg. Zwar gab es auch einzelne Württemberger wie den 1848er Gottlieb Rau (1816–1854), der der Region mit Sympathie gegenüberstand und sie von Gaildorf aus mit Schriften wie „Der Zustand des Landes, wie er war, wie er ist und wie er sein sollte" (1847) wirtschaftlich und demokratisch voranbringen wollte. Aber bis heute empfinden nicht wenige Franken die Einverleibung ihres Landes durch das Königreich als Annexion, gar Kolonisation. Und noch im Kampf der Boxberger Landwirte in den 1970er und -80er Jahren gegen die Daimler-Teststrecke war neben dem Bundschuh-Geist der kriegerischen Bauern der Mut des Provinz-Davids vor dem Stuttgarter Metropolen-Goliath spürbar.

Verbindendes Glied dieses Eigen-Sinns ist die ostfränkische Mundart in ihren vielerlei Schattierungen. »An bsundrer Schlooch«, nennt der Lyriker Walter Hampele die Leute, und viele haben sich gegen hochsprachliche Nivellierung ihren Dialekt als »a bsundre Sprooch« erhalten. Diese »Goldreserve« (Martin Walser) bewahrt das Widerborstige und Widerständige, sie ist das plastische Idiom, um das Idyll, aber auch die Not und Entbehrung vergangener Zeiten zu fassen. Und sie ist zugleich sprachliche Waffe, um gegen die Verhunzung der Landschaft und den Ausverkauf der Heimat heute anzuschreiben. So wie Dieter Wieland, der in seinem Mundartgedicht »dr diinggl« mit dem lautmalerischen Wortspiel zwischen Dinkel und Dünkel die teuren Früchte des Fortschritts thematisiert.

Denn längst ist aus dem Armenhaus des Landes eine Modellregion geworden mit allen Vor- und Nachteilen, die Wirtschaftsentwicklung und Strukturwandel nach sich ziehen: Landschaftsverbrauch, Zersiedelung, Verkehr, Umweltbelastung, Landflucht. Autoren wie Hans Roth und Gottlob

Haag haben sich auf die Suche nach dem verlorenen Dorf, dem »Gewesensein« begeben, aber frei von Nostalgie und überhaupt nicht rückwärtsgewandt. Über das Dreieck der Autobahnen A 81, 6 und 7 sind Hohenlohe und Tauberfranken vom hintersten Winkel Baden-Württembergs zu einem Drehkreuz Deutschlands geworden. Und weltweit agierende Unternehmen, beispielsweise in der Schrauben- und Ventilatorenbranche, schaffen industrielle Arbeitsplätze.

Dennoch ist der Landstrich weiter landwirtschaftlich geprägt, mehr als doppelt so viele Menschen wie im Bundesdurchschnitt schaffen im Fränkischen auf Feldern und in Ställen. Auch hier zeigen sich Eigensinn und Eigenart: Früh etablierte sich der Öko-Landbau, früh erkannte die Bäuerliche Erzeugergemeinschaft Schwäbisch Hall, dass alte Tierrassen wie die »Mohrenköpfle« genannten Schwäbisch-Hällischen Landschweine, die unter dem Namen »Bœuf de Hohenlohe« einst bis Paris getriebenen Limpurger Rinder und Ochsen oder der Hohenloher »Landgockel« unverwechselbare Marken sind und zur regionalen Wertschöpfung beitragen. Der in Zeiten der Not als frühreifes Über-Lebensmittel produzierte Grünkern erlebt dank der Boxberger Erzeugergemeinschaft gleichfalls eine Renaissance selbst in der Haute Cuisine. In der »Genießerregion Hohenlohe« gibt es eine recht hohe Sternedichte, und der Blaufelder Meisterkoch Manfred Kurz kreiert und propagiert »neue bodenständige Küche«, unverwechselbar und voll geschmacklicher Raffinesse. Was Wunder, dass selbst Gourmet-Papst Wolfram Siebeck von einem »kulinarischen Biotop« schwärmte. Zum dem genauso das traditionelle Biskuitgebäck »Langenburger Wibele« gehört.

Neben der Esskultur wird hier natürlich die Trinkkultur gepflegt: Der findige Bernulf Schlauch erzeugt in Bächlingen den »Holunderzauber«, ein sektähnliches Perlgetränk aus

Hohenloher Holunderblüten. In den Weinen der Gegend – Silvaner, Riesling, Schwarzriesling, Trollinger oder Spätburgunder – kommt der Muschelkalk- und Keuperboden eigenwillig zum Ausdruck. Und mit der autochthonen Rotweinsorte Tauberschwarz gibt es eine alte, jetzt wiederentdeckte regionale Spezialität. Die Bocksbeutel genannte Weinflasche ist zumindest in Tauberfranken als einem offiziellen Teil des Weinbaugebietes Baden eine Besonderheit.

Regionalität ist so gesehen Ausdruck einer kultivierten und kulturell überformten Landschaft, in der die Bewohner eine sinn- und identitätsstiftende Zugehörigkeit finden können. Ins kollektive Gedächtnis sind aber auch traumatische Erfahrungen eingeschrieben wie der Großbrand, bei dem im Januar 1963 Schloss Langenburg fast vollständig zerstört wurde.

Denn in Hohenlohe und Tauberfranken spiegelt sich der Glanz der Geschichte in Bauwerken der Romanik, Renaissance, Gotik und des Barock, in Schlössern, Burgen, Klöstern und Kirchen. Früher förderten geistliche und adelige Mäzene die Künste und die Künstler. So ließ Fürst Karl Joseph zu Hohenlohe-Jagstberg Mozarts »Zauberflöte« schon fünf Jahre nach der Wiener Uraufführung 1796 in einem eigens errichteten Theater auf Schloss Bartenstein spielen. Heute gibt es mit dem »Schraubenkönig« Reinhold Würth einen großen Sponsor, der in Kultur investiert, der in den Kathedralen unserer Zeit, in Museen und Ausstellungshallen in Schwäbisch Hall und Künzelsau alte und moderne Meister präsentiert. Kunstsinnige Touristen zieht es außerdem zu Riemenschneiders Creglinger Marienaltar oder Grünewalds Stuppacher Madonna, und das schon mal in pulkartigen Schüben, die der ironische Beobachter Eugen Roth treffend als »Überfälle« beschreibt.

Weitere Attraktionen sind der Hohenloher Kultursommer mit Konzerten in historischen Räumen, die Auftritte der Nachwuchsmusiker Jeunesses Musicales Deutschland im Schloss Weikersheim, die Freilichtspiele Schwäbisch Hall auf der Treppe vor St. Michael oder im Globe Theater-Rundling am Kocher; die Reihe ließe sich fortsetzen.

Hohenlohe-Franken ist zudem ein Freizeitland, in dem Touristen jede Menge Sehenswürdigkeiten, Radler und Wanderer ein weitverzweigtes Streckennetz finden. Gewiss, in Rothenburg ob der Tauber spucken Busse ganze Menschenladungen aus, aber wenn man wie in Kindheitstagen einfach mal im Fluss baden möchte, kann man das in der Jagst am nächstbesten Stauwehr tun, allenfalls beäugt von einem meditierenden Schwan.

Neben der strahlenden gibt es eine dunkle Seite der Heimatgeschichte, an die früh der Tübinger Kulturwissenschaftler Utz Jeggle (1941–2009) mit seiner 1969 erschienenen, Maßstäbe für die ethnographische Forschung setzenden Dissertation „Judendörfer in Württemberg" erinnert. Jeggle rekonstruierte durch Zeitzeugengespräche, schriftliche Quellen und Archivmaterialien das Bezugssystem zwischen Juden und Christen und dessen Zerstörung durch die Nazis; so auch in hohenlohischen und tauberfränkischen Gemeinden wie Olnhausen, Berlichingen, Braunsbach, Creglingen, Bad Mergentheim, Niederstetten. An Jeggles Spuren sichernde Arbeit knüpfen heute Museen und Gedenkstätten an: So zeigt das Hällisch-Fränkische Museum die kunstvolle Vertäfelung der Unterlimpurger Synagoge; die Gedenkstätte in der ehemaligen Synagoge in Michelbach an der Lücke dokumentiert jüdisches Leben bis zur Vernichtung durch die Nazis; am Bahnhof Hessental wird mit einer schlichten Gedenkstätte der KZ-Häftlinge gedacht, die hier durch mörderische Arbeit und im April 1945 durch einen Todesmarsch nach Dachau-Allach vernichtet wurden; die Gedenkstätte in Brettheim ist den am Kriegsende von den Nazis umgebrachten tapferen Männern aus dem Ort gewidmet. Der jüdische Autor Bruno Stern hat seine Jugend in Niederstetten und sein späteres Emigrantenschicksal eindrucksvoll beschrieben: »So war es«. Solche Erinnerungen von Zeitzeugen sind oft schmerzlich, aber sie helfen heilen, auch wenn Wunden nur vernarben.

Wenn Geschichte auch Fortschritt im Streben nach Freiheit ist, dann gilt das gewiss für die freiheitsliebenden Franken. Für viele ihrer Autoren sind deshalb nicht zuletzt Eigenständigkeit und Unabhängigkeit charakteristisch. Manche von ihnen wirkten (und wirken) nahezu im Verborgenen und sind nur Insidern bekannt, wie der hintersinnige Heimatkundler Johann Gualbert Buck alias Theodorich Schwabe, der umfangreich zur Spätaufklärung im Südwesten, über Protagonisten wie Johann Gottfried Pahl oder Friedrich David Gräter forschende Privatgelehrte Dieter Narr (1904–1991), der ungewöhnlich gebildete Bauer und Journalist Hans Roth, der das Land als »Biofilter der Industriegesellschaft« beschrieb.

Dazu gab es den öffentlichkeitswirksamen Kulturvermittler Paul Swiridoff: Ein begnadeter Fotograf, der das Antlitz von Städten und Menschen in atmosphärisch dichte Schwarz-Weiß-Bilder bannte, der den Missionar und Mediziner Albert Schweitzer im afrikanischen Lambarene und den Holzschneider HAP Grieshaber auf dessen schwäbischen »Holzwegen« lichtbildnerisch begleitete. Swiridoff war schließlich ein verdienstvoller Verleger, der Autoren in der Region und außerhalb förderte. Und das Multitalent war selber ein begabter Schreiber, wie unter anderem sein Buch »Geliebter Feind und weitere Satiren« beweist.

In der »abseitigen Geborgenheit«, so der Literaturkritiker Helmut Böttiger, gedeihen Literaten fern der großen Kulturzentren und Buchmärkte – und sind vielleicht gerade deshalb Grenzgänger von besonderer Originalität, wie der noch immer unterschätzte Lyriker Gottlob Haag. Böttiger stellt einige von Haags Gedichten in ihrem »sachbezogenen hohenlohischen Gebrauchston« neben so große Namen wie Peter Huchel und Günter Eich.

Für viele Schriftsteller ist Franken das Land der Kindheit und Jugend, das sie prägte, das in ihren Werken als Erinnerung und Vergegenwärtigung gleichermaßen aufscheint. Land der Geborgenheit, aber auch des Aufbruchs: wie die Schöntaler Seminaristenzeit der Stubengenossen Gerd Gaiser und Albrecht Goes oder die Künzelsauer Jugend von Hermann Lenz. Der Rückblick kann schmerzhaft für die Protagonisten und lehrreich für die Nachgeborenen sein wie Erhard Epplers Beschreibung seines Haller Heranwachsens im Brief an die Enkelin. Oder wie die so ganz anderen Heimatgeschichten von Oliver Storz über die »anarchistischen Kinder des Krieges« (Hans Magnus Enzensberger) oder seine filmischen Schilderungen der letzten Kriegstage. Bisweilen werden Erinnerungen sentimental verklärt, wenn etwa der streng-rationale Aufklärer Theodor W. Adorno von seinem Ferienort Amorbach im Odenwald, der dem lange Heimatlosen zur Heimat geworden war, schwärmt: »Der Unterschied zwischen Amorbach und Paris ist geringer als der zwischen Paris und New York.«

Hohenlohe wiederum, schreibt der aus Bad Mergentheim stammende Autor Christoph Bartmann, »ist eine romantische und schweigsame Landschaft der mittleren Proportionen, ohne Dramatik, eine Landschaft der stillen Zufriedenheit und vielleicht der Wehmut, dass alles nicht immer so bleiben kann«. Diese Landschaft lädt zu innerlicher Reise und zu reflexivem Schreiben ein, wie die Wanderschaft des Eugen Rapp in »Zwei Frauen« zeigt; dennoch umreißt Hermann Lenz in seiner Erzählung keine idealistische, sondern eine realistische Landschaft. Sie trägt bisweilen raue Züge, weshalb im 19. und Anfang des 20. Jahrhunderts hierher versetzte badische Beamte in den Stoßseufzer »Badisch Sibirien« ausbrachen. Aber die scheinbare Unwirtlichkeit und Rückständigkeit eignet sich gut als Folie eines nüchternen und zugleich einfühlsamen Heimatverständnisses: Für Kurt Oesterles »Fernsehgast« etwa stellt die Flimmerkiste das geschlossene dörfliche Weltbild in Frage und eröffnet eine neue faszinierende Welt der scheinbar unendlich verfügbaren Bilder.

Provinzialität provoziert aber auch Protest. Und so existiert neben der etablierten Kultur eine »Gegenkultur«, die sich dem von anderen verklärten »Traumland« mit einem kritisch-emanzipatorischen Heimatbegriff annähert: Der aus der Jugendzentrumsbewegung kommende Albert Herrenknecht eröffnet in »Heimat-Los« eine neue Sicht von Provinz; der 1966 gegründete Schwäbisch Haller Club Alpha 60, das älteste soziokulturelle Zentrum Baden-Württembergs, gibt das demokratisch-sozialistische Monatsblatt »alpha press« heraus; der gleichfalls zur Alternativszene gehörende Verein »Traum-a-Land« betreibt historische Spurensicherung und präsentiert im Netz »RegioLiteratur«.

Einige der hier geborenen jungen Wilden wie Rezzo Schlauch und Joschka Fischer wurden außerhalb sozialisiert und politisch flügge. Andere haben standgehalten oder sind zurückgekehrt. Sie beschwören wie Kurt Rösch in »Ochsenbrut« das Lebensgefühl ihrer Generation und zeigen zugleich manche Lebenslüge. Oder sie versuchen, wie Rudi Kost und Tatjana Kruse, in Krimis regionale Abgründe auszuloten.

Neues regionales Selbstbewusstsein lässt sich schließlich an der Mundartliteratur ablesen: bei Gottlob Haag, der gegen die Vereinsamung empfiehlt: »Schaff dr e Katz ou«; bei Dieter Wieland, der den »Juudakärchhoff« ins Bewusstsein hebt; bei Walter Hampele, der in schlichten Sinnversen über »Wiiderschbrich« und zugleich dialektisch über Hohenloher Sprachidentität nachdenkt; bei Karl Mündlein, der »Mouschd und Brood«, »Weih und Blooz« als symbolische Grundnahrungsmittel besingt; bei Willi Habermann, der sich bescheiden einen Kleinstadtlyriker nennt und doch weiß: »Dr Hemmel duad sich auf« – über dieser Landschaft.

Einer Landschaft, die weniger durch harte Kontraste als durch sanfte Konturen besticht. Die nicht den einen, alle anderen überragenden Dichter, sondern eine facettenreiche Literaturszene hervorgebracht und zugleich Literaten von außerhalb, wie Erich Maria Remarque oder Kurt Tucholsky, zum Schreiben über diese Landschaft animiert hat.

Der Literaturkritiker Tilman Krause hat die Besonderheit so beschrieben: Im 19. Jahrhundert, im neuen Württemberg wurden Hohenlohe und Tauberfranken aufs »Abstellgleis der Geschichte« gestellt – »und damit zur literarischen Landschaft, zum Raum für Projektionen«. Vieles von der Idylle und Stille hat sich bis heute erhalten und schwingt in modernen Texten mit, die freilich Landschaft neu erkunden, sensibel dem Zwiespalt in der Geschichte und den Brüchen in der Beschaulichkeit nachspüren.

Wolfgang Alber und Andreas Vogt

Verzeichnis der Autoren

Adorno, Theodor W., eigentlich Theodor Ludwig Wiesengrund: geboren 1903 in Frankfurt am Main, gestorben 1969 in Visp/Schweiz; Sozialphilosoph, Soziologe, Musiktheoretiker, Komponist. Emigrierte in der Nazizeit nach England und in die USA, wo er mit Max Horkheimer das Hauptwerk der Kritischen Theorie schrieb, die 1947 veröffentlichte »Dialektik der Aufklärung«. Nach der Rückkehr bauten Adorno und Horkheimer das 1923 gegründete Frankfurter Institut für Sozialforschung wieder auf, das weite Teile der Studentenbewegung prägte. Amorbach im Odenwald, wo der hier abgedruckte Textauszug »Amorbach« (aus: »Kindheit in Amorbach. Bilder und Erinnerungen«) spielt, war Adornos Urlaubsort der verlorenen Kindheit und Lieblingsstädtchen der Remigrantenzeit. © Insel Verlag, Frankfurt am Main und Leipzig 2003.

Alexis, Willibald, Pseudonym für Georg Wilhelm Heinrich Häring: geboren 1798 in Breslau, gestorben 1871 in Arnstadt. Kriegsfreiwilliger gegen Napoleon 1815; nach Jurastudium und Referendarzeit schrieb er neben reger publizistischer Tätigkeit, angeregt von Walter Scott, zahlreiche vorwiegend historische Romane zur märkisch-preußischen Geschichte, so »Cabanis«, »Der falsche Woldemar« und »Die Hosen des Herrn von Bredow«, aber auch Lustspiele und Reisebilder, die wegen ihrer liberalen Tendenz teilweise verboten wurden. Der Götz von Berlichingen-Passus erschien 1833 in der Zeitschrift »Der Freimütige«.

Apin, Anton: geboren in Ingelfingen, gestorben 1589 in Öhringen; Kollaborator (Hilfsgeistlicher) in Schwäbisch Hall 1556, Diaconus in Öhringen 1557, Hofprediger in Waldenburg 1566, dort Zeuge der denkwürdigen Fastnacht 1570, Archidiaconus in Öhringen 1575. Sein Bericht über das tragische Ende des Grafen Eberhard (geb. 1535), des Stammvaters der Linie Hohenlohe-Waldenburg, an Fastnacht 1570 ist dem »Entwurf einer genealogischen Geschichte des Hohen Hauses Hohenlohe« entnommen, die der Hofrat und Archivar Johann Justus Herwig 1796 in Schillingsfürst veröffentlichte.

Bauer, Ludwig Amandus: geboren 1803 in Orendelsall, gestorben 1847 in Stuttgart. Der hohenlohische Pfarrerssohn war auf dem Tübinger Stift mit Mörike innig befreundet und schuf mit ihm den Sehnsuchts-Mythos der Insel Orplid. Er wurde Pfarrer in Ernsbach am Kocher, wechselte 1831 in die Anstalt Stetten im Remstal, lehrte ab 1835 am Katharinenstift sowie ab 1837 am Oberen Gymnasium in Stuttgart. Dort verfasste er neben historischen Dramen auch Komödien, den satirischen Roman »Die Überschwänglichen« sowie mit anderen Autoren eine sechsbändige »Allgemeine Weltgeschichte«. 1842 gab er den Sammelband »Schwaben, wie es war und ist« heraus. Sein früher Tod hat Mörike schwer erschüttert. Der Brief an Mörike ist zitiert nach: Ludwig Amandus Bauer. Briefe an Eduard Mörike. Herausgegeben von Bernhard Zeller und Hans-Ulrich Simon. Marbach 1976.

Becher, Johannes R.: geboren 1891 in München, gestorben 1958 in Berlin; Verfasser expressionistischer Lyrik und eines Antikriegsromans. Emigrierte während der NS-Zeit in die Sowjetunion, nach dem Zweiten Weltkrieg war er erster Kulturminister der DDR und schrieb den Text der Nationalhymne »Auferstanden aus Ruinen«. Lebte in den 1920er Jahren in einem lebensreformerischen Kreis im schwäbischen Urach, Gedichte wie »Fränkisches Dorf – Rothenburger Altar« erinnern an den Aufenthalt in Süddeutschland. Aus: Johannes R. Becher: Gesammelte Werke. 18 Bände. Hrsg. vom Johannes-R.-Becher-Archiv der Akademie der Künste der Deutschen Demokratischen Republik; Band 7: Epische Dichtungen. © Aufbau Verlag GmbH & Co. KG, Berlin 1967. Das Werk erschien erstmals 1967 im Aufbau-Verlag; Aufbau ist eine Marke der Aufbau Verlag GmbH & Co. KG.

Bender, Augusta: geboren 1846 in Oberschefflenz, gestorben 1924 in Mosbach. Fasste die für ein Bauernmädchen ungewöhnliche Entscheidung, nicht zu heiraten und ihren Lebensunterhalt selbstständig zu verdienen. Arbeit als Telegrafistin in Karlsruhe, dann Ausbildung zur Lehrerin für höhere Töchterschulen. War Privatlehrerin und Gouvernante in England, Heidelberg, Erzieherin und Begleiterin für reisende Ausländer, u. a. Reisen nach Paris, Nizza, Genua und Rom. Seit 1871 insgesamt elf (!) Reisen nach Amerika, immer mit dem Versuch, dort als Lehrerin, Schriftstellerin und Frauenrechtlerin Fuß zu fassen. Im Alter völlig mittellos, wurde Bender u. a. vom Maler Hans Thoma unterstützt. Der Text über den Odenwald ist ihrem 1910 in Frankfurt am Main erschienenen Buch »Kulturbilder aus einem badischen Bauerndorfe« entnommen.

Bender, Hans: geboren 1919 in Mühlhausen im Kraichgau. Als Herausgeber der »Akzente« wie als sachlich-poetischer Romancier (»Eine

Sache wie die Liebe«, »Wunschkost«) hat sich Bender um das literarische Leben der Nachkriegszeit verdient gemacht. Die Erzählung »Die Wallfahrt«, die hier in einem kleinen Auszug wiedergegeben wird, erschien in »Mit dem Postschiff. 24 Geschichten«. © Rimbaud Verlag Aachen, 2007. (Dort in »Der Hund von Torcello. 32 Geschichten«.)

Bertram, Jürgen: geboren 1940 in Fürstenwalde/Spree; arbeitete u. a. für den »Spiegel«, das TV-Magazin »Panorama« und als ARD-Asien-Korrespondent. Veröffentlichte Bücher wie »Die Helden von Bern. Eine deutsche Geschichte« und »Wer baut, der bleibt. Neues jüdisches Leben in Deutschland« (mit Helga Bertram). »Das Drama von Brettheim. Eine Dorfgeschichte am Ende des Zweiten Weltkriegs«, aus dem die hier abgedruckte Passage stammt, wurde nach dem Krieg juristisch nur unzureichend aufgearbeitet. Lediglich der SS-Sturmbannführer Friedrich Gottschalk erhielt eine kurze Gefängnisstrafe, SS-General Max Simon, der die Vollstreckung der Todesurteile anordnete, wurde freigesprochen. An die hingerichteten Männer von Brettheim erinnert heute eine Gedenkstätte. © 2005 Fischer Taschenbuch Verlag in der S. Fischer Verlag GmbH, Frankfurt am Main.

Bismarck, Otto von: geboren 1815 in Schönhausen, gestorben 1898 in Friedrichsruh bei Hamburg; erster Reichskanzler. Der »Eiserne Kanzler« scheint im Ritter mit der eisernen Hand, Götz von Berlichingen, offenbar keinen Geistesverwandten gesehen zu haben, wie der hier wiedergegebene Eintrag von 1891 im »Stammbuch zur Eisernen Hand« des Götz von Berlichingen in Jagsthausen nahelegt.

Blos, Wilhelm: geboren 1849 in Wertheim, gestorben 1927 in Stuttgart; Journalist, Schriftsteller, Politiker, Begründer der Satirezeitschrift »Der Wahre Jacob«. Der Sozialdemokrat war Mitglied des Reichstags und nach der Novemberrevolution 1918 erster Ministerpräsident der demokratischen Republik Württemberg. Schrieb zeitkritische Romane, Biografien und revolutionsgeschichtliche Abhandlungen; in seinen 1914 erschienenen »Denkwürdigkeiten eines Sozialdemokraten« findet sich die Episode »Ein Menetekel für Dom Miguel« um den aus Portugal vertriebenen König Michael (1802–1866), der im Kloster Bronnbach bei Wertheim im Exil lebte.

Blümcke, Martin: geboren 1935 in Sorau/Niederlausitz; war zunächst Hauslehrer beim Fürsten zu Hohenlohe-Langenburg, dann viele Jahre Leiter der Redaktion »Land und Leute« beim Südfunk sowie Vorsitzender des Schwäbischen Heimatbundes. Landeskundliche Veröffentlichungen, u. a. »Abschied von der Dorfidylle?«, »Ein Journalist, länger in Haft als in Freiheit. Christian Friedrich Daniel Schubart«, »Schlösser

in Oberschwaben«. Der Textausschnitt »Der Kastellan mit der Baskenmütze« ist dem von Carlheinz Gräter herausgegebenen Lesebuch »Anmutigste Tochter des Mains« entnommen. © Fränkische Nachrichten
Verlags-GmbH, Tauberbischofsheim 1985.

Böttiger, Helmut: geboren 1956 in Creglingen; Literaturkritiker und
Schriftsteller. Lebt nach verschiedenen Stationen als Literaturredakteur
seit 2002 als freier Autor in Berlin. Letzte Buchveröffentlichungen:
»Celan am Meer« (2006), »Doppelleben. Literarische Szenen aus Nach-
kriegsdeutschland« (Ausstellungskatalog 2009). Der Textauszug »Eine
abseitige Geborgenheit« stammt aus der »Brotschrift für Ulrich Keicher
im fünfundzwanzigsten Jahr seines Verlages damit der Rote Faden nie
reiße.« Herausgegeben von Matthias Bormuth, Joachim Kalka und
Friedrich Pfäfflin. Christian Wagner Gesellschaft, Warmbronn 2008. ©
Helmut Böttiger, Berlin.

Borst, Otto: geboren 1924 in Waldenburg, gestorben 2001 in Esslingen;
Landeshistoriker, Professor in Esslingen und Stuttgart. Publizierte zur
südwestdeutschen Mentalitäts-, Landes- und Stadtgeschichte sowie
über »Alltagsleben im Mittelalter«. Die hier in Auszügen wiedergegebe-
nen Stadtporträts von Öhringen und Waldenburg sind seinen Büchern
»Alte Städte in Württemberg« und »Stadtkleinode in Württemberg.
Geschichte im Gehäuse« entnommen. © Ruth Borst, Esslingen; © by
Verlag Friedr. Stadler. Erschienen in der Stadler Verlagsgesellschaft
Konstanz, 1986.

Brentano, Clemens, eigentlich Clemens Wenzeslaus Brentano de La Roche:
geboren 1778 in Ehrenbreitstein bei Koblenz, gestorben 1842 in Aschaf-
fenburg; neben Achim von Arnim, mit dem er die Volksliedsammlung
»Des Knaben Wunderhorn« herausgab, wichtigster Vertreter der Heidelberger Romantik. Schrieb Gedichte, Satiren, Erzählungen, Romane,
Bühnenwerke, führte ein unstetes Wanderleben, stetig auf spiritueller
Suche. Im »Märchen von dem Rhein und dem Müller Radlauf« (Ausgabe 1846) lässt er eine Nymphe übersprudelnd die Tauber besingen,
im Textabschnitt »Über die Heiligblutverehrung in Walldürn« (1804)
klingt bereits ein sich verstärkender religiöser Unterton an.

Buchheim, Albrecht Pilgrim von: Minnesänger des 13. Jahrhunderts, geboren mutmaßlich in Buchen, erhielt wegen seines unstetes Wanderlebens
den Beinamen Pilgrim. Auf dem Idealbild der Großen Heidelberger
Liederhandschrift reicht er seiner Dame einen Becher. Das erste seiner
fünf Gedichte im Codex Manesse ist hier in der Nachdichtung des Über-
setzers und Lyrikers Richard Zoozmann (1863–1934) wiedergegeben.

Busse, Hermann Eris: geboren 1891 in Freiburg, gestorben 1947 ebenda. Anfänglich Volksschullehrer, machte er den Landesverein Badische Heimat mit seinen gediegenen Schriften zu einer weithin geachteten Institution. Als Erzähler schilderte er Land und Leute am Oberrhein, nicht frei von Blut und Boden-Mystik. Der Abschnitt »Landschafts-Sonaten« erschien 1933 in »Das Badische Frankenland«. © Landesverein Badische Heimat e.V.. Der Passus »Die Entdeckung des Madonnenländle« stammt aus dem Roman »Peter Brunnkant«. © Schillinger Verlag, Freiburg im Breisgau, 1985.

Dürr, Josef: geboren 1877 in Tauberbischofsheim, gefallen 1917 bei Passendale/Flandern. Der Gymnasiallehrer gilt als einer der Begründer der tauberfränkischen Mundartdichtung. Sein Kollege Otto Heilig hat aus dem Nachlass das bis 2001 mehrfach aufgelegte Bändchen »Schleh' unn Hoasselnüss. Gedichtli, Gschichtli un a Bildli aus'm Dauwergrund« herausgegeben, aus dem auch »Dr Künichshööfer Markt« stammt.

Ehrler, Hans Heinrich: geboren 1872 in Bad Mergentheim, gestorben 1951 in Waldenbuch. Der Zeitungsmann wagte als 40-jähriger mit dem Roman »Briefe vom Land« den Sprung ins freie, vogelfreie Schriftstellerleben. Von seinen anderen Erzählungen hat »Wolfgang – das Jahr eines Jünglings«, 1925, auf die Jugendbewegung eingewirkt. Sein schönstes Prosawerk ist das Erinnerungsbuch »Die Reise in die Heimat« (1926), dem »Ein Gang der Enttäuschung« entnommen ist. In der Auswahl seiner Lyrikbände »Gedichte«, 1951 von der Gesellschaft der Freunde von Hans Heinrich Ehrler herausgegeben, findet sich »Die Wolfgangsbrücke in Mergentheim«. © Stadt Bad Mergentheim.

Eppler, Erhard: geboren 1926 in Ulm, aufgewachsen in Schwäbisch Hall, wo sein Vater Schuldirektor war; dort lebt Erhard Eppler heute wieder. Der promovierte Philologe war baden-württembergischer SPD-Landesvorsitzender, Bundestagsabgeordneter, Bundesentwicklungsminister und Vorsitzender der Grundwertekommission seiner Partei. Schrieb Bücher wie »Kavalleriepferde beim Hornsignal. Die Krise der Politik im Spiegel der Sprache«. Der hier abgedruckte Textauszug »Hall« stammt aus dem Band »Als Wahrheit verordnet wurde. Briefe an meine Enkelin«. © Insel Verlag, Frankfurt am Main und Leipzig 1994.

Eyth, Max: geboren 1836 in Kirchheim/Teck, gestorben 1906 in Ulm; technikbegeisterter Ingenieur und Schriftsteller, wurde mit dem 1899 veröffentlichten Buch »Hinter Pflug und Schraubstock« bekannt. Verbrachte seine Kindheit von 1841 bis 1852 im Evangelisch-theologischen Seminar Schöntal, wo sein Vater Ephorus und Lehrer für Griechisch und Geschichte war. Daran erinnert der hier in Auszügen abgedruckte Text »Aus der Kinderzeit« (aus »Im Strom unsrer Zeit. Aus den Briefen eines Ingenieurs«, Stuttgart und Leipzig 1904/05).

Fischer, Joseph Martin, genannt Joschka: geboren 1948 in Gerabronn, aufgewachsen in Langenburg; politisch sozialisiert in der Frankfurter Studentenbewegung, Grünen-Bundestagsabgeordneter, hessischer Landesminister, Bundesaußenminister und Vizekanzler. Der Textauszug »Die neue Ess-Klasse« erschien unter dem Titel »Was du tust, das tue besonnnen!« in dem von Rezzo Schlauch und Manfred Kurz herausgegebenen Buch »Die neue Ess-Klasse«. © Swiridoff Verlag, Künzelsau 2002.

Forstner, Georg Ferdinand Freiherr von Dambenoy: geboren 1763 in Creglingen (keine weiteren Lebensdaten bekannt). Studierte auf seinen Reisen durch halb Europa die Landwirtschaft und machte seinen Hof in Garnberg bei Künzelsau seit 1798 zum Musterbetrieb. Focht als Gerabronner Abgeordneter im Landtag mit Friedrich List gegen die Bürokratie, lehrte von 1817 bis 1829 Staatswissenschaften an der Universität Tübingen. Von seinen aufklärerischen Schriften ist besonders die zweibändige »Physikalisch-Ökonomische Beschreibung von Franken« (1791), »Freiheit des Grundeigenthums, die Seele des Landbaues« (1820), sowie die erste »Biographie des Pastors Mayer. Als Herbstblume auf das Grab dieses verehrten Landwirthes« zu nennen. Auch mit dem hier wiedergegebenen Versen auf dessen Grabmal auf dem Kupferzeller Friedhof würdigte er den als »Gipsapostel« bekannten Agrarreformer (1719–1798).

Gaiser, Gerd: geboren 1908 in Oberriexingen, gestorben 1976 in Reutlingen; Kunstprofessor und Schriftsteller. Schrieb Romane wie »Eine Stimme hebt an«, »Schlussball« und »Das Schiff im Berg« sowie Erzählungen. Die hier abgedruckten Textpassagen »Abt Knittel und Ritter Götz« (aus »Ortskunde«, 1977) und »Labyrinthe im Muschelkalk« (aus »Revanche«, 1977) verweisen auf Gaisers Zeit im Evangelisch-theologischen Seminar Schöntal. © 1977 Carl Hanser Verlag, München © Erbengemeinschaft Gerd Gaiser.

Goes, Albrecht: geboren 1908 in Langenbeutingen, gestorben 2000 in Stuttgart-Rohr; evangelischer Theologe und Schriftsteller, verbrachte seine Kindheit in Hohenlohe und besuchte das Evangelisch-theologische Seminar Schöntal, wo Gerd Gaiser sein Stubengenosse war. Goes wandte sich engagiert gegen die Wiederaufrüstung Deutschlands, seine von Rilke beeinflusste Lyrik singt melodiös von Zeit und Ewigkeit. Im hier abgedruckten Prosaausschnitt »Gartenwünsche« (aus: Rose Keßler/Rolf Lehmann (Hg.): Albrecht Goes. Alles ist nahe. Ein Schwabe sieht Schwaben.) erinnert er sich ans Hohenloher Land. © Verlag und Buchhandlung der Evangelischen Gesellschaft GmbH, Stuttgart 2009.

Gräter, Carlheinz: geboren 1937 in Bad Mergentheim. Lebt nach dem Studium der Geschichte und einigen Redakteursjahren seit 1972 als freier landeskundlicher Autor. »Gäuherbst«, © Carlheinz Gräter. Der Textauszug »Das Geheimnis der Dunkelgräfin« erschien in: Carlheinz Gräter/Jörg Lusin: Schlösser in Hohenlohe. Geschichte und Geschichten. © Silberburg-Verlag, Tübingen 2005.

Grimm, Arthur: geboren 1883 in Mudau, gestorben 1948 ebenda. Während seiner Lehrerzeit Besuch der Kunstgewerbeschule. 1907 quittierte er den Staatsdienst und studierte an der Karlsruher Kunstakademie bei Wilhelm Trübner. Er begründete die Hollerbacher Malerkolonie und kehrte nach seinen Baden-Badener Jahren 1932 in die Heimat zurück. Der Umgang mit Malerpinsel, Radiernadel und Schreibfeder war Grimm gleichermaßen vertraut. Unser Zitat stammt aus »Mudau im badischen Odenwald« (in: »Das badische Frankenland«). © Verlag Badische Heimat, Freiburg 1933.

Günther, Agnes: geboren 1863 in Stuttgart, gestorben 1911 in Marburg. Die Langenburger Dekansfrau, eine geborene Breuning, erlebte im Hohenlohischen Bilder, Visionen, Erscheinungen, »ererbte Erinnerungen«, die sich während eines Lungenleidens zu dem Schauspiel »Von der Hexe, die eine Heilige war« und zu dem Roman »Die Heilige und ihr Narr« verdichteten. Dieser im Verlag J. F. Steinkopf in Stuttgart 1911 posthum erschienene Wälzer um die Fürstentochter Rosmarie, genannt Seelchen, und ihren Malergrafen Harro entzieht sich weitgehend literarischen Maßstäben, überschritt jedoch in sieben Jahrzehnten die Millionenauflage und bescherte Langenburg und Umgebung einen wahren Seelchen-Tourismus (daraus der Passus »Schloss Schweigen«). Den Brief der Zwölfjährigen von der Stöckenburg ist dem von Gerhard Günther herausgegebenen Band »Ich denke der alten Zeit, der vorigen Jahre...«, J. F. Steinkopf Verlag, Stuttgart 1972, entnommen.

Haag, Gottlob: geboren 1926 in Wildentierbach, gestorben 2008 ebenda. Der Korbflechtersohn schlug sich nach dem Krieg in vielerlei Berufen durch und begann, angeregt von einem Trakl-Bändchen, zu schreiben. 1964 erschien mit »Hohenloher Psalm« sein erster Gedichtband. Seine Hörbilder für den Rundfunk machten ihn bekannt. An die fünfzig Bücher, auch Stücke fürs Volkstheater. Haag gilt als einer der Erneuerer der fränkischen Mundartlyrik; Naturgedicht und zeitkritische Töne bestimmten sein Werk. Der Text »Mein Dorf in Hohenlohe« erschien in der »Schwäbischen Heimat«, Heft 3, Stuttgart 2002, © Schwäbischer Heimatbund, das Gedicht »Kriegerdenkmal« in »Schonzeit für Windmühlen«, © Verlag Nürnberger Presse, Nürnberg 1959.

Habermann, Willi: geboren 1922 in Neu-Ulm, gestorben 2001 in Bad Mergentheim. Der unkonventionelle Gymnasialprofessor und bissige Aphoristiker gab als Leiter der Mergentheimer Volkshochschule drei graphisch hervorragende Bände über Hans Heinrich Ehrler, den Deutschen Orden und den Bauernkrieg im Taubertal heraus. Neun Lyrikbände, auch in schwäbischer Mundart, folgten. »Lyriker« erschien erstmals in »Als wär's ein Stück von ihm. Hans Heinrich Ehrler Spiegelungen 1872–1972«. © Stadt Bad Mergentheim; der Text »Literatur-Landschaft« erschien unter dem Titel »Barfüßig weht der Wind« in »Merian«: »Rothenburg und das Taubertal«, XXXI. Jg., Heft 6. © Merian, Jahreszeiten Verlag 1978.

Hampele, Walter: geboren 1928 in Westheim. Der Haller Oberstudiendirektor i. R. hat sich als Erforscher und Interpret der ostfränkischen Mundart einen Namen gemacht und selbst einige Lyrikbände veröffentlicht. Die Textpassage »Der Hohenloher liebt's nicht direkt« stammt aus »Die Hohenloher. An bsundrer Schlooch«. Hohenloher Freilandmuseum, Schwäbisch Hall 2005. © Walter Hampele, Schwäbisch Hall.

Hannsmann, Margarete: geboren 1921 in Heidenheim, gestorben 2007 in Stuttgart; ausgebildete Schauspielerin, dann freie Schriftstellerin. Bekannt durch Lyrikbände und die Erinnerungen »Pfauenschrei« an die Jahre mit ihrem Lebensgefährten, dem Holzschneider HAP Grieshaber. Das Gedicht »Kirchberger Stadtkirche« ist dem von Hans Dieter Haller herausgegebenen Band »Kirchberg, schwarz auf weiß« entnommen. Verlag Kirchberger Fenster, Kirchberg/Jagst 2003. © Hans Dieter Haller, Kirchberg/Jagst.

Hansjakob, Heinrich: geboren 1837 in Haslach, dort gestorben 1916; katholischer Pfarrer, Heimatschriftsteller, Landtagsabgeordneter, Sozialreformer. Schrieb politische und wissenschaftliche Werke, Reiseberichte sowie Erzählungen und Romane, die vorwiegend im Mittleren Schwarzwald spielen. Seine in Tagebuchblättern festgehaltenen und hier in Auszügen wiedergegebenen »Sommerfahrten« (Stuttgart 1904) führten ihn per Kutsche auch in den Odenwald.

Hennemann, (Vorname unbekannt): gestorben 1835 in Karlsruhe (keine weiteren Lebensdaten bekannt). 1806 Direktor der Regierung der Fürsten Salm-Krautheim, seit 1807 in badischen Diensten, 1809

Ministerialrat, 1813 Kreisrat im Main- und Tauberkreis, dann Obervogt in Mosbach, 1822 Kreisrat im Kinzigkreis, 1829 im Murg- und Pfinzkreis, 1832 in den Ruhestand versetzt. Wird mit Vorschlägen zur Verbesserung der Pferdezucht und zur Auffindung von Torflagern in den Verhandlungen der Ständeversammlung Baden und im von Johann Joseph Görres herausgegebenen »Rheinischen Merkur« erwähnt. Seine hier teilweise abgedruckte Abhandlung über den Grünkern erschien 1821; entnommen aus: Heiner Heimberger: Neue Quellen zur Geschichte des Grünkerns. In: Badische Heimat 3/1969.

Herrenknecht, Albert: geboren 1952 in Bad Mergentheim. Er wuchs in Niklashausen, dem Wirkungsort des spätmittelalterlichen Sozialrevolutionärs Hans Beheim genannt »Pfeiferhänsle«, auf und stieß zur 68er Protestbewegung. Sein Gedicht »Fränkischer Spätsommer« ist dem Band »Heimatlos. Wortmeldungen aus der Provinz« entnommen. Pro Provincia, München 1983. © Albert Herrenknecht.

Heuss, Theodor: geboren 1884 in Brackenheim, gestorben 1963 in Stuttgart; liberaler Politiker, Journalist, erster Bundespräsident. Schrieb historische, politische und biografische Studien, zudem kenntnisreiche Skizzen über Land und Leute, wie den hier abgedruckten Textauszug »Wanderungen im Fränkischen«, der seinem Buch »Von Ort zu Ort – Wanderungen mit Stift und Feder« entnommen ist. © 1959, Deutsche Verlags-Anstalt, München, in der Verlagsgruppe Random House.

Huch, Ricarda: geboren 1864 in Braunschweig, gestorben 1947 in Schönberg/Taunus. Die Erzählerin wandte sich früh historischen Themen zu. Bahnbrechend wurde ihr 1908 veröffentlichtes Werk »Die Romantik«. 1933 trat sie aus Protest gegen das NS-Regime aus der Preußischen Akademie der Künste aus. Der Text über Schwäbisch Hall findet sich in ihrem Städtebuch »Im alten Reich. Lebensbilder alter Städte. Der Süden«. © Carl Schünemann Verlag, Bremen, Bremen 1953.

Hummel, Friedrich: geboren 1861 in Wiesensteig, gestorben 1946 in Gaildorf. 1923 wurde der Dekan für seine Verdienste um die Erforschung der Crailsheimer Stadtgeschichte zum Ehrenbürger ernannt. Für das 1928 veröffentlichte, 1979 als Nachdruck erschienene »Heimatbuch Crailsheim« schrieb er das Geschichtskapitel, aus dem der Passus »Des Weines toll und voll« entnommen ist. © Baier Verlag, Crailsheim.

Knittel, Benedikt: geboren 1650 in Lauda, gestorben 1732 im Kloster Schöntal; seit 1683 Abt, führte er die Reichsabtei an der Jagst zu barocker Blüte. Schrieb zahlreiche Verse in lateinischen und deutschen

Hexametern und Distichen, zu finden an Wänden, Decken und Türen oder hier auf einem Weinfass in Schöntal. Wird fälschlicherweise als Namensgeber der Knittelverse genannt; dieses Versmaß, bei dem Versbetonung und sinngebende Wortsilben auseinanderfallen, war bereits im 15. Jahrhundert gebräuchlich und wurde zunächst »Knüttelvers« (Knüttel für Knüppel, Keule) genannt.

Kost, Rudi: geboren 1949 in Stuttgart; war u. a. Leiter des Feuilletons der »Esslinger Zeitung«, seit 1985 freiberuflich tätig. Lebt mit seiner Familie in Unterfischbach bei Schwäbisch Hall, schreibt Reiseführer, PC-Anwendungsbücher und regionale Kriminalromane wie »Die Nadel im Heuhaufen« (daraus der hier abgedruckte Passus »Steil und kurvenreich«), in denen der Versicherungsvertreter, Hobbydetektiv und Porschefahrer Dieter Dillinger ermittelt. © 2007 Piper Verlag GmbH, München.

Krause, Tilman: geboren 1959 in Kiel; Literaturredakteur u. a. bei der »Frankfurter Allgemeinen Zeitung« und beim Berliner »Tagesspiegel«, seit 1998 bei der »Welt«, wo er die Beilage »Die Literarische Welt« konzipierte und von 2000 bis 2007 die wöchentliche Kolumne »Krauses Klartext« schrieb. Sein Interesse für Kultur und Literatur des Südwestens hat auch familiäre Gründe, sein Großvater war Prinzenerzieher am württembergischen Hof. Der hier in Teilen abgedruckte Text »Fürsten, Diener, Oldtimer« erschien in der »Welt« vom 3. Juli 2004. © Tilman Krause, Berlin.

Kruse, Tatjana: geboren 1960 in Kirchheim/Teck; wuchs in Schwäbisch Hall auf, arbeitete zunächst als Übersetzerin, schreibt heute Krimis wie »Vorsicht: Stufen!« (zum 500-jährigen Bestehen der Haller Treppe), in dem die Statistin Clara Pauly eine Hauptrolle spielt und aus dem der hier abgedruckte Auszug stammt. © Swiridoff Verlag, Künzelsau 2007.

Kurz, Manfred: geboren 1955; Sternekoch und Autor. Ausbildung u. a. bei Eckart Witzigmann in München. Seit 1977 im elterlichen Gasthof »Zum Hirschen« in Blaufelden wirkend, ist seine Küche seit vielen Jahren mit einem Michelinstern gekrönt. Darüber hinaus vielfältiges Engagement für qualitativ hochwertige Lebensmittel aus seiner hohenlohischen Heimat, wie im Textausschnitt »Der Duft der großen weiten Welt« (aus »Die neue Ess-Klasse«) beispielhaft zum Ausdruck kommt. © Swiridoff Verlag, Künzelsau 2002.

Lauxmann, Richard: geboren 1834 in Schönaich, gestorben 1890 in Stuttgart. Studium in Tübingen, 1870–1874 war er 4. Stadtpfarrer in Heilbronn, 1872–1874 zugleich geistlicher Betreuer der Olgaschwestern, später Pfarrer an der Stiftskirche in Stuttgart. Lauxmanns Vater, ein einfacher Handwerker, entdeckte 1852 im Wald bei Schönaich einen keltischen Münzschatz. Die Geschichte vom »Silberrausch im Mainhardter Wald« ist dem Heimatbuch Weinsberger Tal/Mainhardter Wald von 1931 entnommen.

Layer, Gerhard: geboren 1953 in Tauberbischofsheim, Studium der Literaturgeschichte, Volkskunde und Geschichte in Würzburg, seit 1976 Redakteur der »Rhein-Neckar-Zeitung« Buchen-Mosbach. Aufsätze zu volkskundlichen Themen, seit 1986 Schriftleiter der Karlsruher landeskundlichen Zeitschrift »Hierzuland«, seit 1990 Mitherausgeber des Kalenderbuchs »Unser Land«, Autor des Bildbands »Im Neckar-Odenwald-Kreis«. »Grünkernwerbung an der Autobahn« schrieb er als Originalbeitrag für diesen Band. © Gerhard Layer.

Lenau, Nikolaus, eigentlich Nikolaus Franz Niembsch Edler von Strehlenau: geboren 1802 in Csatád/Ungarn, gestorben 1850 in Oberdöbling bei Wien; zu Schwermut neigender Lyriker. Führte ein unruhiges Pendlerleben zwischen Wien und Württemberg, war häufig Gast des Schwäbischen Dichterkreises um Justinus Kerner und Gustav Schwab. Sein hier wiedergegebenes Gedicht »Auf ein Fass zu Öhringen« (1832) spielt auf das 22.000 Liter fassende Weinfass von 1702 im Öhringer Schlosskeller an.

Lenz, Hermann: geboren 1913 in Stuttgart, gestorben 1998 in München; wuchs bis zum elften Lebensjahr in Künzelsau auf. Im Mittelpunkt seines Werks, dem Peter Handke zum Durchbruch verhalf, steht der autobiographische Roman-Zyklus mit Eugen Rapp als alter ego. Dazu gehört auch die hier als Auszug wiedergegebene Erzählung »Zwei Frauen«, in der sich der alternde Protagonist noch einmal die Orte der Kindheit vergegenwärtigt und bei Wanderungen durchs Hohenlohische zwei unterschiedlichen Freundinnen begegnet. © Insel Verlag, Frankfurt am Main und Leipzig 1994. Der Passus »Eine Kindheit in Künzelsau« entstammt dem Roman »Verlassene Zimmer«. © Suhrkamp Verlag, Frankfurt am Main 1979.

Mader, Friedrich Wilhelm: geboren 1866 in Nizza, gestorben 1945 in Bönnigheim. Der Pfarrerssohn wirkte selbst von 1896 bis 1917 als Pfarrer in Eschelbach bei Öhringen, um sich dann ganz der Schriftstellerei zu widmen. Erzählungen schwäbischer Missionare und der Burenkrieg weckten die Lust an Abenteuerromanen, die vor allem auf dem schwarzen Kontinent spielten. Der »schwäbische Karl May« verfasste auch eine Handvoll Filmdrehbücher. Die Lektüre Jules Vernes und eigene astronomische Versuche gaben den Anstoß zu den 1911 in Stuttgart erschienenen »Wunderwelten« (Neuauflage 1987), dem der Abschnitt »Die Marsbewohner« entnommen ist. Mit diesem auch in den USA erfolgreichen Zukunftsroman gilt Mader als einer der Gründerväter der Science-Fiction-Literatur. Wilhelm Heyne Verlag, München 1987. © Erbengemeinschaft F. W. Mader.

Mann, Thomas: geboren 1875 in Lübeck, gestorben 1955 in Zürich. Erhielt für seine »Buddenbrooks« 1929 den Nobelpreis für Literatur; zahlreiche weitere Romane und Novellen wie »Der Zauberberg«, »Doktor Faustus«, »Bekenntnisse des Hochstaplers Felix Krull«, »Der Tod in Venedig«. Warf den Nazis »Barbarei« und »Jahrmarktsrohheit« vor. Emigration nach Frankreich, in die Schweiz und schließlich in die USA. Nach dem Zweiten Weltkrieg ließ sich Mann mit seiner Familie in der Schweiz nieder. Der 1939 erschienene Roman »Lotte in Weimar« handelt vom Besuch der gealterten Charlotte Kestner geborene Buff, Vorbild der Lotte in »Die Leiden des jungen Werther«, bei Johann Wolfgang Goethe. Darin eingebettet ist die hier auszugsweise wiedergegebene Episode über den mythenumrankten Kuss von Hardheim. © S. Fischer Verlag GmbH, Frankfurt am Main 1974.

Marlitt, E., Pseudonym für Eugenie John: geboren 1825 in Arnstadt, gestorben 1887 ebenda. Fürstin Mathilde von Schwarzburg-Sondershausen förderte das musikalische Talent ihres Landeskindes, dem aber eine Karriere als Sängerin versagt blieb. 1852 nahm die Fürstin, eine geborene Hohenlohe-Oehringen, die junge Frau als Gesellschafterin mit nach Friedrichsruhe; dort begann diese zu schreiben. 1863 kehrte die Marlitt nach Arnstadt zurück und bot ihre Arbeiten der »Gartenlaube« an. In diesem bürgerlichen Familienblatt erschienen nun in Fortsetzungen ihre Romane, durchweg in die Gegenwart versetzte Aschenputtel-Märchen mit Happyend wie »Goldelse«, »Das Geheimnis der alten Mamsell« oder »Das Heideprinzeßchen«. »Beim Wiederfinden alter Gedichte« und »Drachenhort« wurden dem Nachdruck »Maienblütenhauch. Die Gedichte« (Hain Verlag, Rudolstadt und Jena 1994) entnommen.

Meider, Kurt: geboren 1910 in Weikersheim, gestorben 1992 in Bad Mergentheim. Von der bündischen Jugend geprägt, wandte sich der gelernte Weinkaufmann der Volkskunde zu und begründete den Verein der Freunde Tauberfränkischer Volkskultur. 1972 wurde sein Tauberländer Dorfmuseum in Weikersheim eröffnet, dem weitere drei Museumsgründungen folgten. Die bewegende Geschichte vom Säckzachner schrieb er für das Lesebuch »Anmutigste Tochter des Mains«, Verlag

Fränkische Nachrichten, Tauberbischofsheim 1985. © Erbengemeinschaft Kurt Meider.

Meroth, Peter: geboren 1951 in Oberkochen; Historiker und Politologe, war u. a. Redakteur bei der »Stuttgarter Zeitung« und stellvertretender Chefredakteur von »Geo Saison«, leitet heute das Auslandsressort des »Stern«. Sein hier auszugsweise wiedergegebener Text »Der Kocher! gereinigt?« erschien unter dem Titel »Den Bach runter« 1988 im Kursbuch 92, Elemente I: Wasser © Peter Meroth.

Metz, Friedrich: geboren 1890 in Karlsruhe, gestorben 1969 in Freiburg. Die Arbeiten des Kulturgeographen, darunter auch der 1933 veröffentlichte Aufsatz »Landschaft und Siedlung im badischen Frankenland«, dem unser Zitat entnommen ist, sind gebündelt in »Land und Leute. Gesammelte Beiträge zur deutschen Landes- und Volksforschung«. Kohlhammer Verlag, Stuttgart 1961.

Mörike, Eduard: geboren 1804 in Ludwigsburg, gestorben 1875 in Stuttgart; evangelischer Pfarrer und Schriftsteller. Mit 39 Jahren aus gesundheitlichen Gründen als Geistlicher pensioniert, ließ er sich 1844 nach kurzem Aufenthalt in Schwäbisch Hall für längere Zeit in Bad Mergentheim nieder in der Nähe seines Freundes Wilhelm Hartlaub, Pfarrer in Wermutshausen. In dieser Zeit entstanden die hier abgedruckten Briefstellen »Ein Pfarrer als Kirchendieb«, »Aus Wermutshausen«, »An die kleine Agnes Hartlaub«. Insbesondere der Briefwechsel mit Hartlaub ist so etwas wie eine Selbstbiographie Mörikes.

Mündlein, Karl: geboren 1942 in Weikersheim; ausgebildeter Fernmeldehandwerker, später Realschullehrer. Schreibt Lyrik in Hohenloher Mundart, veröffentlichte u. a. die Gedichtbände »Mouschd und Brood« und »Weih und Blooz«. Der Passus »Spuren in Forchtenberg« über die Familie Scholl ist dem Porträt »Glückliche Kindheit. Die Spuren der Familie Scholl in Hohenlohe« in Heft 10/2009 der Zeitschrift »Schönes Schwaben« entnommen. © Silberburg-Verlag, Tübingen 2009.

Nebel, Gerhard: geboren 1903 in Dessau, gestorben 1974 in Stuttgart. In den Steppen und Wüsten Afrikas sowie mit der Lektüre Ernst Jüngers öffnete sich der junge Marxist und Gymnasiallehrer der Offenbarung der Elemente. Griechischen Mythos und lutherisches Christentum hat der Essayist, Kulturkritiker und Autor fordernd anspruchsvoller Reisebücher für sich spannungsreich vereint. Die erste Begegnung mit seiner späteren Wahlheimat Hohenlohe unter dem Titel »Im Märchenwald«

und das Franken-Zitat stammen aus »Orte und Feste. Zwischen Elm und Esterel«. Hamburg 1962.

Niethammer, Marie geb. Kerner: geboren 1813 in Welzheim, gestorben 1886 in Tübingen; Tochter von Justinus Kerner. Der Arzt Justinus Kerner (1786–1862) schrieb Dramen, Gedichte und Erzählungen, auch zu spiritistischen und okkultistischen Themen, so über Friederike Hauffe, die »Seherin von Prevorst« (1829), oder die 1834 erschienene »Geschichte des Mädchens von Orlach«, die das kleine Dorf bei Braunsbach bekannt machte. Die hier gekürzt abgedruckte Erinnerung »Mein Bruder Theobald« (in: Marie Niethammer: »Justinus Kerners Jugendliebe und mein Vaterhaus. Nach Briefen und eigenen Erinnerungen«, Stuttgart 1877) zeigt volksmedizinische Praktiken, mit denen Kerner als Oberamtsarzt in Gaildorf zwischen 1815 und 1819 konfrontiert war.

Oesterle, Kurt: geboren 1955 in Oberrot; Journalist und freier Schriftsteller. Zuletzt erschienen von ihm »Stammheim. Der Vollzugsbeamte Horst Bubeck und die RAF-Häftlinge« sowie »Mordwand und Todeskurve. Zwei Sportlergeschichten«. Sein Buch »Der Fernsehgast«, aus dem die hier abgedruckte Passage stammt, schildert eine Kindheit in einem hohenlohischen Dorf, dessen geschlossener Horizont durch das neue Medium Fernsehen aufgebrochen wird. © Klöpfer & Meyer Verlag, Tübingen 2002.

Pahl, Johann Gottfried: geboren 1768 in Aalen, gestorben 1839 in Stuttgart; evangelischer Theologe und Schriftsteller. Einer der wichtigsten Vertreter der Spätaufklärung in Württemberg, war Dekan in Gaildorf und Prälat in Schwäbisch Hall sowie Mitglied der Ständekammer. Schrieb u. a. den Roman »Ulrich Höllriegel. Kurzweilige und lehrreiche Geschichte eines Württembergischen Magisters« (erschienen 1802, Neuausgabe 1989), der auch von revolutionsbegeisterten Tübinger Stiftlern um Hegel und Hölderlin gelesen wurde. Pahls Schrift »Über die Liebe unter dem Landvolk«, hier auszugsweise zitiert nach einem Typoskript des Hohenloher Privatgelehrten Dieter Narr, erschien 1793 in Zürich.

Remarque, Erich Maria, eigentlich Erich Paul Remark: geboren 1898 in Osnabrück, gestorben 1970 in Locarno; schrieb unter dem Eindruck des Ersten Weltkriegs seinen 1929 erschienenen Welterfolg »Im Westen nichts Neues«. Emigrierte vor den Nazis in die Schweiz und USA, wo er auch nach Ende des Zweiten Weltkriegs abwechselnd lebte und weitere Bestseller veröffentlichte. Der hier wiedergegebene Briefauszug ist entnommen aus dem Merian »Rothenburg und die Tauber« von 1963, © by the estate of the late Paulette Remarque.

Riehl, Wilhelm Heinrich: geboren 1823 in Biebrich, gestorben 1897 in München. Mit 21 Jahren beschloss der Theologiestudent sich dem Studium des Volkes zu widmen; seine Hohe Schule wurden nun der Journalismus und das Wandern. 1854 berief ihn König Maximilian II. als Professor nach München. Riehls Liebe galt den Mächten des Beharrens; so geriet sein Hauptwerk »Die Naturgeschichte des Volkes« bald schon zur »Kunde aus vergangenen Zeiten«, wie er resigniert feststellte. Nachhall fanden das »Wanderbuch« sowie »Land und Leute« trotzdem in der Jugendbewegung. Sein hier auszugsweise wiedergegebener klassischer Aufsatz »Ein Gang durchs Taubertal« erschien erstmals 1865 in Cottas »Augsburger Allgemeinen Zeitung«, zuletzt 2003 im KunstSchätzeVerlag in Gerchsheim, daraus auch der Passus »Die Kirche am Herrgottsbach«.

Rösch, Kurt: geboren 1956 in Langenburg; gelernter Schreiner, heute Schriftsteller, Kabarettist, Musiker. Spielt mit der Gruppe »Johkurt, Paulaner & Mannequin« Tango, Rock und Folk. In seinen Geschichten »Die Ochsenbrut« erzählt Rösch von einer Clique berufsjugendlicher Lebenskünstler auf der Jagd nach Geld und Liebe. Der hier abgedruckte Song »Hohenloher Mouschd« stammt aus dem Booklet zur CD »Über den Tag hinaus ...« der Bäuerlichen Erzeugergemeinschaft Schwäbisch Hall, Wolpertshausen 2003. © Kurt Rösch/BESH.

Rombach, Otto: geboren 1904 in Heilbronn-Böckingen, gestorben 1984 in Bietigheim-Bissingen. Journalist u. a. bei der »Frankfurter Zeitung«; wurde als Schriftsteller bekannt mit dem 1935 erschienenen Roman »Adrian, der Tulpendieb«. Die hier in gekürzter Form abgedruckten Texte »Das Museum des Dynastie Hohenlohe« und »Fahrt und Rast in Hohenlohe« entstammen dem Buch »Atem des Neckars. Heimatliches Reisebuch. Landschaften, Menschen und Städte«, in dem Rombach nicht nur dem Lauf des Flusses folgt, sondern sich auch auf Abstecher, zum Beispiel nach Hohenlohe begibt und so eine Gesamtansicht Württembergs zeigt. © Deutsche Schillergesellschaft, Marbach am Neckar.

Roth, Eugen: geboren 1895 in München, dort gestorben 1976; Journalist und Schriftsteller, gehört mit seinen heiter-hintersinnigen Versen zu den meistgelesenen Lyrikern im deutschen Sprachgebiet. Das Gedicht »Überfälle« aus dem Band »Gute Reise« schildert den Touristenrummel um Matthias Grünewalds Stuppacher Madonna. © Thomas Roth, München.

Roth, Hans: geboren 1928 in Eckartshausen, dort gestorben 2003, Bauer und freier Journalist. Schon als Volksschüler begeisterte er sich für

Schiller, später wurde Brecht sein Vorbild, auch Walter Benjamin, Alexander Kluge und Oskar Negt gehörten zur Lektüre dieses ungemein gebildeten, vielseitigen Mannes. Er rezensierte Theateraufführungen und Kunstausstellungen, reflektierte in aufklärerischer Tradition die Grundlagen seines Berufsstandes und Probleme der Gesellschaft. Der Ausschnitt »Mein Dorf« stammt aus dem Text »Keine Vision wird in Hohenlohe das Bauerndorf von einst zurückholen«, den Roth 1991 in Gaggstatt bei einer Diskussion über das Landleben vortrug. © Johanna Roth, Eckartshausen.

Rüdenauer, Ulrich: geboren 1971 in Bad Mergentheim; freier Autor und Literaturkritiker für Zeitungen und Rundfunk. Gab u. a. mit Helmut Böttiger und Charlotte Brombach den Band »Berichterstatter des Tages. Briefwechsel Peter Handke und Hermann Lenz« sowie mit Hartwig Behr das Buch »Wer müd' vom Leben oder krank« über prominente Mergentheimer Kurgäste heraus. »Ein Kurgast« hat Rüdenauer als Originalbeitrag für dieses Buch geschrieben; der Text basiert auf einem Brief von Max Frisch an Siegfried Unseld. © Ulrich Rüdenauer.

Sausele, Heinz: geboren 1862 in Weikersheim, gestorben 1938 in Hall am Kocher. Der Schulmann fand als gewitzter Mundartdichter mehr Anklang als mit seinen dramatischen Versuchen. »Sou sammer« wird hier zitiert nach Hans Dieter Haller (Hg.): Sou sammer. Mundartgedichte aus Hohenlohe-Franken, Dollmann-Verlag, Kirchberg/Jagst 2009.

Schlauch, Rezzo: geboren 1947 in Gerabronn; wuchs in Bächlingen an der Jagst auf, wo sein Vater Rudolf als Pfarrer und Autor historischer und heimatkundlicher Schriften tätig war. Rezzo, benannt nach dem mittelalterlichen Ritter Rezzo von Bächlingen, war Landtags- und Bundestagsabgeordneter der Grünen, zuletzt Parlamentarischer Staatssekretär im Bundeswirtschaftsministerium. Er plädiert in Texten wie »Der Duft der großen weiten Welt« und »Bächlinger Schlachtfest« (beide auszugsweise entnommen dem von ihm und dem Sternekoch Manfred Kurz herausgegebenen Buch »Die neue Ess-Klasse«) für regionale Nachhaltigkeit bei der Lebensmittelproduktion und bewussteren Genuss beim Essen. © Swiridoff Verlag, Künzelsau 2002.

Schmid Noerr, Friedrich Alfred: geboren 1877 in Durlach, gestorben 1969 in Percha am Starnberger See. Der Heidelberger Philosophiedozent gab 1917 sein Lehramt auf, um sich als Privatgelehrter dem Schreiben historischer und mythologischer Werke zu widmen. »Ankunft in Tauberbischofsheim« verfasste er 1933 für »Das badische Frankenland«. © Landesverein Badische Heimat e.V.

Schmidt, Hans Dieter: geboren 1930 in Adelsheim, gestorben 2005 in Wertheim. HDS, wie er respektvoll knapp genannt wurde, begann schon als Schüler mit literarischen Versuchen. Der Wertheimer Gymnasialprofessor veröffentlichte seit 1969 Gedichte, Erzählungen, Reiseprosa, Theaterstücke und Hörbilder. »Odenwald« erschien in »Wege in Franken. Gedichte«, die ausgewählten Tagebucheinträge stammen aus »Fränkisches Tagebuch. Aufzeichnungen und Gedichte«. © Verlag Fränkische Nachrichten, Tauberbischofsheim 1985; 1990.

Schnack, Anton: geboren 1892 in Rieneck, gestorben 1973 in Kahl. Er begann, gezeichnet vom Ersten Weltkrieg, als Expressionist und endete als Meister der poetischen Miniatur, der zärtlichen Prosa. Dass er über Franken hinaus Welt erlebt hat, zeigt seine »Phantastische Geographie«. »Die Maria von Külsheim« wurde dem »Merian«, XVI. Jg. 1963, Heft 5, entnommen.

Schöffler, Herbert: geboren 1888 in Leipzig, gestorben 1946 in Göttingen. Der Anglist und Germanist verband Gelehrsamkeit mit Sprachverliebtheit. Die zitierte er-götzliche Passage stammt aus Schöfflers »Kleiner Geographie des deutschen Witzes«. © Vandenhoeck & Ruprecht GmbH & Co. KG, Göttingen 1955.

Schönhuth, Ottmar Friedrich Heinrich: geboren 1806 in Sindelfingen, gestorben 1864 in Edelfingen bei Bad Mergentheim (begraben in Wachbach); Pfarrer, Heimatforscher, Schriftsteller. Veröffentlichte, auch unter den Pseudonymen Ottmar Heimlieb und F. H. Ottmar, über 200 romantisch angehauchte und weitverbreitete Bücher und Schriften, weshalb ihm sein Freund Eduard Mörike schon mal »Vielschreiberei« vorhielt. Der Passus »Die eiserne Hand« ist dem Vorwort zu seinem Buch »Ritter Götz von Berlichingen mit der eisernen Hand. Eine gar unterhaltende, aber doch wahrhaftige Historie. Aufs Neue für das Volk erzählt nach des Ritters eigener Lebensbeschreibung, sowie andern glaubhaften Nachrichten« entnommen (Fleischhauer und Spohn, Reutlingen 1856).

Schrader, Wilhelm: geboren 1847 in Neuenstein, gestorben 1914 in Ulm. Mit seinen fränkischen Mundartgedichten und Münchhausiaden vom alten Gäwele, für den ein fürstlich-hohenlohischer Förster Gäbele aus Michelbach am Wald das Vorbild gab, ist Schrader in seiner Heimat bis heute lebendig geblieben. Seine ersten Arbeiten erschienen kurioserweise in der literarischen Beilage der »Württembergischen Landeszeitung«, dem »Vetter aus Schwaben«. Für den Nationalstolz seiner Landsleute sprechen »Hoheloher Wei« ebenso wie »Hoheloher Juwel«, beide aus:

»Bamm alte Gäwele. Luschtiche Hoheloher G'schichtlich und Gedichtlich«, Stuttgart 1895.

Schubert, Gertrud: geboren 1958 in Herbrechtingen, Studium der Empirischen Kulturwissenschaft, Germanistik und Pädagogik in Tübingen. Hohenlohe-Kennerin, seit sie mit der Muswiese in Musdorf *das* Fest in Hohenlohe erforschte. Redakteurin bei der »Heilbronner Stimme«. Die beiden Texte »Das fünfte Rad« und »Lange Schatten in der Abendsonne« sind dem von ihr und dem Fotografen Roland Schweizer herausgegebenen Bildband »Hohenlohe. Landschaft, Menschen und Kultur« entnommen. (MIRA Verlagsgesellschaft, Künzelsau ³2009.) © Gertrud Schubert, Marbach.

Schumacher, Karl: geboren 1860 in Dühren, gestorben 1934 in Bad Mergentheim. Studierte Philologie und Archäologie in Heidelberg, Bonn und Freiburg. Forschungsreisen nach Frankreich, Italien, Griechenland, Südrussland, Kleinasien und Nordafrika. Anschließend Lehrer in Heidelberg, Bruchsal, Konstanz und Karlsruhe. Als Archäologe seit 1892 Streckenkommissar der Reichslimesforschung in Baden und 1900–1925 erster Direktor des Römisch-Germanischen Zentralmuseums in Mainz. Herausgeber von rund 300 Schriften zur Siedlungs- und Kulturgeschichte von Südwestdeutschland. 1894 erhielt er von Großherzog Friedrich I. den Professorentitel. 1926 Ruhestand in Bad Mergentheim.

Schwabe, Theodorich, Pseudonym für Johann Gualbert Buck: geboren 1870 in Allmannshofen-Holzen, gestorben 1944 in Ravensburg; katholischer Priester, von 1899 bis 1921 Stadtpfarrer in Waldenburg, 1921 bis 1933 Pfarrer in Emeringen, Alb-Donau-Kreis, 1933 wegen kritischer Äußerungen über den Nationalsozialismus zwangspensioniert. Zahlreiche Publikationen, darunter die Erinnerungen »Im Lande John Bulls« sowie heimatkundliche Skizzen. Der hier in Teilen abgedruckte Text »Ein Gang um Waldenburg« ist entnommen »Johann Gualbert Buck: Texte«, Stadtbücherei Waldenburg 2001. © Erbengemeinschaft Buck.

Schweikert, Ulrike: geboren 1966 in Schwäbisch Hall; arbeitete zunächst als Wertpapierhändlerin, studierte dann Geologie und Journalismus, schreibt heute Fantasy- und Historienromane. In das hier auszugsweise wiedergegebene Buch »Die Tochter des Salzsieders« flossen Recherchen zur mittelalterlichen Geschichte ihrer Heimatstadt ein. © Verlagsgruppe Droemer Knaur GmbH & Co. KG, München 2001.

Stephan, Susanne: geboren 1963 in Aachen; zunächst Verlagslektorin, jetzt freie Autorin und Übersetzerin. Schreibt Essays und Gedichte.

»Hohenlohe« ist dem Band »Gegenzauber« entnommen. © Klöpfer & Meyer Verlag, Tübingen 2008.

Stern, Bruno: geboren 1912 in Niederstetten, gestorben 1981 in New York. Schildert in den hier auszugsweise abgedruckten Texten »Ihr werd g'schächt!« und »Nachher: Oktober 1972« (aus: »So war es. Leben und Schicksal eines jüdischen Emigranten«) voller Emotion, aber ohne Ressentiments das Leben in der NS-Zeit, die Emigration in die USA sowie die Nachkriegszeit. Der begeisterte Hobbyfotograf hat auch die Synagoge in Michelbach an der Lücke, woher seine Mutter stammte, aufgenommen; nach diesem Bild konnte der barocke Thoraschrein in dem Gotteshaus, heute Gedenkstätte und Museum, wiederhergestellt werden. (Jan Thorbecke Verlag, Sigmaringen 1985.)

Stockhausen, Juliana von: geboren 1899 in Lahr, gestorben 1994 in Ingelheim. Ihre literarischen Arbeiten, vorzugsweise historisch gut recherchierte Romane, veröffentlichte die Gräfin Gatterburg auf Schloss Eberstadt unter ihrem Mädchennamen. Die atmosphärisch dichten Lebenserinnerungen konnte sie nur bis zum Sturz der Monarchien in Deutschland vollenden, zugleich entdeckte sie damals für sich die Literatur. »Das Dorf und die Herrschaft« stammt aus: »Auf Immerwiedersehen. Begegnungen mit dem beginnenden Jahrhundert«. © 1977, Deutsche Verlags-Anstalt, München, in der Verlagsgruppe Random House.

Storz, Gerhard: geboren 1898 in Rottenacker, gestorben 1983 in Leonberg; zunächst Theaterspielleiter und Regisseur, dann Lehrer und Direktor des Gymnasiums in Schwäbisch Hall, von 1958 bis 1964 baden-württembergischer Kultusminister. Der Tübinger Honorarprofessor schrieb auch Erzählungen und gab mit Dolf Sternberger und Wilhelm Emanuel Süskind die Sprachanalyse »Aus dem Wörterbuch des Unmenschen« über Vokabular und Rhetorik der Nazis heraus. Sein hier auszugsweise wiedergegebener Text »Die Freilichtspiele von Schwäbisch Hall« ist dem von ihm mit Paul Swiridoff herausgegebenen Bildband »Das Spiel auf der Treppe« entnommen. © Oliver Storz, Deinig.

Storz, Oliver: geboren 1929 in Mannheim, Sohn von Gerhard Storz, aufgewachsen in Schwäbisch Hall, mit 15 Jahren zum Volkssturm eingezogen; nach dem Studium Redakteur, Drehbuchautor, Filmregisseur, Produzent, Schriftsteller. Schrieb für die Fernsehserie »Raumschiff Orion«, drehte Filme wie »Im Schatten der Macht« über die Brandt-Guillaume-Affäre oder »Drei Tage im April« über das Schicksal von KZ-Häftlingen am Kriegsende in Hohenlohe. Seine Romane »Die Nebelkinder« (1986), aus dem der hier wiedergegebene Passus »Zu laut, viel zu laut« entnommen ist, und »Die Freibadclique« (2008) schildern eine Kleinstadtjugend in der NS-Zeit. Copyright © 1986 by Hoffmann und Campe Verlag, Hamburg.

Trautmann, Arthur: geboren 1894 in Ettlingen, gestorben 1974 in Offenburg. Der Kommunalpolitiker wirkte von 1925 bis 1930 sowie von 1948 bis 1966 als Bürgermeister in Walldürn. Den Vierzeiler schrieb Trautmann für das 1448 errichtete Fachwerk-Rathaus der Wallfahrtsstadt.

Tucholsky, Kurt: geboren 1890 in Berlin, gestorben 1935 in Göteborg; Romancier, Lyriker, Kabarettautor, Liedtexter, Kritiker, schrieb Bücher wie »Rheinsberg« und »Schloss Gripsholm«. Der Pazifist und Antimilitarist, politisch-engagierte Mitherausgeber der Wochenzeitschrift »Die Weltbühne« warnte früh vor Rechtsextremismus und Nationalsozialismus, verließ Deutschland 1930 und ging nach Schweden. Den hier in Auszügen abgedruckten Reisebericht »Das Wirtshaus im Spessart« schrieb Tucholsky unter dem Pseudonym Peter Panter 1927 für die »Vossische Zeitung« in Anspielung auf Wilhelm Hauffs bekannte Erzählung.

Uhland, Ludwig: geboren 1787 in Tübingen, dort gestorben 1862; zunächst Advokat, dann Professor für deutsche Sprache und Literatur, schließlich Privatgelehrter in Tübingen. Saß als Abgeordneter im württembergischen Landtag und im Frankfurter Paulskirchenparlament. Mit den Freunden Justinus Kerner, Karl Mayer und Gustav Schwab Hauptvertreter der schwäbischen Romantik, genoss Uhland mit seinen Gedichten, Liedern, Romanzen und Balladen höchste Popularität, wobei er immer wieder »vaterländische« und historische Stoffe aufgriff, wie in dem Gedicht »Der Schenk von Limburg« (1816 entstanden, 1820 erschienen).

Vring, Georg von der: geboren 1889 in Brake, gestorben 1968 in München. Mit dem Erfolg seines Romans »Soldat Suhren« entschied sich der Zeichenlehrer 1928 fürs Literatenleben. Als Verfasser von Kriminalromanen, Hörspielautor und Übersetzer vielseitig tätig, gewann er mit seinen musikalisch schwingenden Gedichten Profil. Er hat den jungen Lyriker Hermann Lenz gefördert. »Römersteig« findet sich im Gedichtband »Kleiner Faden Blau«. Claassen Verlag, Hamburg 1954.

Weber, Carl Julius: geboren 1767 in Langenburg, gestorben 1832 in Kupferzell. Nach seiner Tätigkeit an den Duodezhöfen in Mergentheim, König im Odenwald und Büdingen zog er sich ins provinzielle Privatleben zurück, bereiste aber auch halb Europa und erwanderte weite

Teile Deutschlands. Neben satirisch gepfefferten Darstellungen des Mönchwesens, des Papsttums und des Ritterwesens verfasste er ein sechsbändiges Reisewerk über Deutschland und als Handbuch seiner skeptischen Lebenserfahrungen das 6.000 Seiten starke Opus »Demokritos oder hinterlassene Papiere eines lachenden Philosophen«, das als Lieblingsbuch des liberalen Bürgertums bis 1927 15 Auflagen erlebt hat. Eine von Friedemann Schmoll herausgegebene Auswahl daraus erschien 2010 in der »Kleinen Landesbibliothek« bei Klöpfer & Meyer. Die Passagen »Die Kartoffel hilft aus aller Not«, »Dem Taubertal die Palme« und »Den Fürsten noch sehr ergeben« sind der 3. Auflage des Deutschland-Buches von 1855 entnommen.

Weigand, Wilhelm: geboren 1862 in Gissigheim, gestorben 1949 in München. Als Hauslehrer studierte der Kleinbauernsohn nebenbei in Brüssel, Paris und Berlin. Weigand schrieb Erzählungen, Romane, Dramen, die heimatkundliche Stoffe Tauberfrankens aufnehmen, etwa den Bauernkrieg; Mitbegründer der »Süddeutschen Monatshefte«. In seinem realistisch bis neuromantisch geprägten Werk zeigen sich nach dem Ersten Weltkrieg und in der Nazizeit auch völkische und antisemitische Tendenzen. Sein später überarbeiteter Erstling »Die Frankenthaler« (1889), dem der Ausschnitt »Aufruhr in Frankenthal« entnommen ist, spielt in einer unschwer als Tauberbischofsheim erkennbaren Kleinstadt. © Insel Verlag, Frankfurt am Main und Leipzig 1920.

Weiß, Konrad: geboren 1880 in Rauenbretzingen, gestorben 1940 in München. Der Bauernsohn brach das Theologiestudium ab und arbeitete erst für die katholische Reformzeitschrift »Hochland«, ab 1920 als Kunstkritiker. Seine erzählende Prosa, Essays und Gedichte blieben mit ihrer eigenwillig expressiven, oft mystisch getönten Sprache auf einen kleinen Leserkreis beschränkt. Das Wertheim-Zitat stammt aus Band II des posthum erschienenen Reisebuches »Deutschlands Morgenspiegel«. Kösel Verlag, München 1950.

Weitbrecht, Carl: geboren 1847 in Neuhengstett, gestorben 1904 in Stuttgart. Der Diakon und Schriftsteller schrieb Suevica, Novellen, Dramen und literaturhistorische Analysen. 1894 wurde er Professor an der TH Stuttgart. Die Erzählung »Der Kalenderstreit in Sindringen« (Stuttgart 1885) schildert die Ablehnung des Gregorianischen Kalenders, den der katholische Landesherr Graf Karl Philipp zu Hohenlohe-Waldenburg-Bartenstein einführen wollte, durch die evangelischen Bürger des Kocherstädtchens an Ostern 1744; der Fall ging bis vors Reichsgericht. Die darin eingebettete evangelisch-katholische Liebesgeschichte erfährt im hier abgedruckten Passus ein tragisches Ende.

Wiechert, Wolf: geboren 1938 in Skandau (Ostpreußen). Nach der Flucht übers Frische Haff 1945, der Flucht über die Oder 1947 und der Flucht mit dem Fahrrad aus der DDR 1956 wurde der Gymnasiallehrer in Nassig bei Wertheim ansässig. Neben einigen Gedichtbänden veröffentlichte er die Erzählungen »Bach oder eine deutsche Bildbeschreibung«, »Das Treffen im Schloss« sowie 2008 den Roman »Der Kaktus«. 1999 erhielt er den Lyrikpreis des Landes Baden-Württemberg. Die Gedichte »Wertheim« und »Nassig« sind entnommen aus »Achat. Gedichte«, Calatra Press Wilhelm Enzinck, Lahnstein o. J. © Wolf Wiechert, Wertheim.

Wieland, Dieter: geboren 1936 in Hall am Kocher. Nach dem Studium an der Stuttgarter Kunstakademie Dekorationsmaler beim Theater und Fernsehen. Der wohl sprachmächtigste zeitgenössische Autor Hohenlohes schreibt Gedichte in Hochdeutsch und in hällisch-fränkischer Mundart sowie Erzählungen und veröffentlichte den autobiographischen Roman »Gassenlicht. Eine Kindheit in Schwäbisch Hall 1938–1952«. »Noochbrschafd« und das doppelbödige »dr diinggl« finden sich in »In Wiind gschdelld«, © Hohenloher Druck- und Verlagshaus, Gerabronn und Crailsheim 1990; »Juudakärchhoff« in »Versalzene Lyrik«, © Esslinger Press, Stuttgart 1983; der Passus »Schiefertafel und Tieffflieger« im Roman »Gassenlicht«, © Baier Verlag, Crailsheim 2003.

Zeiller, Martin: geboren 1589 in Ranten/Steiermark, gestorben 1661 in Ulm. Als Erzieher bei Adelsfamilien vielgereist, ließ er sich 1629 in Ulm nieder und leitete das reichsstädtische Gymnasium. Er schrieb das erste praktikable europäische Reisehandbuch und verfasste für Matthäus Merian und dessen Söhne die Texte zu dem vielbändigem Kupferstichwerk der »Topographia Germaniae«.